EL PLAN CONSIGUE TODO SIN COMPRAR NADA

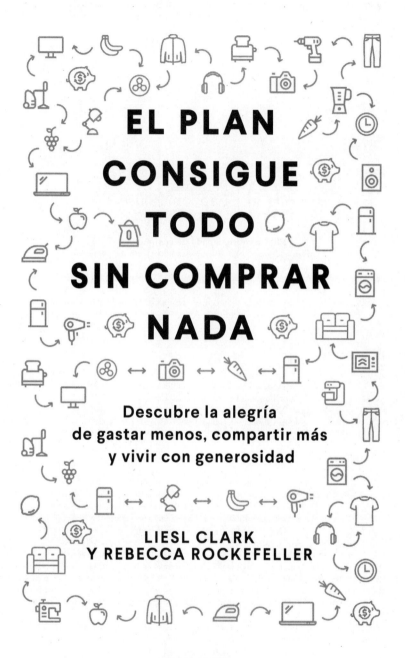

EL PLAN
CONSIGUE
TODO
SIN COMPRAR
NADA

Descubre la alegría
de gastar menos, compartir más
y vivir con generosidad

**LIESL CLARK
Y REBECCA ROCKEFELLER**

AGUILAR

El papel utilizado para la impresión de este libro ha sido fabricado a partir de madera
procedente de bosques y plantaciones gestionadas con los más altos estándares ambientales,
garantizando una explotación de los recursos sostenible con el medio ambiente y beneficiosa para las personas.

El plan consigue todo sin comprar nada
Descubre la alegría de gastar menos, compartir más y vivir con generosidad

Título original: *The Buy Nothing, Get Everything Plan: Discover the Joy of Spending Less, Sharing More, and Living Generously*

Primera edición: enero, 2021

Dedicamos este libro a todas las personas que creen que nuestro dinero vale más cuando lo usamos para aquello que nos ayuda a crear un mundo saludable, gozoso y equitativo.

Índice

Introducción
Cómo empezamos a comprar menos y compartir más

Nuestra historia empieza un despejado día de mediados de diciembre en una rara pausa de las tormentas del invierno, en una playa virgen cercana a nuestra comunidad en el Noroeste del Pacífico.

El sol descendía del cielo y propagaba una pálida y amarillenta luz invernal. Nosotras caminábamos a lo largo de la playa con nuestros hijos, observando los cuatro pares de piecitos desnudos atorarse en la arena. Aunque vestíamos abrigos para el invierno, el calor fue suficiente para que los niños dejaran sus zapatos en el automóvil y aceptaran de buena gana la libertad de despojarse de los calcetines de lana y de las botas para la lluvia. Los chicos saltaron descalzos y de puntitas sobre el revoltijo que formaban los troncos de un enorme abeto de Douglas y unos maderos de cedro rojo occidental. Era como si estuvieran en la cuerda floja, en un juego imaginario de acrobacias circenses. El agua ahí era fría y profunda. Una fuerte corriente y olas espumosas nos separaban del nublado contorno de las colinas de Seattle, al otro lado del mar de los Salish.

Nosotras —Liesl y Rebecca— llevábamos un año de ser amigas cercanas y nuestros hijos, que tenían entre cuatro y siete años, eran inseparables y pasaban el día explorando alrededor de nuestras casas. Su intrépido deseo de descubrimiento nos llevó a las costas más salvajes que encontramos en la isla, a una distancia accesible en automóvil. Rebecca es madre soltera y tiene dos hijas: Ava y Mira. Es bloguera y asesora en redes sociales, viene de una familia de activistas y políticos que luchan por el medio ambiente. Liesl es directora de cine especializada en documentales y su lente captura avances científicos y tecnológicos y expediciones para *NOVA* y National Geographic. En muchos de sus proyectos tiene que viajar con sus dos hijos, Finn y Cleo, y con su esposo, Pete Athans. El amor que compartimos por la aventura y por la naturaleza hizo que estas excursiones a playas invernales se convirtieran en una actividad frecuente. Aquel paseo fue como cualquier otro hasta que Finn se clavó una espina: uno de los riesgos de caminar descalzo en la playa. Liesl retiró la dolorosa púa antes de que las lágrimas destruyeran el alegre tono del día, pero entonces notamos algo más en la planta de su pie… algo que no debía estar ahí. Entre sus dedos había bolitas de espuma de poliestireno y coloridos trozos diminutos de plástico.

Cuando miramos con más atención la arena que estábamos pisando, encontramos un par de discos de plástico de tres milímetros de ancho. Tiempo después descubrimos que se les llamaba *nurdles* y que eran como gránulos. De hecho, son la materia prima industrial para la fabricación de todos los productos de plástico. No tardamos en darnos cuenta de que estos gránulos cubrían un porcentaje alarmante de la playa que habíamos visitado ese día. Mientras los niños corrían a lo largo de los troncos gritando con alegría por el nuevo juego que habían descubierto y que consistía en no pisar la "arena de plástico", nosotras enfocamos nuestra mirada en detectar qué otra basura se mezclaba con la arena, las conchas, la madera a la deriva y las algas que nos rodeaban. Descubrimos algunos trozos de plástico aún más perturbadores: jeringas, un soldado verde que Finn estuvo muy contento de añadir a su colección, agitadores de café, tubos de PVC, bolígrafos como el que Cleo tenía en casa, placas de apagadores de luz, un globo de tereftalato de polietileno, de los que se llenan con helio para los cumpleaños y como el que Ava había perdido la semana anterior en la fiesta de una amiga porque se le deslizó entre los dedos, encendedores de cigarros, un juguete de bebé color amarillo brillante como el que Mira recordaba que alguna vez tuvo, defensas de automóviles y aplicadores de tampones. Objetos de nuestra vida cotidiana, fabricados con plástico y llevados hasta la orilla del mar por las olas.

Por supuesto, el plástico había estado ahí todo el tiempo, pero nosotras no lo vimos sino hasta ese momento. Y una vez que lo notamos, ya no pudimos dejar de verlo. Todos esos artículos que usábamos y de los que dependíamos cotidianamente llegaban a nuestras playas y se ocultaban a plena vista. En realidad no se habían apoderado de la playa, más bien se estaban volviendo parte de ella.

Consideramos que ese día —dos años antes de lanzar Buy Nothing, un proyecto comunitario con un impacto cada vez mayor que ahora tiene más de un millón de miembros y la asombrosa cantidad de 6 000 voluntarios— fue el principio de una travesía hacia no comprar nada. De pronto, en una pequeña isla nos topamos con una anécdota que en realidad era un enorme problema mundial, y eso nos inspiró a ejercer un cambio social para combatir la realidad del desperdicio excesivo y de los plásticos en nuestro medio ambiente.

¿Pero qué significa no comprar nada? Dicho llanamente, es una filosofía que afirma que la clave para una vida significativa y abundante en un planeta sano consiste en intentar toda alternativa posible antes de comprar algo que uno quiera o necesite. Es una filosofía a la que le hemos estado dando vida a través del proyecto Buy Nothing, un colectivo social de economías de compartición locales, es decir, una alternativa a la economía de mercado de la que la mayoría de la gente depende. En la economía de compartición las personas comparten con sus vecinos, algunos miembros "piden" lo que necesitan en lugar de comprarlo, y otros "dan" dichos artículos en lugar de tirarlos a la basura. Por supuesto, son artículos que se han usado con cuidado o muy poco. Lo que comenzó como una revelación en la playa hace algunos años se tradujo en vecinos compartiendo en docenas de países sus cosas y su talento a nivel local, y dispuestos a mantener a raya el consumismo innecesario. Para nosotras, sin embargo, no comprar nada significa mucho más.

No comprar nada, premisa del proyecto Buy Nothing, es un cambio de mentalidad, un recordatorio de lo cierto que es el viejo dicho: "La basura de un hombre es el tesoro de otro", de lo importante que es darle un nuevo hogar y una nueva vida a un artículo que alguna vez se amó, pero ahora ya no se usa, en lugar de condenarlo al ático, la cochera o, peor aún, al bote de la basura. De cierta forma, no comprar nada es un cambio para regresar a las costumbres de nuestros abuelos, a la forma en que la gente vivía en la época previa a las compras en un clic: cuando, si se te acababa el azúcar o te quedaba poco combustible para la podadora de pasto, le llamabas a un vecino.

Muchos nos hemos vuelto personas insatisfechas, gente que desea mucho más de lo que necesita. Hemos olvidado los días en que usar el vestido de novia de tu madre o de tu abuela no sólo era aceptable, también era una costumbre. Nuestro apetito de más nos cuesta una fortuna y está teniendo un efecto fatídico en nuestra cartera y en el medio ambiente. Para nosotras, descubrir plásticos acumulados en la orilla del mar fue una llamada de atención, un llamado urgente a hacer algo, lo que fuera. Un llamado a iniciar la conversación respecto a nuestros hábitos de compra y, al mismo tiempo, a revertir la creciente tendencia de la contaminación plástica en la Tierra.

Algunos dirían que nuestro sueño de cambio social ha dado fruto porque originamos un movimiento social a escala mundial que consiste en pedir y dar de manera ilimitada, en recibir y compartir gratuitamente y sin condiciones. El proyecto Buy Nothing está vivo y avanza; sus positivos efectos colaterales son adictivos. En esta nueva visión mundial basada en una economía de compartición, todo mundo se beneficia y cualquiera puede participar: los minimalistas, los maximalistas, los derrochadores, los constructores comunitarios y los ambientalistas. *The Washington Post*, Mother Nature Network, Grist, Yahoo News, *The New York Times*, Australia Broadcasting Company, NHK Japan, CBC News, *South China Morning Post* y NPR han hablado del experimento Buy Nothing. Es un auténtico modelo económico de compartición, un sistema en el que los artículos y los servicios se distribuyen como verdaderos regalos, sin condiciones y sin esperar recompensas, sin un trueque, transacción comercial o venta. Aquí se lleva a cabo una compartición *legítima*, y nadie se beneficia más que los demás. Todos los participantes adquieren una posición social a través de sus acciones, y todos cosechamos lo que sembramos.

Quizá ya aceptaste la mentalidad Buy Nothing o ya formas parte de una de las muchas "economías de compartición" que están de moda, en las que empresas como Uber, Lyft, Airbnb y Vrbo han sido pioneras. Gente de todo el mundo está compartiendo su casa y sus automóviles, construyendo viviendas diminutas, pidiendo libros prestados a las bibliotecas municipales y encontrando maneras distintas de compartir los recursos que posee. Sin embargo, buena parte de esta "economía de compartición" continúa funcionando como parte de la economía de mercado, en la que se intercambia dinero por viajes en Uber y por vacaciones en alojamientos de Airbnb, por ejemplo. El proyecto Buy Nothing te ofrece la oportunidad de expandir esta mentalidad para que des y recibas sin gastar absolutamente nada de dinero.

Este libro es una invitación a que te unas a nosotros, sin importar en qué etapa te encuentres respecto a la noción de no comprar nada. Creemos que todos podemos ser mucho más felices y tener comunidades más resilientes y un planeta más sano: basta con compartir de manera creativa lo que tenemos en abundancia. En este libro te mostraremos los pasos para hacerlo. Lo único que necesitas es buena voluntad y un sano deseo humano de conectarte con la gente en tu vida. Para inspirarte, a lo largo del libro hemos incluido muchas historias sobre dar y compartir. Aunque hemos cambiado algunos nombres y lugares para proteger la privacidad de las personas, todas las anécdotas son verdaderas.

> **Todos estamos familiarizados con las tres _r_ del consumo: reduce, reutiliza, recicla. Para nosotros, sin embargo, hacía falta otra _r_ importante: rechaza.**

Dejemos de comprar y tratemos de compartir más. Este libro es un plan para hacer justamente eso, para ayudarte a consumir menos artículos manufacturados recientemente y para compartir la riqueza que nos rodea. Todos estamos familiarizados con las tres r del consumo: reduce, reutiliza, recicla. Para nosotros, sin embargo, hacía falta otra r importante: rechaza.

En julio de 2013 abrimos nuestra primera economía de compartición local en Bainbridge, la isla donde vivimos en Washington, a unos 13 kilómetros de los muelles de transbordadores del centro de Seattle. Abrimos un grupo de Facebook para la población de la isla que asciende a 23 000 personas y lo llamamos Buy Nothing Bainbridge. En el grupo se desarrolló una agitada actividad gracias a que los miembros notaron en poco tiempo que no comprar nada no era solamente un estilo de vida plausible, sino también una manera conveniente de conocer a la gente que vivía en su propia calle. Para finales del verano establecimos 11 comunidades más del proyecto Buy Nothing, y para Año Nuevo ya habíamos echado a andar 79 economías locales de compartición en cinco estados, cada una con la misma sencilla misión de alentar a los miembros a compartir más con quienes vivían en las inmediaciones. La idea comenzó a extenderse rápidamente.

Así comprobamos que cualquiera podía vivir sin comprar nada, pedir objetos antes de adquirir algo, y también ofrecerlos en lugar de acumular o desechar. Es probable que alguien cerca de ti tenga lo que estás buscando. Los miembros compartieron todos los artículos y servicios que se les ocurrieron: repisas para libros, carriolas, limpieza del hogar, ladrillos, laptops, máquinas para elaborar pan, cortes de cabello y canoas. Uno de los primeros artículos compartidos fue un resorte para reparar el interior de un portapapeles higiénico; alguien lo publicó casi como una broma, pero alguien más lo necesitaba, y con esa interacción todos nos dimos cuenta de que la posibilidad de pasar un artículo tan aleatorio, pero a la vez tan útil, significaba que podíamos cuidarnos los unos a los otros. Todos teníamos objetos que otras personas necesitaban o querían, pequeños y grandes, y la alegría de compartir esos objetos siempre fue la misma, sin importar de qué se tratara. Nosotras esperábamos que los grupos de Facebook sirvieran para disminuir el desperdicio, y así fue, pero también hubo otro beneficio inesperado: la gente conoció a sus vecinos, las comunidades se fortalecieron, y también se formaron algunas nuevas amistades. Gracias a muchos actos de amabilidad, las noticias sobre el proyecto Buy Nothing se extendieron como uno de esos buenos chismes.

Descubrimos que en una sana economía de compartición hay tres acciones básicas que sirven para fortalecer el tejido social de cualquier comunidad: dar, pedir y expresar gratitud. Estas tres acciones son la base del proyecto, y todos los grupos locales alientan a sus miembros a "dar" un artículo que ya no necesiten, a "desear" algo que quieran o necesiten, y a publicarlo con "gratitud" al viejo-nuevo artículo que ahora tiene un nuevo hogar y un propósito distinto.

Éstas son tan sólo algunas de las historias que hemos escuchado de los distintos grupos de Buy Nothing: una mujer que iniciaba una quimioterapia en el invierno solicita ayuda para su jardín y, durante la primavera, cuando va recuperando el apetito, tiene verduras frescas para comer y nuevos amigos con quienes compartirlas. Una señora mayor solicita un carrito para transportar a su perrito porque ya está viejo y quiere pasearlo por el vecindario. Consigue un juego perfecto de ruedas. Prendas para bebé pasan de una familia a otra; una cafetera que todavía sirve, pero cuya jarra se rompió, se une a la jarra intacta de una cafetera inservible que se encuentra a dos cuadras de distancia. El proyecto escolar de un niño para iniciar la búsqueda de calcetines para la gente sin hogar tiene como consecuencia que miles de calcetines solitarios encuentren una nueva pareja. Una joven que se recupera de un problema alimentario le solicita a la gente reunirse con ella en un café una vez a la semana para jugar Scrabble y para que, de esa manera, su cuerpo pueda reposar después de la comida. Los vecinos que responden se vuelven amigos que celebran su regreso a un estado más saludable después de las partidas semanales de Scrabble. Gente madura que se ha quedado sola y tiene demasiados objetos porque sus hijos se fueron de casa logra desembarazarse del exceso y donarlo a hogares de parejas de recién casados que apenas comienzan. Novias que encuentran vestido para su boda y personas mayores que encuentran compañeros de juego para el Parchís.

Nos hemos deleitado viendo la creatividad que los miembros le aportan al concepto. La gente ha empezado bibliotecas de cero; ha prestado juegos de platos, copas y cubertería de plata para la organización de reuniones; también hay colecciones de herramientas. La gente se reúne para intercambiar libros, algunos ofrecen lana para el ganchillo; otros, su conocimiento y experiencia para hacer expediciones de búsqueda de hongos y otros alimentos; muchos otros pasan ropa y recetas, dan clases de cocina, se reúnen para salir a recolectar fruta, y organizan "tiendas" gratuitas llenas de disfraces de Halloween y regalos para la temporada de fin de año. No sólo están limitando sus compras, también redescubren el antiquísimo valor de compartir porque cada entrega viene con una historia y eso vincula aún más a los individuos y sus anécdotas.

¿Cuál es el secreto? Asegurarse de que todo regalo se ofrezca gratuitamente y sin esperar nada a cambio.

Todo el tiempo se están formando grupos nuevos. Nosotras respondemos constantemente a solicitudes de desconocidos que nos piden ayudarles a iniciar su propio grupo local de compartición. Les proveemos el entrenamiento para convertirse en líderes compasivos de un grupo social en línea y para administrar y hacer crecer su grupo. También les proporcionamos las reglas, imágenes y lineamientos, todo es gratuito y donado, al igual que la red de apoyo regional y la ayuda de los voluntarios a escala mundial que están para responder preguntas y ayudar a los nuevos grupos a establecerse. El proyecto Buy Nothing funciona mejor en grupos hiperlocales, por eso recomendamos que se formen entre vecinos que estén a una distancia accesible; en las áreas rurales es distinto que en las ciudades, pero la diferencia es notable cuando los grupos coinciden con las rutas ya existentes de acceso al vecindario, y cuando no tienen más de 1 000 miembros activos (la cantidad más recomendable es alrededor de 500).

Ahora, seis años después, hay más de 4 000 economías locales de compartición del proyecto Buy Nothing en seis continentes, incluyendo los 50 estados de Estados Unidos, todos los de Australia y todas las provincias de Canadá. Nos enorgullece decir que ni una sola persona ha sido contratada, ya que el corazón y el alma del proyecto radican en los miles de voluntarios que ofrecen su tiempo y experiencia para formar y mantener los grupos. Este proyecto es una red global de economías locales de compartición administrada por otra economía igual constituida por gente, voluntarios y miembros reales que piensan que compartir es valioso. Actualmente hay miles de personas que ya no están comprando nada.

A pesar de que este libro se inspiró en el proyecto Buy Nothing, va más allá de los grupos sociales y ofrece nuevas sugerencias para que toda la gente en los distintos ámbitos sociales pueda compartirse, es decir, que aprenda a no comprar nada, con o sin internet. Aquí daremos consejos prácticos respecto a lo que puede compartirse, lo que todos podemos dejar de comprar, las razones por las que no comprar tendrá un impacto positivo en el medio ambiente y, quizá lo más importante, cómo atraer, a través de los anticuados conceptos de la gentileza y la gratitud, a más donadores y receptores con la misma mentalidad. Esperamos que uses este libro como un manual de trabajo y que aproveches los márgenes y los espacios vacíos para anotar tus ideas y experiencias. Una vez que hayas escrito en tu ejemplar y añadido ideas y pensamientos, también esperamos que le pases el libro a alguien más y que animes a otros a hacer lo mismo. Tu libro puede convertirse en un documento vivo, en algo muy parecido a los recetarios de nuestras madres que tienen hojas con las esquinas dobladas y notas y garabatos en los márgenes indicando las ocasiones especiales en las que se disfrutaron las recetas o recordatorios para añadir especias adicionales por aquí y por allá. Nos encantaría que nuestro libro fuera un regalo compartido con sabiduría acumulada de parte de todos los lectores.

Pero principalmente deseamos que disfrutes esta lección empírica para aprender a no comprar nada. Es una lección que puedes ir aprendiendo a tu propio ritmo, así que no olvides añadir tu sentido del humor y tu capacidad de aceptarte a ti mismo. No se trata de un ejercicio de perfección, tampoco de negación ni de abnegación. No hay manera de "fracasar" en no comprar nada. Se trata de una filosofía que puede explorarse y cobrar vida de una manera que te funcione y que pueda variar independientemente del momento de tu vida en el que te encuentres. Celebra tus éxitos sin importar cuán pequeños te parezcan y recuerda que nuestro desafío de siete pasos está diseñado para mejorar tu vida. Si una de nuestras sugerencias no te sirve, por favor descártala. Tal vez quieras hojear los pasos para ver lo que viene o quizá prefieras la sorpresa de recibir cada desafío conforme se presente. A cada paso puedes dedicarle un día, una semana o el tiempo que quieras. Establece tu propia velocidad y aborda cada paso cuando te sientas listo para hacerlo. No hay una manera equivocada de trabajar con este libro ni con el plan de acción que aquí se explica. Te invitamos a que hagas un registro de tu travesía a medida que vayas estableciendo tus hábitos y adoptando la mentalidad de no comprar nada y, por supuesto, esperamos que compartas sin limitaciones el libro y lo que aprendas.

Aunque ambas hemos tenido experiencias de vida muy distintas, lo que aprendimos nos condujo a la misma verdad: ser parte de una red local de compartición en la que cada uno juega un papel vital es más satisfactorio que acumular objetos de manera solitaria y para uso propio. Creemos que esa buena vida que buscamos muy posiblemente radique en la abundancia de compartir; que la generosidad activa dota de sentido a nuestra vida, y que la seguridad más sólida con la que contamos en tiempos de necesidad proviene de arraigarse en una cultura de la compartición en la que nos sintamos cómodos dando sin pedir nada a cambio y recibiendo directamente de todos sin vergüenza ni condiciones.

Comprar todo nos desconecta de los otros. No comprar nada nos vincula.

Tal vez creas que estamos iluminando una manera de vida alternativa en la que comprar se considera la última opción en el panteón de las decisiones que podemos tomar todos los días en nuestras comunidades. Comprar todo nos desconecta de los otros. No comprar nada nos vincula. Nosotras quisiéramos provocar un cambio social, y para lograrlo te desafiamos a dejar de comprar. No tiene que ser un proceso doloroso ni privarte de lo que amas. Creemos que si pruebas los pasos que se explican en este libro te darás cuenta de que no comprar nada te permite obtener, bueno, casi todo.

Por qué no deberíamos comprar nada

Bien, entonces, ¿cómo pasamos de una astilla en el pie de un niño en la playa al lanzamiento de un experimento mundial sobre dar más? Por supuesto, todo nos lleva de vuelta a los plásticos.

Después de aquel día en la playa nos convertimos en dos mujeres con una misión. Acompañadas de nuestros hijos navegamos alrededor de Bainbridge, la pequeña isla en Puget Sound a la cual llamamos "hogar". El propósito era aprender más sobre el acumulo continuo de plásticos. Recuperamos varias cargas de desperdicio de este material. Era lo que las olas llevaban a las orillas cada vez que subía la marea. Recogimos trozos tan grandes como un Beetle de VW, otros del tamaño de las microfibras, y todo lo que hay entre estos extremos.

Nos obsesionamos con descubrir cuál era el origen de los plásticos en la playa y pasamos tres años limpiando las costas locales, catalogando cada tipo de plástico del hogar, desde cubetas, cepillos de dientes, popotes, film alveolar (también conocido como plástico con burbujas), bolsas resellables, cacahuates de unicel para embalaje y charolas de poliestireno expandido (unicel), hasta las omnipresentes botellas de plástico para agua y sus taparroscas.

Nos convertimos en dos ciudadanas científicas que trataban de contestar una pregunta crucial: ¿de dónde provienen los plásticos que contaminan nuestras arenas y aguas?

LA ERA DEL PLÁSTICO

Naturalmente, el plástico venía de nosotros, de nuestras casas, nuestros patios, nuestros automóviles, los estacionamientos, los lugares de trabajo, las escuelas y los restaurantes. Si algo fue fabricado con plástico y alguna persona de Bainbridge lo compró, había una alta probabilidad de que lo viéramos aparecer en la isla algún día. Ese verano estudiamos nuestra isla como un microcosmos que representaba al mundo. A través de nuestras observaciones pudimos confirmar que el plástico existe por siempre, que no es biodegradable. Sólo se rompe en piezas cada vez más pequeñas, tan pequeñas que en algunas partes de nuestros océanos la cantidad de microplásticos —que de acuerdo con la definición de la Administración Nacional del Océano y la Atmósfera (National Oceanic and Atmospheric Administration) son piezas diminutas de plástico que miden "menos de cinco milímetros de longitud (o más o menos el tamaño de una semilla se ajonjolí)"—[1] supera, en una proporción de seis a uno, a la de zooplancton, es decir, las criaturas minúsculas que son la fuente principal de alimentación de muchos animales marinos.[2] Hay dos procesos de descomposición que merecen nuestra atención. El primero es la descomposición de artículos grandes en microplásticos. Este proceso importa porque, entre más pequeña sea la pieza, más probable es que sea ingerida por la vida marina y que ingrese a la cadena alimenticia. Nosotras hemos visto, de primera mano, que al enfrentarse a fuerzas como los vehículos, la luz solar y las olas, los plásticos que entran al medio ambiente como artículos completos pueden convertirse en microplásticos con bastante rapidez. Un bolígrafo que se cae de un bolsillo y en su camino al cuerpo de agua más cercano es destrozado por un automóvil deja de ser un artículo completo y se convierte en esquirlas diminutas; basta con que le pase encima una llanta. En unas cuantas semanas una bolsa de plástico del supermercado que queda atrapada en el viento y se ve debilitada por la luz solar y las ramas de los árboles puede convertirse en jirones parecidos a las algas marinas. Un globo puede desinflarse y comenzar a rasgarse hasta transformarse en un amasijo con tentáculos parecido a una medusa. Una vez que los plásticos quedan atrapados en las mismas fuerzas naturales que alisan las rocas de la playa y pulen las conchas, empiezan a adoptar formas orgánicas que engañan al ojo humano y también al de la vida marina. Quizá las piezas de desperdicio plástico más grandes e intactas no engañen a un animal hambriento y sean demasiado voluminosas para pasar por el filtro de un alimentador, pero no pasa mucho tiempo antes de que muchos artículos pierdan su forma original y se descompongan en microplásticos que los animales marinos corren más riesgo de consumir. Se calcula que el proceso completo de fotodegradación del microplástico toma 450 años en el caso de una botella de agua y por lo menos 600 en el caso del monofilamento de una línea de pesca.[3] Los plásticos son el mayor contribuyente de los detritos marinos en la actualidad y constituyen entre 60 y 80% de la basura generada por los humanos que contamina los mares de todo el mundo. Asimismo, 90% de todas las partículas flotantes son plástico.[4]

Nos embarcamos en un proyecto de investigación que duró meses. Exploramos las costas a las que tuvimos acceso y caminamos en todas las playas y cuencas a nuestro alrededor. Cada densa lluvia desenterraba más popotes, etiquetas de pan y encendedores:

todos ellos artículos que flotan río abajo hasta incorporarse a estuarios y salir al mar. Nosotras documentamos con fotografías y videos los detritos de primera mano. Abrimos hojas de Excel y elaboramos listas de artículos, ubicaciones y fechas para hacer la referencia geográfica de los plásticos acumulados en nuestro ambiente inmediato, desde los bosques hasta los panoramas urbanos. Asimismo, leímos atentamente mapas y datos.

Nos dimos cuenta de que los plásticos se mueven del consumidor original, dondequiera que éste se encuentre, hacia las cuencas y vías navegables, y que tarde o temprano se vierten en el mar. La mayoría de los plásticos llegan a nuestras aguas como escorrentía, a través de drenajes de tormentas, parteaguas y aguas residuales. Tomando en cuenta que cada año llegan a los mares cerca de nueve millones de toneladas de plástico, se calcula que para 2050 en nuestros océanos habrá más plástico que peces, kilo por kilo.[5]

Ninguna playa de nuestro planeta está libre de plástico, pocos ríos pueden presumir de su ausencia, y nuestra misma tierra lo acumula en los lugares menos inesperados. Los supuestos jardines orgánicos están repletos de plástico, la composta orgánica que se vende en las instalaciones para este propósito suele estar cargada de microplásticos en forma de hebras de bolsas de supermercado rasgadas. En resumen, tenemos un problema demasiado serio.

Los plásticos que flotan en el mar actúan como un señuelo para contaminantes orgánicos persistentes como el DDT y los PCB. Los plásticos absorben estos químicos tóxicos que luego se transfieren a organismos vivos y aumentan su toxicidad a medida que se van bioacumulando en el camino hacia la cima de cada cadena alimenticia.

En el Centro de Aguas Urbanas (Center for Urban Waters) en Tacoma, a sólo 100 kilómetros de Bainbridge, se encuentra uno de los únicos laboratorios de investigación en el mundo que estudia los microplásticos en el medio ambiente. En una conferencia sobre el tema, el doctor Joel Baker, director de ciencias del instituto, explicó con detalle lo que los investigadores han averiguado hasta ahora:[6]

- **Hecho 1:** Además de los pequeños trozos que con el tiempo se han descompuesto y convertido en microplásticos, incluyendo las microfibras de nuestra ropa, también se reconoce otra fuente importante de estos contaminantes, la cual tiene su origen en los productos personales y cosméticos que utilizan microcuentas y brillantinas en el maquillaje, en los exfoliantes, el champú corporal, las pastas dentales y los exfoliantes faciales.[7] No fue sino hasta hace poco que los científicos empezaron a notar que los microplásticos así de pequeños podrían representar una amenaza a largo plazo para las cadenas alimenticias marinas que podrían confundirlos con comida. La basura plástica afecta a por lo menos 800 especies en el mundo, incluyendo a la mitad de las tortugas marinas y a 60% de las especies de aves, también marinas.[8] Asimismo, cada año mata a 100 000 mamíferos marinos.[9]

- **Hecho 2:** Los plásticos que flotan en el mar actúan como un señuelo para contaminantes orgánicos persistentes como el DDT y los PCB. Los plásticos adsorben estos químicos tóxicos que luego se transfieren a organismos vivos y aumentan su toxicidad a medida que se van bioacumulando en su camino hacia la cima de cada cadena alimenticia.[10] De acuerdo con el diccionario *Merriam-Webster,* la adsorción es "la adhesión, en una capa extremadamente delgada de moléculas (como las de los gases, los solutos o los líquidos), a las superficies de cuerpos sólidos o líquidos con los que están en contacto". Los plásticos no solamente están flotando en el océano, también actúan como un imán y atraen contaminantes repugnantes, químicos que se adhieren y rodean a los mismos plásticos. Lo peor es que los científicos han demostrado que en los estómagos de aves marinas, y de peces y mariscos que consumimos, es posible encontrar plásticos acompañados de los químicos que han absorbido.[11]

Nuestra sociedad se encuentra inmersa en una etapa agónica a la que los científicos llaman la era del plástico. En los últimos 13 años hemos producido la misma cantidad de este material que en todo el siglo pasado. ¿De cuánto plástico estamos hablando? En un artículo de *The Telegraph* se presenta un estudio realizado por investigadores de la Universidad de Georgia y de la Universidad de California resumido de la siguiente manera: "El peso de la cantidad de plástico que se ha fabricado desde la década de los cincuenta es equivalente al de mil millones de elefantes.

Para 2015 los humanos habían generado 8 300 millones de toneladas de plástico, de las cuales 6 300 se habían convertido en desperdicio. Sólo 9% del plástico desechado fue reciclado, 12% fue incinerado y 79% se acumuló en vertederos o en el medio ambiente. Si las tendencias actuales continúan, para 2050 habrá aproximadamente 12 000 millones de toneladas de desperdicio plástico en vertederos o contaminando los océanos".

En el mismo artículo aparece una tabla infográfica con otras comparaciones que nos permiten visualizar la situación. Si te cuesta trabajo imaginar mil millones de elefantes, intenta imaginar 25 000 edificios Empire State, 822 000 Torres Eiffel o tal vez 80 millones de ballenas azules. Estos ejemplos representan el peso del plástico producido por los humanos hasta 2015, del cual la gran mayoría se ha convertido en desperdicio.[12]

UNA SOLUCIÓN LIMPIA

Cuando descubrimos la dolorosa verdad sobre la cantidad de plástico tóxico que las olas del mar llevaban a nuestras playas, nos impusimos la misión de concientizar a la gente de la comunidad. Fuimos a los salones de clases y organizamos inspecciones masivas para ayudarles a los estudiantes a averiguar de qué manera podían reducir su propia huella de desperdicio en la escuela y en casa. Ellos, a su vez, nos acompañaron a la limpieza de playas. Al principio nos cuestionaron porque no creían que pudiera haber plástico en las playas en las que habían crecido. Uno de ellos levantó una masa orgánica y la extendió en su mano, pero cuando se dio cuenta de que en realidad era una bolsa cubierta de algas verdes estuvo a punto de dejarla caer. A otros les sorprendió ver que unos troncos negros de metro y medio en realidad no eran quelpos gigantes sino tubos de PVC. ¿Por qué había eso en su playa? Los objetos negros de forma oval que parecían conchas de mejillones en realidad eran cápsulas de fuegos artificiales que quedaron de la celebración del 4 de julio. Las pequeñas piezas blancas con forma de esqueleto no eran vértebras de peces sino filtros de cigarro. Las largas hebras de algas eran popotes y tubos de tinta de bolígrafos. Las tapas de botellas de plástico parecían conchitas, y los hilos entretejidos con las hebras de algas a lo largo del horizonte de desechos eran listones de globos de helio liberados en celebraciones y homenajes locales. Este enlace educativo con las escuelas fue catártico para nosotras, pero sabíamos que necesitábamos hacer más de lo que habíamos hecho hasta entonces a nivel local y que también debíamos expandir nuestros horizontes.

Teníamos que hacer algo para encontrar respuestas y para ser parte de la solución, por eso nos propusimos atacar el problema de raíz, es decir, desde el consumo. La mejor solución era, para empezar, negarse a comprar plásticos. Comenzamos por nuestros hogares y en unos cuantos meses casi dominamos el plan de compras con cero desperdicio.

La contaminación de nuestra tierra y del agua, sin embargo, es solamente una parte del problema global del plástico. La otra parte la conforman las emisiones de gas de efecto invernadero. En 2016 *The Journal of Industrial Ecology* publicó un estudio realizado en 43 países sobre consumo en el hogar. Dicho estudio reveló que los consumidores son responsables de más de 60% de las emisiones de gas de efecto invernadero de la Tierra. Algo aún más sorprendente es que cuatro quintas partes del impacto ambiental atribuible a los consumidores no son "directos", como en el caso del combustible que quemamos cuando manejamos nuestro automóvil o calentamos nuestros hogares, sino "secundarios". El impacto ambiental secundario es el provocado por la producción de los artículos que compramos.[13]

Poco después encontramos la respuesta que buscábamos: si consumimos menos, podemos modificar profundamente nuestra huella personal de carbono. En 2014 el estadounidense promedio producía 16.4 toneladas métricas de dióxido de carbono,[14] cifra equivalente a las emisiones derivadas de la incineración de 8 132 kilos de carbón por persona.[15] Es por ello que cada vez que encontramos una alternativa a la compra de un artículo nuevo reducimos de dos maneras el impacto que tenemos sobre el medio ambiente. En primer lugar, se emite menos dióxido de carbono durante la producción y transportación del artículo al mercado, y en segundo, hay un artículo menos que tarde o temprano se dirigirá a los vertederos o a nuestras cuencas y océanos. Los científicos ambientales más importantes del mundo nos han advertido que tenemos menos de 12 años para evitar que el calentamiento global supere la cifra máxima de 1.5 grados Celsius (aproximadamente 2.7 grados Fahrenheit).[16] Más allá de ese punto, incluso si el calentamiento aumenta sólo medio grado, empeoraremos significativamente el riesgo de sequías, inundaciones y sucesos climáticos extremos como calor, huracanes e incendios forestales, lo cual sumiría en la pobreza a cientos de millones de personas.

Sabemos que es una perspectiva funesta, pero existe una solución sencilla para buena parte del problema: es posible que consumir menos sea el paso personal más poderoso que todos podamos dar para ayudar en esta crisis ambiental. Disminuir el consumo y aceptar una nueva filosofía de vida más orientada a compartir y menos a comprar, forzosamente tendrá beneficios.

LA PSICOLOGÍA DEL CONSUMISMO

Naturalmente, no comprar nada no es sencillo, al menos al principio. De hecho, a veces parece que los humanos estamos programados para comprar, pero ¿por qué?

Hemos invertido mucho tiempo en hablar con los miembros del proyecto Buy Nothing y en explorar nuestra obsesión colectiva con *las cosas*. ¿Por qué es tan difícil deshacernos de los objetos, incluso de los que rara vez usamos o los que ya no necesitamos? ¿Por qué nos sentimos constantemente forzados a adquirir más y más artículos, y a tener más de lo que cualquier persona necesita? ¿Cuáles son esas fuerzas ocultas que impulsan nuestro deseo colectivo de adquirir objetos?

Con base en una observación cercana de la gente que forma parte de los grupos de Buy Nothing, y de las cosas que posee, establecimos algunas teorías para responder a estas preguntas. En efecto, en la actualidad la publicidad es más personalizada que nunca antes, y sí, las redes sociales son un flujo de fotografías que se actualizan constantemente y que nos muestran pertenencias ordenadas con gusto artístico, así como las supuestas vidas perfectas a las que corresponden. Es obvio que todo esto impulsa parte de nuestro consumismo, pero nosotras detectamos algo aún más profundo. La gente parece considerar que sus pertenencias son un aspecto tangible de su identidad, una prueba de su valor, de su existencia y de su importancia en el universo. Es como si la lógica en operación fuera: "Tengo cosas, por lo tanto soy". Y resulta que hay muchos psicólogos realizando estudios sobre nuestra relación con los objetos, y sus hallazgos coinciden con nuestras observaciones.

Hay investigaciones sobre este tema que datan de 1932 y que explican los fuertemente enraizados vínculos humanos con las cosas, típicos de las economías de compartición que hemos ayudado a establecer: mucho antes de ser susceptibles a la mercadotecnia, incluso antes de cumplir los dos años, comenzamos a mostrar fuertes sentimientos de propiedad sobre los objetos, y nuestra relación con nuestras pertenencias deja de manifestarse en riñas por juguetes entre bebés que apenas caminan, y se transforma en vínculos profundos con un animal de peluche amado, en el consuelo que nos ofrecen nuestros objetos cuando somos adolescentes y lidiamos con sentimientos de baja autoestima, y en la construcción consciente de nuestra identidad a través de los artículos que nos pertenecen. En la adultez, las pertenencias cobran más importancia porque expresan mejor la manera en que nos vemos a nosotros mismos, y también porque nos sirven para conservar recuerdos de sucesos importantes de vida, de ritos de iniciación y de gente que amamos. Cuando maduramos aún más, nuestras cosas nos sirven de compañía porque perduran más que el pasado y la gente que perdimos. En cada etapa de la vida a partir de la adolescencia la baja autoestima, la falta de conexión social y los sentimientos de impotencia se vinculan con un enfoque cada vez más centrado en la importancia de las pertenencias. Es como si esta relación entre las cosas que poseemos y la noción que tenemos de nosotros mismos estuviera arraigada en nuestro cerebro. Hay tomografías que muestran que la región del cerebro que usamos para pensar en nuestra identidad también se enciende cuando pensamos en los objetos que poseemos.[17]

La relación que tenemos con nuestras pertenencias es compleja e importante, y la facilidad con que obtenemos más artículos ha permitido que nuestros hogares se infesten de cosas, lo cual no es sano ni para el medio ambiente ni para nosotros.

AHOGADOS EN OBJETOS

Es tan sencillo acumular cosas, que de pronto nos damos cuenta de que ya no tenemos espacio en casa para almacenarlas. Cada año, más estadounidenses están optando por rentar espacio de almacenaje para su exceso de pertenencias. Actualmente en Estados Unidos hay por lo menos 45 000 instalaciones de almacenamiento personal que 9.4% de los estadounidenses está rentando. Hace 20 años había sólo la mitad.[18]

Entre 2001 y 2005 un equipo de antropólogos del Center on the Everyday Lives of Families (Centro de la vida cotidiana de las familias) de la Universidad de California en Los Ángeles realizó un estudio que fue el primero en su tipo y en el que se analizó la "cultura material", es decir, los objetos de la vida cotidiana de 32 familias de clase media con dos fuentes de salario del área de Los Ángeles.[19] Los antropólogos Jeanne E. Arnold, Anthony P. Graesch, Enzo Ragazzini y Elinor Ochs realizaron visitas a las casas de las familias. Las visitas fueron videograbadas y guiadas por cada uno de los miembros de los hogares mayores de siete años de edad. Los investigadores inventariaron sistemáticamente los objetos de cada habitación, los fotografiaron, los contaron e hicieron un mapeo. Fue una tarea monumental. Documentaron todos los objetos visibles en las 32 casas y tomaron más de 20 000 fotografías.

En una de las casas encontraron 2 260 posesiones en solamente tres habitaciones (dos recámaras y la sala), sin incluir "una cantidad incontable de artículos guardados en cajones, cajas y gabinetes, u objetos colocados detrás de otros". Un buen porcentaje de los objetos del deseo que guardamos en nuestros hogares está fabricado con plástico, lo que contribuye enormemente al hallazgo del estudio mencionado: en el hogar estadounidense promedio hay más de 300 000 artículos. Algo interesante es que encontraron una correlación entre la cantidad de imanes en los refrigeradores y la cantidad de objetos en la casa.

> **En el hogar estadounidense promedio hay más de 300 000 artículos.**

En una entrevista sobre el estudio, Jeanne E. Arnold, autora principal, explicó: "Los hogares estadounidenses contemporáneos tienen más posesiones que los de cualquier otra sociedad en la historia del mundo. El hiperconsumismo es evidente en muchos espacios como las cocheras, los rincones de las oficinas en el hogar, y a veces, incluso en las esquinas de las salas y las recámaras, en la cocina, sobre la mesa de la sala y en los cubículos de la ducha. Encontramos muchos objetos, montones de cosas. Es evidente que en algunos de estos hogares la acumulación genera un estrés importante para las familias, y en especial para las madres".[20]

Los antropólogos revisaron los niveles de cortisol —hormona que producen nuestras glándulas adrenales— de las mujeres que participaron en el estudio, y descubrieron que eran muy elevados. También notaron que, aunque tenemos muchos rituales y procesos para acumular objetos, contamos con muy pocos para disminuir las cantidades o deshacernos de ellos. Nuestra industria publicitaria se enfoca en alentarnos a comprar cosas, y como en algún momento del pasado encontramos maneras más económicas y eficientes de producir más, ahora hay un sinfín de objetos disponibles para ser adquiridos. Todo esto, sumado al hecho de que comprar es más fácil que nunca antes, significa que estamos acumulando más ahora que en toda nuestra historia.

LA INESPERADA ALEGRÍA DE NO COMPRAR NADA

Es cierto que la facilidad de comprar y algunos otros factores han contribuido a nuestra sobreabundancia de objetos, pero nosotras pensamos que detrás de la obsesión que tenemos con ellos existe algo aún más primigenio que el deseo de obtener un estatus social y riqueza, algo más antiguo que las campañas publicitarias. Creemos que se resume en la necesidad de compartir las historias que nuestras cosas nos ayudan a contar.

Mientras aprendíamos e investigábamos respecto a la historia del plástico y de los artículos fabricados con él, nos topamos con el Proyecto de la etnografía del objeto (Object Ethnography Project) fundado por Max Liboiron, quien en ese tiempo era estudiante de la Universidad de Nueva York. Este proyecto examina las relaciones entre la gente, sus objetos y sus historias. En este estudio, gente común envió objetos que quería donar junto con la historia que acompañaba a cada uno. Otras personas podían solicitar un objeto donado a cambio de ofrecer una nueva historia relacionada con el mismo.[21]

Cuando nos enteramos de este proyecto tuvimos una epifanía. Las historias compartidas se convierten en piedras angulares capaces de unificar a una comunidad. Entretejen a la gente, ayudan a formar identidades colectivas y nos permiten vernos como parte importante de nuestros grupos. A medida que nos hemos desconectado de los otros, nuestros objetos se han convertido en los recipientes de nuestras historias, en lo que nos recuerda que importamos. Éste es el punto crucial donde nos encontramos como sociedad: el creciente aislamiento nos ha llevado a acumular más de lo que podemos manejar, y nos dificulta despegarnos de los objetos. Como madres, ciudadanas científicas y creadoras del proyecto Buy Nothing, creemos que el hecho de vincular y compartir objetos e historias con quienes nos rodean hace que el proceso de despedirnos de los objetos sea más significativo y nos enlaza con una conciencia colectiva que ha formado parte de nosotros desde el nacimiento de la humanidad. A lo largo de la historia la gente ha sobrevivido a tiempos difíciles porque ha cooperado en la compartición de recursos. El impulso de ayudarnos con obsequios y de compartir continúa presente hasta ahora y sigue siendo visible tanto en las culturas indígenas que suelen compartir y que han soportado los desafíos de la colonización y el capitalismo, como en la manera en que gente de todas las culturas se lanza a ayudar cuando afronta desastres naturales como sequías, huracanes y derrumbes. Conforme el cambio climático nos traiga más variaciones en el medio ambiente, nuestra inclinación natural a cuidar de los otros tendrá muchas vías nuevas para expresarse.

Asimismo, tenemos la creencia fundamental de que vivir una buena vida es posible a través de metas extrínsecas e intrínsecas; creemos en esa meta intrínseca mayor que es el crecimiento personal, en conectarse con otros, en sentirse seguro y valorado, y en construir una comunidad. Estas metas no se excluyen entre sí. De hecho, a través del proyecto Buy Nothing podemos satisfacer ambas. Cuando damos, recibimos y compartimos con los otros, acumulamos lo que deseamos (extrínseco) y, al mismo tiempo, podemos fortalecer nuestros vínculos con la comunidad local (intrínseco).

En los grupos de Buy Nothing hemos visto una y otra vez que, aunque al principio los miembros se sienten felices de satisfacer sus valores extrínsecos, continúan participando para obtener los beneficios intrínsecos. De hecho, estos beneficios pueden llegar a ser incluso más valiosos que la meta extrínseca de acumular más pertenencias. Numerosos estudios han demostrado que cuando la gente prioriza las metas intrínsecas sobre las extrínsecas, sus niveles de vitalidad y satisfacción aumentan, mientras que los niveles de depresión y ansiedad disminuyen.[22]

Como beneficio adicional, quienes organizan su vida con base en valores intrínsecos como la conexión y una conciencia más profunda de sí mismos tienden a tratar a otros con gentileza y a llevar vidas más sustentables desde la perspectiva ecológica. Debido a esto, no comprar nada se convierte en un juego en el que todos ganan.

A los miembros del proyecto no sólo les sorprende el gozo proveniente de la creación de nuevos lazos y del hecho de formar parte de un movimiento social. Algunos se han enfrentado cara a cara con comportamientos y hábitos ocultos persistentes y difíciles de romper como la adicción a las compras, la acumulación al estilo de la era de la Gran Depresión o la incomodidad que representa para su ego preguntarse lo que quiere. En muchos sentidos, estos problemas son parte esencial del movimiento de Buy Nothing porque entender las necesidades ocultas que impulsan nuestro consumismo y la acumulación de objetos nos ayuda a identificar nuestras necesidades más profundas y a enfrentarlas. Nos referimos a necesidades intangibles como la identidad, los vínculos y la autoestima que nos hacen más falta que cualquier objeto nuevo. Romper un hábito o incluso terminar con la adicción a comprar artículos puede ser una de las cosas más difíciles que trates de hacer, y para algunos, es el elemento más desafiante del proyecto. No obstante, el hecho de no comprar nada no significa que tengas que renunciar a obtener cosas. Las economías de compartición están repletas de objetos que los vecinos regalan. El beneficio de compartir más es que consumimos menos colectiva-mente y, por lo tanto, ahorramos dinero, reducimos el acumula-miento, evitamos que los plásticos contaminen nuestros mares y reducimos los gases de efecto invernadero: todo al mismo tiempo.

El plan del proyecto Buy Nothing nos permite ver todos estos aspectos de nosotros mismos. Este programa también te enseñará algunas lecciones inesperadas, y a medida que vayas avanzando en los pasos descritos en el libro te dará la oportunidad de co-nocerte mejor a ti mismo. A veces las lecciones nos hacen sentir incómodos porque tenemos que enfrentar nuestras necesidades ocultas o los hábitos poco sanos, o porque comprendemos lo vul-nerables que nos hace sentir pedirles a otros lo que necesitamos. Sin embargo, vale la pena. Gracias a tu nuevo estilo de vida con el proyecto Buy Nothing, no sólo terminarás sintiéndote más sano y ligero, tu cuenta bancaria también sanará y tu comunidad se for-talecerá porque habrá practicado el perdido arte de dar, compartir y recibir más. Compartir engendra conocimiento de uno mismo y también resiliencia.

Pero no nos adelantemos. El primer paso es mostrarte cómo comprar menos y cómo hacerlo de la manera más sensible posi-ble. Con esto podremos explorar nuestra relación emocional con los objetos y las razones por las que actualmente consumimos y desperdiciamos más cosas que nunca antes en la historia. Te in-vitamos a unirte a nosotros en esta travesía de no comprar nada que comienza con un desafío de siete pasos.

Una invitación a no comprar nada: el proyecto Buy Nothing

PRUEBA LOS SIETE PASOS DE NUESTRO DESAFÍO PARA NO COMPRAR NADA

Ésta es la invitación oficial para que te unas a nosotras en este experimento, para ver si podemos encontrar alternativas antes de comprar lo que queremos y pensar dos veces antes de tirar algo a la basura. A lo largo de este libro te proporcionaremos un plan para cambiar tu mentalidad y tu comportamiento. Independientemente de si corres a la tienda para obtener algo que crees necesitar para tu hogar, de si ordenas un regalo para el cumpleaños de un amigo, o de si estás tratando de lidiar con el caos que hay en tus armarios, este libro te ayudará a controlar tu dependencia a la venta al menudeo, a limitar la cantidad de desperdicio que produces y a encontrar maneras creativas de satisfacer tus necesidades y deseos sin gastar dinero.

No sólo ahorrarás, también harás nuevos amigos, recibirás cosas que deseas y te desharás de la basura que ya no quieres (¡sin colmar los vertederos!), también te sorprenderás al descubrir las afortunadas lecciones y el gozo de volverte a conectar con el mundo real y con la gente que te rodea. Este plan es en verdad para cualquiera, no importa dónde vivas ni tus circunstancias económicas. Las economías de compartición nos funcionan de igual manera porque todos poseemos la misma naturaleza humana y somos generosos de nacimiento.

Trata de no comprar nada durante el mayor tiempo posible. Comienza con una meta sencilla, una semana, por ejemplo. Quizá te sorprendas a ti mismo. Algunas personas han durado todo un año sin comprar, y ni siquiera lo planearon así, sólo permitieron que su nueva mentalidad las fuera manteniendo mes a mes. Todos los dueños de riqueza no comprada que hemos conocido —pioneros que han pasado meses o años sin comprar nada— tienen las siguientes características en común: son ingeniosos, están profundamente conectados con la demás gente y cuentan con una perspectiva sana respecto a las trampas del mercantilismo. En lugar de hablar de las privaciones que han sufrido por no comprar, nos cuentan sobre la abundancia en la que viven. Dado que nosotras ya no compramos las cosas que adquirimos y que dependemos de que la comunidad nos apoye, no comprar nada le da un significado especial a la forma en que definimos nuestra interdependencia con la familia, los amigos y los vecinos.

Para mejores resultados, añade a tus amigos. Invita a otros a trabajar contigo en este libro. Pueden revisar sus avances por teléfono o correo electrónico, o incluso tomándose un café una vez a la semana. También te invitamos a unirte al foro de discusión que encontrarás en buynothinggeteverything.com para que tengas compañía en el camino. Es fundamental que estés cerca de gente que también esté cumpliendo con los siete pasos porque eso te dará inspiración y te permitirá desahogarte, despotricar o desvariar. Tú y esas personas no necesitan estar en la misma ciudad, lo que importa es que todos sigan los mismos pasos donde quiera que estén.

Si prefieres hacerlo solo, te sugerimos que lleves un diario para rastrear tu avance y para que anotes tus triunfos y recuerdos, los sentimientos, las ideas y las historias que genere el desafío. Al final de cada paso de Buy Nothing incluimos una invitación: *Te invitamos a…* Son nuestras sugerencias de acciones concretas que puedes probar como parte del desafío. Verificar cada paso contigo mismo, con tus amigos y con la gente de nuestro foro de discusión te ayudará a que los cambios se arraiguen y crezcan en tu vida y en todo el mundo.

Si quieres aprovechar los siete pasos, por favor lee la sección "Repiensa tu basura" de la página 291, la cual incluye numerosas maneras de disminuir tus desperdicios porque te hace pensar cuidadosamente en lo que desechas y te ayuda a encontrar maneras nuevas de tirar menos cosas a la basura y de darles un nuevo propósito.

LAS REGLAS

Las reglas son sencillas: excepto por los gastos permitidos que incluimos en la lista que encontrarás más adelante, no compres nada durante el mayor tiempo posible, es decir, *ninguna cosa*. En cada paso ofrecemos ejercicios para que empieces a modificar tu comportamiento. Los ejercicios son parte integral del desafío y están diseñados para optimizar tu experiencia de no comprar nada y para ayudarte a implementar cambios perdurables en tus hábitos de consumo. A continuación te daremos una descripción breve de los siete pasos. El libro te guiará a través de ellos de una manera sumamente detallada, y te ofrecerá todo el apoyo, motivación e información que necesites para tener éxito en el desafío.

Paso 1: Dar. Exploramos las distintas maneras de dar y te sugerimos formas en las que puedes comenzar tu viaje de generosidad.

Paso 2: Pedir. Cuando todos los obsequios tienen el mismo valor y dejan de estar monetizados, el campo de juego se equilibra y todos quedamos a la misma altura. Pedir lo que deseas es esencial para la salud de una economía de compartición.

Paso 3: Reutilizar y rechazar. Te ofrecemos trucos y consejos para que, en primer lugar, rechaces la noción de comprar cosas todos los días.

Paso 4: Reflexionar. Investigamos las necesidades ocultas en tu deseo de comprar más. Te ayudamos a controlar este impulso y a encontrar maneras alternativas de conseguir lo que necesitas.

Paso 5: Elaborar y reparar. Celebra al fabricante que hay en ti, reduce tu huella de desperdicio y siéntete empoderado para reparar prácticamente todo antes de comprar algo nuevo.

Paso 6: Compartir, prestar y pedir prestado. Te ayudamos a proponer una gran cantidad de ideas creativas sobre cómo compartir, prestar y pedir prestado más artículos.

Paso 7: Gratitud. El pegamento fundamental que nos une y que engendra más generosidad consiste en expresar abiertamente nuestro agradecimiento hacia quienes compartieron algo con nosotros.

EXCEPCIONES

Sabemos lo que estás pensando: pero ¿cómo voy a comer?, ¿cómo voy a vivir? No te preocupes, ésta es la lista de gastos permisibles o que incluso alentamos a hacer durante el desafío Buy Nothing:

1. Comida (alimentos, especialmente cosechados en tu localidad, y también las comidas fuera).
2. Pagos regulares del hogar (calefacción, agua, electricidad, renta/hipoteca).
3. Gastos de viaje (incluye boletos de autobús/tren, combustible, seguro del automóvil, reparaciones mecánicas).
4. Recetas médicas y artículos de uso personal (incluye artículos de baño para ti, tus dependientes y tus mascotas).
5. Educación (incluye materiales de todo tipo, colegiaturas, eventos escolares y pagos de otros eventos educativos o relacionados con el trabajo).
6. Sellos postales y gastos de envío (no incluye los suministros de embalaje).
7. Contribuciones a causas caritativas/políticas.
8. Experiencias y eventos (boletos de museos y conciertos; visitas a la alberca con los niños, al zoológico o a los parques nacionales; gastos para acampar, etcétera).
9. Arte, cultura y humanidades (gastos que apoyen a los artistas, académicos y autores con la compra de productos como arte, libros, poesía y grabaciones musicales).

Este desafío tiene un propósito doble: en primer lugar, queremos animarte a que te conectes con tus redes sociales o a que crees nuevas para pedir lo que necesitas y para deshacerte de aquello que ya no quieres conservar. En segundo, queremos que pienses con detenimiento en lo que "quieres". ¿En verdad necesitas esos nuevos ganchos recubiertos de plástico cuando cerca de ti hay gente a la que le encantaría regalar los suyos en lugar de tirarlos? ¿Tienes que comprar esa casa de campaña? Una compañera del trabajo tiene una que le encantaría prestarte. ¿En verdad necesitas remplazar tu bicicleta o sólo requiere una buena remozada? Es posible que puedas vivir sin ese "necesito tener" o que encuentres maneras creativas de obtener o reparar lo que te hace falta sin tener que abrir la cartera. Fabricar cosas, repararlas, solicitarles ayuda a otros, pedir prestado o permitir que alguien te dé algo, son acciones que te permiten asumir un papel activo en tu comunidad. Los humanos estamos programados para vincularnos con los otros y, como especie, la mayor parte de nuestra existencia hemos dependido de redes cooperativas de compartición y donación para sobrevivir. Por todas las razones que ya mencionamos, podríamos argumentar que para sobrevivir en la actualidad es necesario aceptar la mentalidad Buy Nothing y aprovechar nuestra abundancia, así como los métodos modernos que tenemos para relacionarnos.

Paso 1: Dar

El primer paso para adoptar la mentalidad de no comprar nada consiste en dar. De cierta manera, dar es un acto sencillo y natural, algo que existe en nuestra propia naturaleza y que se ejemplifica en la manera en que una madre se entrega para cargar, dar a luz y criar a su bebé. Independientemente de las particularidades de nuestra llegada al mundo, de nuestro género y del parentesco de las personas que se hicieron cargo de nosotros, resulta evidente que nadie estaría aquí hoy de no ser por el regalo vital de cuidado que recibimos cuando nacimos y éramos incapaces de satisfacer nuestras propias necesidades. Sin embargo, después de esta vulnerable etapa de la vida, las cosas se complican muchísimo, en particular porque vivimos en una sociedad capitalista. Pasados los años de la primera infancia, la sociedad nos alienta a ser independientes y a valernos por nosotros mismos, a explorar nuestro entorno y a recolectar recursos para cuidarnos. Más adelante, en la adolescencia y la adultez, descubrimos que vender el trabajo y los objetos en lugar de regalarlos nos permite obtener una recompensa y, por lo mismo, nos cuesta trabajo reconocer el valor de nuestro talento, artículos o experiencias si no les asignamos un valor monetario. En este capítulo te pedimos que experimentes con la posibilidad de dar, de ver los regalos a otros como el primer paso para crear una red de dependencia mutua con la gente que te rodea. Aquí te ofrecemos varias maneras en que puedes dar a los individuos que forman parte de tu vida y a la comunidad en general.

Para explorar por qué dar es fundamental, necesitamos mirar al pasado. Una de las lecciones formativas e inspiraciones para el proyecto Buy Nothing vino de la sabiduría de gente que nunca conocimos, cuyas historias no se contaron ni se documentaron sino hasta hace poco.

ENSEÑANZAS DEL HIMALAYA

En la última década, la familia de Liesl ha viajado cada verano a la frontera entre Nepal y el Tíbet para explorar las antiguas cavernas enclavadas en los Himalaya, a casi cuatro kilómetros de altura. Aunque las cavernas han estado ahí desde siempre, nadie ha tenido acceso a ellas. Pete Athans, el esposo de Liesl, es escalador del Himalaya y tiene las habilidades técnicas para llegar adonde se encuentran. Con el apoyo de la National Science Foundation, la pareja y un equipo multidisciplinario de científicos dirigidos por el doctor Mark Aldenderfer, profesor de arqueología de la Universidad de California en Merced, formaron parte del primer grupo de humanos que entró a las cavernas en cientos, si no es que miles de años. Para Liesl y su familia fue el privilegio de su vida. Esta hazaña fue posible gracias al permiso plurianual que recibieron del gobierno de Nepal y a la autorización de las comunidades locales. Junto con algunos de los académicos más importantes del mundo especializados en prehistoria del Himalaya, y con varios genetistas y arqueólogos, Liesl y su esposo se han aventurado a entrar a esas cavernas hechas por el hombre para documentar e inventariar su contenido, recuperar huesos para hacer pruebas de ADN y aprender más acerca de quiénes fueron los primeros humanos y cómo vivieron y murieron en el lugar más inhóspito de la Tierra.

En un grupo de cavernas en la región del Mustang Superior de Nepal el equipo descubrió una red oculta de cámaras mortuorias pertenecientes a una comunidad que vivió hace 1 450 años.[23] Durante más de cuatro siglos esta comunidad sobrevivió a duras penas a una gran altitud, y fueron de las primeras personas que se establecieron de manera permanente en uno de los lugares más hostiles para sobrevivir en el planeta. Sus huesos nos indican que, a pesar de las difíciles condiciones, tuvieron vidas relativamente sanas, lo cual es testimonio de la supervivencia cultural ante la adversidad. A juzgar por sus artefactos y, ciertamente, por la manera ceremonial en que fueron enterrados, es evidente que los miembros de esta comunidad dependían los unos de los otros, se cuidaban y realizaban bastantes intercambios: gracias a la gente del Lejano Oriente obtenían seda, y gracias a la del oeste y el sur, obtenían metales y cuentas.

Se piensa que su estilo de vida no era muy distinto al de los nepalíes que viven a casi un kilómetro de ahí, en una pequeña aldea llamada Samdzong, a la cual sólo se puede llegar caminando cuatro horas desde el "sendero" más cercano y atravesando un paso elevado y un cañón, hasta llegar al idílico valle que llaman hogar. La gente de Samdzong nos ha enseñado una valiosa lección respecto a los lazos que se crean al dar, pedir y expresar gratitud, y que pueden mantener a una comunidad viva y próspera por generaciones. Los aldeanos de la actualidad continúan comerciando la mayor parte de lo que necesitan a cambio de su premio mayor canjeable: las cabras. También cuidan colectivamente los unos de los otros y son cautelosos con lo que la tierra puede proveer. Tienen una economía casi igualitaria que desalienta el uso de dinero en efectivo y une a las familias a través de una red de interdependencia. Dicho de otra forma, es una economía de compartición que funciona perfectamente.

En muchos sentidos, esta pequeña comunidad nos inspiró a traer la idea de la economía de compartición a nuestro pueblo a través del movimiento Buy Nothing. Como Liesl pudo constatar de primera mano, existe un marcado contraste con nuestra sociedad capitalista occidental, ya que una verdadera economía de compartición sólo funciona si todos sus integrantes pueden asumir el papel de dadores y receptores.

UNA NOTA DE LIESL

Ocho casas de campaña alineadas al borde de un campo sin cultivar en la aldea nepalí de Samdzong, a cuatro kilómetros y medio de altura. Cápsulas de nailon amarillo que destacan como pulgares inflamados en el árido paisaje pardusco bajo la sombra en forma de lluvia de los Himalaya. Mi esposo, mis dos hijos y yo sacamos cinco bolsas de lona de ropa abrigadora de nuestra tienda para cuatro personas. La intención era donar las prendas a las familias de ahí como agradecimiento por haber colaborado una temporada más en las excavaciones en las cavernas. Empezamos a hacer montones discretos de ropa para niños, chamarras y botas de hombre, suéteres de mujer, gafas oscuras y otros objetos, y mientras tanto, los aldeanos se reunieron alrededor para mirar y ayudar a distribuir.

La mujer principal, la *mukhia*, era una madre de cuarenta y tantos años. Caminó hacia mí, se inclinó y me sugirió amablemente en nepalí: "Debería dividir la ropa por igual en 17 montones para los 17 hogares, y en cada uno poner una cantidad igual de ropa para adultos y para niños". Le respondí lentamente en inglés porque mi nepalí no era comprensible: "Sí, pero sé que en un hogar sólo hay una señora de 68 años". Luego me agaché a retirar la ropa de bebé del montón destinado a la anciana para hacer espacio e incluir más ropa de adulto. Pensé que tal vez la *mukhia* no había entendido bien mi inglés o mi razonamiento, así que posiblemente exageré mis gestos como suelen hacerlo los extranjeros, pero entonces noté que mis hijos me miraban avergonzados.

La *mukhia* había entendido perfectamente. "La ropa de niños en el montón de la señora —me explicó con amabilidad y riéndose un poco de mi ignorancia— le garantiza que tendrá algo que dar a los otros. La salud de nuestra aldea depende de que cada familia reciba los mismos regalos para que, a su vez, sus miembros puedan ser dadores y receptores."

La economía de compartición de la aldea exige que cada hogar reciba la misma cantidad de capital social o que tenga la misma capacidad para donar a su vez los artículos que no necesite a familias a las que sí les hagan falta. El capital social puede definirse como las relaciones sociales productivas de cualquier comunidad que conforman la verdadera red de vínculos mutuos. Es por esto que para la señora de 68 años las calcetitas de bebé resultan tan útiles como un par de botas para la nieve de su número. Cuando llegue el momento correcto le dará las calcetitas a una familia con un bebé recién nacido y, de esa manera, reforzará sus lazos con ellos. Una mujer de 52 años, madre de hijos mayores, estuvo muy emocionada de recibir un caleidoscopio para poder jugar con mayor facilidad con los niños de la aldea. Un joven de pies pequeños recibió con alegría unas botas de excursión para hombre de un número diferente al suyo, porque así podría donarlas a su vez a la persona correcta.

En la aldea en Nepal se cuida y se valora a todos porque todos juegan un papel vital. Nadie sufre hambre y, como no cuentan con un médico, todos supervisan la salud de los demás. Una persona teje unas botas a la rodilla con lana ceñida de borrego y cabra. Otra persona que vive casi en las afueras de la aldea es buena para cortar carne. Estos trabajos especializados forman parte integral del bienestar cotidiano de la población, ya que viven prácticamente aislados, en una zona que se siente como a años luz del único hospital, de cualquier tienda departamental y del internet.

La gran revelación que tuvimos gracias a las sociedades de las aldeas en el Himalaya produjo un cambio radical en nuestra manera de pensar porque empezamos a considerar a cada miembro de la economía de compartición como un participante vital independientemente de su estatus o su realidad económica. Nos quedamos intrigadas, ¿podríamos intentarlo nosotras mismas? Y lo más importante, ¿funcionaría? En todo el mundo hay economías intactas de la donación y de la compartición, entre ellas, las Primeras Naciones de la costa Noroeste del Pacífico y del mar de los Salish, el gemach judío y la tradición estadounidense de pasar la ropa de bebé e infantil a los hermanos o primos y primas menores. Las economías cooperativas son antiguas y nos han acompañado de diferentes formas a lo largo de la historia humana, sin embargo, muchos nunca hemos estado en contacto con ellas o no reconocemos esta manera tradicional de compartir recursos y fortalecer los lazos entre vecinos. Las economías de compartición con base en las relaciones locales son poderosas y mágicas.

A pesar de que tenemos redes sociales virtuales, en nuestra sociedad actual no solemos depender de redes genuinas como se hace en Samdzong. Vivimos como ermitaños, tratamos de sobrevivir solos a toda costa y nuestras casas están repletas de artículos personalizados. Nosotras decidimos llevar esta red de interconexión a la isla en que vivimos, pero tuvimos que preguntarnos: ¿será posible?

LA IMPORTANCIA DE TENER ALGO QUE DAR

Tú no necesitas viajar al otro lado del mundo ni recorrer pasos elevados en las montañas para comprender lo mucho que nos podemos beneficiar de dar en nuestras comunidades, en medio del extremadamente conectado mundo en que vivimos.

Mientras Liesl y su familia estaban en los Himalaya, Rebecca y sus hijos se encontraban a nivel del mar, en una isla en Puget Sound. Estaban viviendo un tipo muy distinto de experiencia. Debido a la inmersión repentina y estremecedora en una situación de madre soltera desempleada y sin ingresos estables durante la Gran Recesión, Rebecca de pronto tuvo la necesidad de alimentar y vestir a tres personas. Se inscribió al programa de cupones para alimentos, pero la asistencia social no fue suficiente para adquirir fruta o verduras frescas. Enfrentar la inseguridad alimentaria, aprieto demasiado común entre las madres solteras y sus niños en Estados Unidos, tuvo un profundo impacto en Rebecca. De la noche a la mañana le costó trabajo conservar la dignidad y la noción de su propio valor, y para colmo, la pobreza financiera empezó a aislarla porque vivía en una comunidad mayoritariamente adinerada.

UNA NOTA DE REBECCA

Mis primeros años como madre soltera fueron abrumadores. Si de por sí me sentía cansada de atender a dos hijas de tres y cinco años cuando todavía tenía una pareja que me ayudaba a criarlas, cuando me quedé sola me acabé mi segundo aliento, luego el tercero y, finalmente, entré en una nueva normalidad en la que la ansiedad que me causaban mis responsabilidades y la imposibilidad de cumplirlas se volvió omnipresente.

Al principio, cuando racionaba la gasolina del automóvil y estaba aprendiendo a estirar la dotación mensual de cupones para alimentos, comprendí que necesitábamos encontrar comida gratuita y eventos de entretenimiento a los que pudiéramos llegar caminando. Al final de nuestro primer invierno de austeridad salimos a caminar por un sendero cercano a nuestra casa y vi brotes de berro amargo saliendo de entre la grava. El berro amargo es una planta que la gente suele desechar como si fuera maleza, pero es uno de los primeros alimentos gratuitos que surgen de la tierra en la primavera en esta zona y tiene un sabor fresco como el de la arúgula. Les enseñé a mis hijas a sacarlo con cuidado para conservar el círculo completo de sus raíces verdes en forma de encaje. Llenamos los bolsillos de nuestros abrigos con berros y esa noche cenamos vegetales por primera vez en semanas. Nuestra ensalada nos hizo sentir astutas y sanas en lugar de pobres y hambrientas.

No obstante, yo necesitaba algo más que hojitas para nutrirnos, necesitaba un recordatorio de que tenía algo que compartir. Tal vez no contaba con dinero para comprar los vegetales frescos que necesitaban mis niñas, pero poseía el conocimiento para enseñarles a encontrarlos por su cuenta, un conocimiento que, además, podría compartir con otras personas más allá de mi familia. Incluso si no podía comprar obsequios para otros, tenía manera de encontrar algo que dar.

No poder pagar todas mis facturas ni alimentar a mis hijas sin ayuda de otros me hizo sentir menos valiosa e importante en el mundo; me sentía como una carga para mis amigos y mi familia. Y aunque en realidad no creía eso de mí misma ni de ninguna otra persona que fuera pobre o que lidiara con la escasez, me era imposible detener la grabación que no dejaba de repetirse en mi cabeza. Mi deseo de construir una economía de compartición local surgió de mi deseo de empoderarme a mí y a otras personas en mi posición y de permitirles ver que, en realidad, eran ricas de otras maneras más importantes que la económica. Quería una oportunidad de dar y de recibir para recobrar la sensación de que valía algo en el marco de mi comunidad.

Para mí, la primera economía de compartición que Liesl y yo creamos no fue un pasatiempo, sino una manera de alimentar y vestir a mis hijas y a mí misma. Y lo más importante es que fue algo que me ayudó a recobrar la noción de mi valor como una persona con derecho a expresar necesidades y deseos, y con el poder de ayudar a otros a obtener lo que necesitaban. A veces tenemos bienes materiales en abundancia, pero en otras ocasiones lo que nos sobra es tiempo, conocimiento o presencia. Y a veces incluso podemos enseñarle a un vecino a reconocer semillas comestibles o compartir con él la mitad de una pizza. En las economías de compartición todo cuenta de la misma manera.

UNA ECONOMÍA BASADA EN DAR

Nuestra cultura occidental tiene sus cimientos en el capitalismo y en la economía de mercado, y marca una línea muy clara entre quienes tienen recursos y quienes no. En este tipo de economía el valor de mercado conocido de un artículo tiene gran importancia, y la gente que cuenta con dinero puede adquirir bienes de una manera mucho más sencilla. Debido a esto, se le asigna un valor social muy fuerte al hecho de amasar fortunas personales, así como al estatus que se manifiesta en el uso de artículos nuevos o de lujo. En contraste, mucha gente relaciona el uso de artículos de segunda mano con la pobreza y con una falta de estatus social. A la gente que tiene problemas financieros la bombardean con mensajes sociales que le hacen creer que su pobreza es una razón para avergonzarse y que debe ocultarla. Esto nos insta a internalizar el mensaje de que exclusivamente la gente con una buena situación económica puede ser "dadora" y que quienes tienen menos recursos son "receptores" de forma inherente.

Asimismo, las conexiones sociales que formamos actualmente no se construyen alrededor de nuestros hogares y vecindarios como solía suceder en los viejos tiempos. Ahora creamos redes sociales a través del trabajo, las escuelas, los templos, los gimnasios y otros lugares "terceros" alejados de casa. Muchos tenemos vidas que prácticamente nos impiden reconocer a nuestros vecinos de junto o del departamento de enfrente. La gente quiere mantener su privacidad o, quizá, anhela esta conexión pero no se siente segura ni cómoda de iniciar el contacto en persona.

A pesar de que todos tenemos necesidades y deseos, así como una habilidad innata para dar y recibir, no existen maneras prescritas de cómo hacerlo equitativamente, de persona a persona. Todo esto contribuye a que haya un exceso de objetos que drenan nuestras cuentas bancarias y recursos naturales. En cualquier vecindario hay gente que posee una gran cantidad de cosas que podrían convertirse en recursos compartidos. En una simple comunidad de 50 hogares podría haber unos 50 equipos completos de herramientas caseras, sillitas de bebé para el auto, juguetes para todas las etapas de desarrollo infantil, libros de cocina, barrenas de drenaje, prendas de diferentes tallas y colores, muebles, monitores viejos, equipo para acampar y muchas otras cosas. Los humanos no tenemos arraigado el hábito cultural de dar, y por eso nuestras casas están repletas de kits personales de todo lo que la publicidad nos dice que necesitamos para cumplir nuestros sueños, y todo lo que creemos que vamos a requerir en caso de que los tiempos se pongan difíciles y nos encontremos solos tratando de sobrevivir a la adversidad.

¿Qué sucedería si todos los hogares dejaran de comprar esos artículos y compartiéramos más? ¿Encontraríamos objetos de valor? Originalmente, cuando iniciamos el proyecto Buy Nothing teníamos la esperanza de que con él reduciríamos nuestro consumo total y, al mismo tiempo, satisfaríamos nuestras necesidades diarias. Pensamos que construir nuestro estatus social a través de la generosidad, como dadoras, y del agradecimiento, como receptoras, nos enseñaría a compartir con confianza y en un nivel parejo. Pero lo más importante era que aprenderíamos a confiar en que había suficiente (objetos, riqueza, gentileza humana) para sobrevivir.

La aldea Samdzong no tiene un enorme influjo de artículos nuevos porque la gente vive lejos de los mercados. Obligados por la necesidad, sus miembros permanecen en contacto cercano con la tierra y con sus vecinos; su estilo de vida es rico en cultura espiritual y en vínculos interpersonales. Pasan menos tiempo administrado sus pertenencias. Los artículos que llegan a la aldea se usan a su máxima capacidad y de forma colectiva, hasta que ya no pueden reutilizarse y ya no son útiles en absoluto.

Nosotras aprendimos que la vida en una diminuta aldea alejada de las comodidades de nuestra vida suburbana no era sencilla, y en ningún momento hemos dicho que todos debamos empacar y mudarnos a Nepal, pero hay varias lecciones prácticas que podemos aprender de esa remota comunidad. Nos hemos apegado con fuerza a la imagen idealizada de la economía de compartición en una aldea porque tenemos la esperanza de reproducir estas ideas en casa para fortalecer nuestras comunidades y aprender a usar y a darles otro propósito a los regalos tangibles e intangibles que hemos recibido. Los siete pasos que se describen en este libro ofrecen una guía para hacer precisamente eso.

Comienza con el Paso 1: Dar. Así descubrirás cómo unirte un poco más a tus vecinos a través de la acción de dar más de ti y de tus pertenencias. Lo hemos visto una y otra vez. En una cultura local de compartición no tendrás que comprar objetos para sentir felicidad, vestir a tu familia, amueblar tu casa, reparar lo que está roto o ayudar a otros. Empezarás a construir una cultura que valora el compartir y el uso comunitario de los objetos más allá de las pertenencias individuales para el uso en solitario. Si sigues los siete pasos que te ofrecemos en este libro, no comprar nada podría permitirte obtener todo.

PASO 1: DAR

¿Qué es lo más importante que puedes hacer para dar inicio a tu vida en la cultura Buy Nothing? ¿Para encontrar alegría y obtener todo?

Dar.

Tal vez suene evidente, pero el hecho de dar es fundamental para generar este cambio en tu estilo de vida. Dar te coloca en una mejor posición para buscar objetos o servicios que querrás o necesitarás más adelante. Si algo hemos aprendido después de dirigir miles de economías locales de compartición, es que dar es una acción que le brinda alegría inmediata a la gente, y la alegría es una base sólida para formar relaciones perdurables. También es el primer paso para ayudar a alguien cercano a reducir su consumo de recursos. Dar lo que ya tenemos es el superpegamento que necesitamos para unirnos a una red comunitaria de compartición que puede llegar a tener un impacto más fuerte en tu vida que cualquier tienda de gran superficie por la que hayas empujado un carrito.

> **El consumo desenfrenado no le está haciendo ningún favor a nuestro planeta. El antídoto es la compartición desenfrenada.**

En su sentido antropológico más puro, dar algo es una forma simbólica de reciprocidad que puede ayudar a integrarnos a todos a la sociedad y garantizar que nos cuidarán y que jugaremos el papel que nos corresponde para mejorar la vida de los demás. La compartición serial es algo similar a un movimiento político que desencadena una obligación sobreentendida y crea un vínculo entre el dador y el receptor, así como la integración de ambos con un bien mayor. Esto puede sonar a una especie de teoría antropo-econo-etno-ambientalista, pero nuestro experimento confirmó algunas verdades que hemos constatado cientos de miles de veces.

A través del simple acto de ofrecer algo que ya no necesitas, algo que tal vez consideraste tirar a la basura, podrás ayudarle al medio ambiente y mejorar tu situación social. El consumo desenfrenado no le está haciendo ningún favor a nuestro planeta. El antídoto es la compartición desenfrenada, una poderosa herramienta para el bien social y ambiental. A pesar de lo encomiable que es, la donación anónima no necesariamente ofrece el tan necesario pegamento social que requiere una comunidad.

Cuando establecimos nuestro primer grupo del proyecto Buy Nothing elegimos Facebook como plataforma porque la gente ya estaba ahí, en un lugar donde es fácil ver a amigos mutuos que compartes con desconocidos, y donde la compartición puede realizarse a plena vista de todos los miembros del grupo. Ser visto tiene una magia propia, y estos grupos se han convertido en versiones digitales de las unidas aldeas en los Himalaya que Liesl conoció. A través de nuestro experimento Buy Nothing hemos aprendido una lección aplicable a todo tipo de compartición, ya sea en línea o en persona: cuando un grupo de gente es testigo del regalo, la recepción y la compartición de manera cotidiana, se forman vínculos más fuertes entre todos, y no sólo entre quienes están en ambos lados del artículo o servicio que se comparte. Ver que los objetos se entregan y se reciben genera una noción de gozo colectivo.

LA HISTORIA BUY NOTHING DE SHAINE

A lo largo del libro encontrarás estos recuadros, cada uno de ellos cuenta la historia de una persona real que ya vive sin comprar nada. Ésta es la de Shaine, una persona de nuestra propia comunidad en la isla: "Mi amiga me pidió dar una carriola a través de Buy Nothing. Salí de su casa, llegué manejando a la esquina, donde está el merendero, y vi a una mamá con un bebé envuelto y un niño de dos años. Como el niño no quería darle la mano a su mamá y ella estaba cargando al bebé, no podían cruzar la calle. Entonces bajé la ventana de mi auto y le pregunté si quería una carriola que tenía en el asiento de atrás. Me miró como pensando que estaba loca, pero bajé del auto, lo rodeé y saqué la carriola. Le hablé sobre el proyecto Buy Nothing, le di la carriola y unos juguetes para apilar de Melissa y Doug, y le expliqué que así hacíamos las cosas por aquí".

—*Shaine Martin Schramling, Bainbridge Island*

Esta historia de Shaine en el Noroeste del Pacífico ilustra cómo se puede dar con la ayuda de otros, y nos enseña a hacerlo de una manera que se integra perfectamente a tu día y que mejora la vida de alguien más inmediata e inesperadamente. Las demostraciones de compartición no tienen por qué ser fastuosas. En el caso específico de las mujeres, dar puede ser algo tan natural (o puede suceder como respuesta a las exigencias y expectativas que la sociedad tiene de nosotras), que muchas sentimos que nos queda muy poco que compartir. La experiencia de nuestro proyecto es distinta. Independientemente de si eres hombre o mujer, no te pedimos que continúes dando repetitivamente ni que cuando lo hagas te sientas arruinado; se trata de una forma de compartir que proviene de una situación de abundancia, y que te ayuda a sentirte poderoso y respetado. El *qué* no importa tanto como el *por qué*. Experimenta y trata de encontrar maneras de alcanzar esta meta: cuando dones artículos que ya no quieras, harás espacio en tu hogar e incluso podrás liberar los recuerdos tristes o perturbadores que acompañan a los objetos. Esto te dará una sensación de alivio y un futuro más abierto. Cuando sabes que tu regalo mejorará la vida de un vecino o que le dará felicidad, te das cuenta del poder que tienes para mejorar el mundo que te rodea.

A diferencia de la compartición forzada de tiempo y recursos que a veces nos exige la vida, dar en este proyecto permanece absolutamente bajo tu control. Establece tus propios límites en cuanto a tus objetos y a ti mismo, y da sólo lo que quieras y cuando lo desees. Tú eres quien elige los obsequios, el receptor, quién, qué, por qué, cuándo y cómo. Si un objeto se entrega y se recibe de manera libre, sin condiciones, y entre dos personas que se ven como iguales en importancia, la experiencia resulta dulce para ambos. Éste es el tipo de compartición que nuestro proyecto te permitirá descubrir y cultivar.

LA HISTORIA BUY NOTHING DE KITIYA

"Decidí ofrecer algo diferente hoy. Este frasco que parece vacío en realidad está lleno de amabilidad. Si la necesitas en este momento, por favor regístrate abajo. Voy a llenar el frasco con algo que espero que te haga sonreír, aunque sea un poco. Espero que te colme con suficiente amabilidad para que puedas rellenarlo con tu propia amabilidad y pasárselo a alguien más que también lo necesite."

—*Kitiya Dufall, Perth, Australia*

Kitiya Dufall aborda el acto de dar de una manera más abstracta y nos hace constatar el poder de la sencillez y la imaginación. La historia que relató y la foto del frasco de vidrio que publicó en el grupo de su economía de compartición en Australia Occidental generaron buena voluntad y entusiasmo. La gente fue creativa y llenó el frasco con emblemas de amabilidad. Lo mejor de dar es la interacción que se produce con gente real que tiene necesidades, deseos, preocupaciones, pensamientos y sentimientos legítimos. Ni tú ni tus conocidos le están comprando a una empresa por internet ni están lidiando con un operador de servicio al cliente al otro lado del país o del mundo. Aquí no hay dinero de por medio, nadie tiene que representar el papel de comprador ni de vendedor. Ustedes interactúan entre sí y, de esa manera, llevan la compartición creativa a un ámbito muy humano.

CÓMO DAR

Queremos que des cada vez que puedas. Si sientes que no tienes nada que ofrecer, elige un armario, un cajón o una habitación y límpialo. Los cajones de triques son un lugar estupendo para comenzar porque la mayoría de la gente sabe que lo que hay ahí es, pues eso, triques. Después de organizarlo ya no tendrás que llamarle "el cajón de los triques". También puedes comenzar con algo roto o faltante como un cierre que sabes que ya no vas a reparar. La mejor regla para la ropa consiste en regalar todo aquello que no hayas usado en un año. Si no sabes cómo usar una herramienta, dásela a alguien más. En el caso de la comida, si ya pasó la fecha de caducidad, úsala como composta o dásela a alguien que también requiera composta o que tenga pollos. Y con los juguetes, puedes guardar algunos cuantos en una caja y dejarlos ahí dos meses. Si tu niño no pregunta por ellos en ese tiempo, regálalos. Al siguiente mes guarda algunos más y repite el proceso.

Te garantizamos que limpiar tu espacio y deshacerte de objetos que no has usado te hará sentir mejor. Antes de llevar a cabo la limpieza trata de tomar una fotografía del espacio que vas a atacar, luego guarda en una caja reutilizable todos los objetos que ya no necesites (evita las grandes bolsas plásticas para basura porque no son cosas que vayas a desechar), y asegúrate de tomar una fotografía de tu hermoso espacio nuevo y de compartir con tus amigos la transformación antes-después. Sabemos que tal vez querrás deshacerte lo antes posible de los objetos que elegiste guardar en la caja, pero el siguiente paso es el que te dará más alegría: regala los objetos a tus amigos, colegas, familiares y vecinos a través de la mejor red de compartición (en el trabajo, la escuela, la iglesia o en el piso del edificio donde vives) o, de ser necesario, déjalos al final de la zona de estacionamiento con una nota. Después de limpiar tu armario personal y los de tu familia, organiza una fiesta para intercambiar artículos. Es una forma divertida de reunir por un par de horas a tus amigos y a los amigos de tus amigos para elegir nuevas prendas y para regalar lo que ya no necesitan. Inevitablemente la gente recordará tu talla y la de tus niños, y así, el intercambio informal de ropa continuará durante años.

LECTURAS RECOMENDADAS

¿Te está costando trabajo separarte de todas esas cosas? Consigue *La magia del orden* de Marie Kondo. Es un libro que te ayudará a revisar tus pertenencias y a encontrar artículos que regalar. Averigua cuáles camisetas "te dan alegría" y cuáles sólo son un peso adicional, y deshazte de la culpa que puede surgir cuando elegimos los objetos que ya no queremos o necesitamos.[24] A nosotras nos encanta el aprecio y el respeto que Marie Kondo tiene por cada objeto que llega a ella, y ahora queremos tomarte de la mano y mostrarte que cada vez que te deshagas de algo podrás obtener un capital social, y que cuando el objeto salga de tu casa sentirás todavía más alegría. También puedes leer *El arte sueco de ordenar antes de morir*, el libro de Margareta Magnusson, que te ayudará a procesar y entender tus emociones al separarte de objetos que no necesitas o que ya no quieres, pero que no has podido regalar.[25] El método de Marie Kondo hace maravillas para llevar alegría de nuevo a los espacios de tu hogar y puede ser el primer paso para que encuentres la abundancia que posees y que puedes regalar a otros. El método de

Margareta Magnusson nos ayuda a identificar los objetos que tienen trascendencia en nuestra vida, nos libera y nos permite dejar atrás las versiones pasadas de nosotros mismos.

Lo que hace a Buy Nothing un método distinto a los otros no es el sistema de eliminación sino lo que viene después. Queremos darle a tu vida la magia de compartir. En cuanto tengas listo ese montón de cosas que sacaste de tus armarios, repisas y cajones, ¡haz una pausa! No te apresures a donar los objetos a un grupo de caridad, a gente que nunca tendrás la oportunidad de conocer. Si empezamos a ver las cosas que no deseamos como una manera de vincularnos con la comunidad, de empoderarnos los unos a los otros para evitar la compra de artículos nuevos y de influir en los fabricantes para que sólo produzcan lo que verdaderamente se necesita, nos haremos bien a nosotros, a quienes nos rodean y también al medio ambiente. La tendencia a ordenar y deshacerse de objetos ha provocado un aumento en las donaciones a las asociaciones de caridad, sin embargo, esto no es necesariamente positivo porque las asociaciones de pronto tienen más de lo que pueden vender, y eso, a su vez, hace que los tiraderos se llenen de más y más cosas. Nosotros tenemos el poder de convertir nuestras pertenencias en activos comunes, de darles un buen uso en las ciudades y pueblos, de darles a esos artículos que alguna vez amamos un mejor destino que el del viaje directo a la basura.

Algunas personas dudan en dar porque les preocupa que sus obsequios no sean suficientemente buenos o que nadie los quiera. Lo entendemos, sabemos que hacer algo nuevo puede ser incómodo y que exponerte de esta manera puede resultar intimidante. Si ése es tu caso, trata de aceptar la inseguridad y piensa en ella como un ejercicio que te permitirá acercarte más a los otros. Recuerda que a toda la gente le agrada recibir. Además, siempre puedes recurrir al humor para compensar tu ansiedad respecto a dar. Ataca el baúl de juguetes de tus hijos y saca los de nivel preescolar que ya no usen. Esos juguetes pueden servirle de maravilla a otra familia. Regala todas esas latas de té de hierbas que en realidad nunca te ayudaron a dormir bien, te estimularon o te quitaron el estrés. Admite la derrota y deshazte de la bicicleta de ejercicio que casi nunca usaste. Cocina una cacerola de sopa y haz amigos de forma instantánea. Si eres honesto respecto a lo que estás regalando y a las condiciones en las que se encuentra, la gente no te juzgará. Si tu objeto tiene una historia, cuéntala: a todas las personas les agradan los relatos que acompañan a un regalo.

Neeti Madan es una agente literaria de la ciudad de Nueva York, vive en Manhattan y tiene una vecina en el piso de abajo: una madre soltera que se mudó al edificio hace algunos años. El hijo de Neeti es un poco más grande que el de la vecina, y en lugar de simplemente dejar las vías de su tren en la repisa para cosas "gratuitas" del edificio para que alguien las tomara anónimamente, decidió regalárselas y entregárselas en persona al amiguito del piso de abajo porque sabía que las disfrutaría mucho. "Fue más gratificante ver a mi hijo mostrarle al de mi vecina cómo ensamblar las vías —nos confesó Neeti—. La amistad que terminamos formando bastó para que mi vecina decidiera tocar a mi puerta el día que sufrió una fuerte reacción alérgica y tuvo que buscar a alguien para encargarle a su niño. También estuvieron con nosotros en nuestra celebración para adornar el árbol de Navidad."

Da. Da de una manera creativa y hazlo con frecuencia. Da gratuitamente, sin condiciones, sólo por el gozo de dar. Te prometemos que eso te acercará más a quienes te rodean y te preparará para el siguiente paso del proyecto Buy Nothing: pedir.

LA HISTORIA BUY NOTHING DE DARIA

"Para ser honesta, la confianza absoluta que tengo en mi comunidad y el hecho de saber que alguien dará un paso al frente y me regalará lo que sea si yo llegara a necesitar algo en caso de tener otro hijo, es lo que me hace sentir cómoda con la idea de regalar todas las pertenencias de mi hija cuando ella ya no las necesite. Usualmente regalo ropa y juguetes en cuanto ella crece y ya no los utiliza, también doy restos de alimentos y cualquier cosa que se haya quedado sin usar en la cochera o en mi armario, en la encimera de la cocina o en los recovecos de los gabinetes. Literalmente también regalé la ropa sucia de mi hija cuando creció y supe que cambiaría de talla, pero no me daría tiempo de empacarla y desempacarla porque estábamos a punto de mudarnos. Esta mentalidad de confianza e interdependencia en mi comunidad Buy Nothing cambió mucho la manera en que ahora veo las cosas que uso en mi vida."

—*Daria Kelsey, miembro del Equipo Global Buy Nothing: eje de los líderes de proyecto en Tacoma, Washington*

RESPECTO A LAS ECONOMÍAS DE COMPARTICIÓN, LAS MUJERES, LA POBREZA Y LA RIQUEZA

Con frecuencia nos gusta recordar que *economía* viene de la palabra griega *oikos* que significa "hogar". Aunque a lo largo de la historia a las mujeres se les ha impedido poseer cosas y ocupar papeles de liderazgo en la economía de mercado, en realidad somos las administradoras originales de la primera economía: el hogar. Los modelos económicos de las esferas tradicionalmente controladas por las mujeres nunca han sido considerados legítimos para el comercio, la academia y la política de la cultura dominante, sin embargo, estas economías lideradas por madres suelen incluir a otros, son cuidadosas con los recursos, no promueven la competitividad y, en esencia, son justas.[26] Nosotras podemos atestiguar el hecho de que la mayoría de los más de 6 000 voluntarios del proyecto Buy Nothing (digamos casi 95%) son mujeres. Esto no nos sorprende porque creemos que las mujeres tienden a ser administradoras de los materiales que entran y salen de nuestros hogares. Los recibimos y luego nos deshacemos de ellos.

Hasta este momento hemos ayudado a voluntarios a establecer economías locales de compartición en docenas de países, y de esta forma cubrimos toda la diversidad socioeconómica, racial, étnica, religiosa, cultural y política. Los vecindarios del mundo tienen acceso a la misma abundancia de generosidad, sin importar el nivel promedio de ingreso ni la salud financiera. Decimos esto con base en experiencia y observación directas. Cada vez que los miembros de vecindarios menos prósperos expresan su preocupación porque en su área "no habrá buenos artículos" o porque "no habrá suficiente" para iniciar un grupo Buy Nothing, los hechos siempre han demostrado lo contrario. No existe ningún vecindario sin regalos, no hay ninguna comunidad en la que escasee la gentileza o el cuidado mutuo. De hecho, con frecuencia vemos economías de compartición en zonas en las que la pobreza crece con más rapidez que en aquellas en las que la mayoría de los residentes son acaudalados. Construir una nueva cultura del dar o nutrir, una que ya existe, pero que permanece intacta, es el tipo de trabajo en el que todos podemos participar de lleno. Los regalos más valiosos que hemos visto son los que unen a los seres humanos: un servicio o algo que forma parte de uno mismo, conocimiento, tiempo, experiencia y otros valores intangibles. Éstos pueden ser los regalos que más cambien una vida y son los que todos podemos dar y recibir.

Cuando uno da, es imposible equivocarse. En este libro te ofrecemos nuestros mejores consejos e ideas para dar en maneras que operarán rápidamente un cambio profundo, sin embargo, no hay margen de error en el dar. Ningún regalo es demasiado grande ni demasiado pequeño. Puedes pensar cuanto desees en el acto de dar, puedes establecer límites para ti y para tus objetos, puedes dar en maneras que mejoren tu vida al mismo tiempo que tus regalos mejoren la vida de otros. La mayoría de los participantes del proyecto Buy Nothing son mujeres, lo cual no es sorprendente. Hay estudios que demuestran que las mujeres tienden a ser más generosas que los hombres. De acuerdo con la revista *Money*, la diferencia la explican nuestras motivaciones: las mujeres suelen creer que ayudar a otros nos da más felicidad que gastar el dinero en nosotras mismas. Asimismo, las mujeres tienen más probabilidad de definir el éxito como generosidad hacia los otros en lugar de como riqueza personal.[27] Pero cuidado: con esto no queremos decir que las mujeres debamos dar a costa de nuestro propio bienestar ni de los límites personales.

También hay estudios que muestran que las personas de bajos ingresos son más "prosociales", es decir, son menos egoístas y, con frecuencia, comparten más debido a la compasión. El doctor Paul Piff, psicólogo de la Universidad de California en Irvine, estudió la generosidad de gente de distintos estratos socioeconómicos y explicó en una entrevista para NPR que "la principal variable que encontramos que de manera consistente explica este patrón diferencial de dar, ayudar y ser generoso, existente entre las clases superiores e inferiores, en realidad lo conforman la sensibilidad y cuidado por el bienestar de otras personas y, en esencia, el sentimiento al que llamamos compasión".[28] Cuando des, trata de hacerlo con compasión, pero ten cuidado con tus límites. Si dar te afectará económicamente a ti o a tu familia, o si complicará tu agenda demasiado ese día, no lo hagas. Da cuando la situación fluya y se adapte a tus planes. Si por alguna razón se te dificulta, no des, y por favor descarta cualquier temor respecto a la carencia: puedes estar seguro de que hay suficiente para todos. Como nos muestra la historia de Daria, es más fácil dar cuando en el fondo de tu corazón sabes que nos rodea una gran riqueza, que puedes regalar algo hoy y pedirle a tu comunidad de compartición un remplazo cuando lo necesites.

Puedes probar distintas maneras de dar o apegarte nada más a una; da lentamente y todo al mismo tiempo, o hazlo despacio, un solo artículo a la vez. Da con intensidad o en silencio, no importa cómo lo hagas, sólo da. Todo dar es un buen dar.

CÓMO FUNDAR UN GRUPO DE ECONOMÍA DE COMPARTICIÓN

Si en tu comunidad no hay un grupo de compartición local al que puedas unirte, tal vez quieras iniciar uno:

1. Para fundar una cultura del dar o una economía de compartición, anuncia tus intenciones e invita a la gente a unirse. Organiza una reunión mensual para dar y preparen comida para compartir; da a conocer tus planes dejando volantes en tu cafetería o punto de reunión local favorito, o envía correos electrónicos, abre un grupo de mensajería de texto, usa una plataforma en redes sociales o aprovecha cualquier otro medio.

2. Haz lo mismo en el trabajo, la escuela o tu lugar de culto. Forma un grupo central de dadores y receptores, y pídeles que inviten a sus amigos a participar.

3. Anima a la gente interesada a reunirse semanalmente en un parque público para compartir lo que cada uno tenga en abundancia.

4. Usa tus redes sociales personales para publicar con regularidad regalos para los amigos locales y también para pedir lo que necesites. Si conviertes este acto en un modelo, los otros seguirán tu ejemplo.

5. Deja una caja de gratuidad al fondo del acceso a tu cochera, en la entrada de tu edificio o en algún espacio común del mismo.

6. Busca una cafetería, una estación de trenes o algún lugar de reunión donde estén dispuestos a permitir que haya una caja de gratuidad para que la gente local pueda compartir artículos.

7. Lleva una canasta con productos cosechados que te sobren al jardín de tu comunidad e invita a otros a añadir más productos.

8. Pregunta en la biblioteca pública si te permitirían colocar un pizarrón para boletines de la economía de compartición local en el que la gente pueda pegar sus peticiones y regalos, y expresar su gratitud.

9. En las albercas públicas locales puedes colocar cajas que sirvan como "tiendas de gratuidad". En la alberca que nos queda cerca hay una variedad de trajes de baño, toallas y prendas para quienes los necesiten.

10. Los mercados de granjeros y los parques donde se pasean perros son otros de los lugares en los que es posible compartir diariamente o una vez por semana.

11. Al final de las reuniones de tu grupo de lectura, de las reuniones escolares o comunitarias, o de tu club de tejido, haz una breve sesión de compartición.

Mucha gente sabe poco sobre el lugar donde vive. Para ciertas personas, el vecindario es una zona que atraviesa sólo cuando abandona la privacidad de su hogar para ir a los lugares donde tiene que estar diariamente. Siempre estamos muy ocupados para relacionarnos aún más o, quizá, somos demasiado adictos a nuestros celulares y redes sociales. Muchos ya no invertimos tiempo en tener una presencia física en nuestras comunidades y en conocer a la gente que nos rodea. En lugar de eso preferimos pasar horas en nuestros dispositivos electrónicos para acercarnos a gente que está lejos. Nuestras infraestructuras sociales han crecido hasta convertirse en comunidades virtuales que están remplazando rápidamente las interacciones cara a cara en el mundo real que solíamos tener todos los días con nuestros vecinos.

En los últimos seis años que hemos pasado promoviendo Buy Nothing, el proyecto nos ha enseñado que las legendarias aldeas del pasado en las que las economías florecían no se han perdido por completo. Siguen aquí, son producto de la necesidad de la evolución social humana y del amor; están en lo alto de los Himalaya y en otras zonas donde existen culturas que no han interrumpido su economía de compartición. Pero también están aquí, en nuestras comunidades, y su funcionamiento puede facilitarse gracias a ciertos medios que usualmente son muy criticados. ¿Por qué no aprovechar las redes sociales y los celulares? ¿Por qué no ponerlos a trabajar a nuestro favor y así crear un vínculo humano en persona? Es justamente lo que puedes lograr al usar tus cuentas personales de internet para ofrecer regalos en una red social. Actualmente estamos trabajando en nuestra propia aplicación de economías de compartición mundiales: Soop.app (Share On Our Platform o Comparte en nuestra plataforma). Esperamos verte ahí.

LA HISTORIA BUY NOTHING DE MYRA

"Desde el primer día me he visualizado cayendo de espaldas en las manos de esta comunidad y dejándome ir sabiendo que me van a 'cachar'. Gracias a esta premisa reuní el valor para dejarme ir, para dar y recibir. Ahora aliento a todos a hacer lo mismo. Cuando te dejes ir te sorprenderás y recibirás recompensas en más maneras de lo que imaginas. No dudes en dar ni en pedir: es lo que nos hace humanos."

—*Myra Zocher, Bainbridge Island*

¿Sigues dudando? Tal vez creas que no hay nada que compartir, pero créenos, tienes muchísimo. Como dice Myra: confía en que lo que des será aceptado y comenzará a tejer una red de seguridad en toda tu comunidad, y en que tus regalos inspirarán a otros a hacer lo mismo. Una economía de compartición pura valora a todos sus miembros de la misma manera, ya sean dadores o receptores. Todos somos parte integral de la salud general del grupo y todos nuestros regalos tienen el mismo valor. Lo que para ti tal vez no valga nada, lo que te parezca basura, podría ser un bien invaluable para algún vecino. Imagina la sorpresa que se llevó nuestro amigo Matthew Clemente cuando aceptó publicar en su grupo local del proyecto Buy Nothing que regalaba una prótesis de pierna que ya no funcionaba, en nombre de un amigo que no quería tirarla a la basura. Matthew tuvo respuestas en unas cuantas horas, una de ellas era de una profesora de la Universidad de Washington que le dijo que le encantaría tomar la pierna para usarla como material para su grupo porque daba clases de construcción de prótesis. La basura de una persona es el tesoro de otra…

CUANDO UNO MISMO ES EL REGALO

LA HISTORIA BUY NOTHING DE STEPH

"Crecí en Hamilton, me mudé, regresé, me volví a mudar y me establecí aquí después de perder todo lo que poseía debido a los huracanes *Irma* y *María*, en St. Thomas. Ahora mi cabaña está completamente amueblada con cosas que recibí a través del proyecto Buy Nothing y de tiendas de segunda mano. Y no sólo eso, ¡también he conocido a gente maravillosa! De hecho, acabo de llevar a alguien que conocí en el grupo a su tratamiento diario de radiación. Durará cinco semanas."

—Steph Moffat, voluntario local de Buy Nothing
Hamilton-Wenham, Massachusetts

Si todavía estás confundido y sientes que no tienes nada que dar, prueba esto: ¿qué talento, habilidad o ayuda puedes ofrecer? Cuando uno mismo es el regalo, la experiencia es aún más conmovedora. Posiblemente también es más difícil porque tienes que dar algo que no es material, algo que es parte de ti y de tu personalidad, y que requiere tu presencia y tu atención. Sin duda éstos son los regalos más significativos, duraderos y con mayor impacto. No necesitan ser complicados. Steph no necesitó tener una habilidad específica para que el regalo de transporte y compañía que le ofrece a su vecino durante su tratamiento de quimioterapia tuviera un impacto tan fuerte.

Queremos animarte a que trates de darles a otros un poco de ti. ¿Cuál es esa tarea que a los demás les cuesta trabajo llevar a cabo, pero a ti se te facilita? Pues da eso. ¿Eres bueno limpiando refrigeradores? ¿Eres un excelente editor? ¿Adoras la jardinería? ¿Tienes un camión? ¿Puedes lavar ventanas o trapear un piso? ¿Te encanta fotografiar gente? ¿Puedes cortar el cabello? ¿Eres un cocinero extraordinario? ¿Tienes espacio en tu velero para que te acompañe otra persona? ¿Puedes arreglar una llanta ponchada de bicicleta? ¿Sabes mucho sobre los hongos silvestres de tu zona? ¿Te fascina jugar juegos de mesa? ¿Posees excelentes habilidades para organizar? ¿Puedes enseñarle a alguien a tejer o coser? Creo que ya te estás dando una idea de adónde nos dirigimos con esto.

LA HISTORIA BUY NOTHING DE JILL

"Oferta: Clase presencial para doblar sábanas de cajón. Estaba tratando de pensar en algo no tangible que ofrecer y entonces recordé que soy 'experta' en doblar sábanas de cajón. Mi mamá me enseñó cuando era niña y lo he hecho desde entonces. Si hay alguien interesado, puedo reservar una sala en la biblioteca."

—*Jill Smulson, Elkridge, Maryland*

La oferta de Jill tuvo una respuesta tan positiva que, efectivamente, reservó una sala de la biblioteca local para llevar a cabo una clase de doblado de sábanas de cajón y enseñar este misterioso arte.

Piensa con qué regalo te puedes entregar tú mismo y ofrécelo a la comunidad. Estarás más conectado y te sentirás satisfecho de saber que hiciste algo extraordinario que tendrá un impacto en otras personas, incluso si sólo se trata de llevar al supermercado a alguien que necesita un aventón. Anímate y haz lo que mejor saben hacer los humanos: ¡dar! Toma notas de tu experiencia, registra a tus nuevos amigos y explica cómo te sentiste.

TE INVITAMOS A DAR

Aquí es donde le puedes infundir vida al proyecto Buy Nothing, porque te invitaremos a regalar tres cosas.

Tu primer regalo será un objeto con una historia sencilla. Elige algún artículo que estorbe en tu casa, algo que lleve mucho tiempo traqueteando en la cajuela de tu automóvil o almacenado al fondo de un cajón. Algo que tenga una historia como ésta: "¡En casa hay tres cucharas medidoras de media taza! Sólo necesito una, así que me gustaría encontrarles hogar a las otras dos. No tengo idea de por qué compré tantas. Además, no ocupan un lugar especial en mi corazón. ¿A quién le sirve una? ¿Qué tipo de pastel piensan hornear?"

Tu segundo regalo implicará entregar una parte de ti, puede ser algo muy sencillo. Ofrece algo que hayas elaborado tú mismo: te aseguramos que a nadie le costará trabajo encontrar a una persona que reciba con gusto galletas horneadas en casa o una comida caliente. También esperamos que intentes dar algo más personal. Si te agrada cocinar, elige una receta que te recuerde a alguien especial y pasa la historia sobre esa persona junto con la receta y el platillo. Si eres bueno para las manualidades, ofrécete a confeccionar algo. Puedes tejer una bufanda con los colores favoritos de alguien o tejer con ganchillo una chambrita para un bebé o una bufanda para una persona mayor. Si eres bueno para las reparaciones puedes arreglar algo descompuesto o construir algo nuevo. Si tienes un pasatiempo o una habilidad derivada de tu empleo diurno, algo que te agrade hacer, ofrece tu conocimiento o tus creaciones: coser, pintar, hacer jardinería, leer en voz alta, enviar notas o correos electrónicos para alentar a otros, escribir poemas, cantar, caminar con alguien, compartir tu paseo favorito en la ciudad o en un parque poco conocido, hacer una visita al museo, podar un jardín, levantar nieve, jugar a las cartas, hacer una pedicura, organizar la despensa de una cocina. Hemos visto todo esto y mucho más. El regalo en sí no es lo importante, la clave es elegir algo de ti mismo que te dará placer, no algo que sientas como una imposición o una carga. Elige lo que te encantaría hacer independientemente de las condiciones y transfórmalo en un regalo para alguien más. De esa manera la alegría de dar y recibir se extenderá por todos lados. Si tienes una habilidad o interés secreto, algo que desconozcan tus amigos de ti, esperamos que puedas compartirlo como un regalo de ti mismo, que extiendas genuinamente tu presencia en la comunidad para que la gente empiece a conocer y apreciar todo lo que en realidad eres.

Tu tercer regalo será un artículo que tenga una historia significativa, pero que ya no quieras conservar. Puede ser algo con buenos recuerdos, algo que quieras ver salir al mundo y extender su capacidad de dar alegría. O tal vez sea algo que tenga recuerdos más complicados, agridulces o incluso dolorosos, algo que desees que llegue a un nuevo dueño para que inicie un capítulo más feliz que, a su vez, cambie su significado para ti y te ofrezca la oportunidad de una nueva felicidad, liberación o resolución a través del acto de dar.

Regalar tu viejo vestido de novia, por ejemplo, es una manera de honrar tu feliz matrimonio, de arropar a una nueva novia en una prenda de amor o de provocar algo positivo a partir de la pena de un matrimonio que llegó a su fin. En nuestros hogares hay muchos objetos así: platos y muebles heredados, libros con dedicatorias manuscritas que no queremos volver a ver, regalos de amores del pasado, triques de las tías abuelas. Mira a tu alrededor y encuentra algo que tenga una anécdota que te gustaría contar. Puede ser alegre, triste o algo completamente distinto; el objetivo es que tenga significado para ti y que esté relacionado con tu vida. Este regalo es un paquete porque incluye dos cosas: el objeto y tu historia.

Asegúrate de entregar ambos en cualquier forma que desees. No es necesario que escribas un libro, ni siquiera un ensayo; las historias pueden contarse en voz alta, escribirse en una tarjeta o compartirse de cualquier otra manera que te agrade a ti, el narrador.

Cuando hayas elegido tus regalos, piensa en la manera en que te gustaría darlos. Recuerda que tú estás a cargo de la entrega y que todo dar es buen dar. Puedes entregarlos a un grupo grande de gente o puedes seleccionar a los posibles receptores con base en cualquier criterio que sea importante para ti. Haz una lista de qué, a quién, cuándo y dónde te gustaría dar. Al final ¡habrás definido tu propia economía de compartición!

Para que este cambio sea aún más divertido y contundente, comienza con un grupo de amigos o compañeros de trabajo. Únete a nuestro foro de discusión en buynothinggeteverything.com. Ahí encontrarás el apoyo que necesitas de otras personas que están trabajando en este mismo desafío, así como una acogedora comunidad mundial de gente ansiosa por compartir ideas y extender las reglas básicas que aquí ofrecemos. Háblalo en persona y envía correos electrónicos o volantes para formar tu propia red local de compartición.

LA HISTORIA BUY NOTHING DE BAYAN

"He aprendido a ser más valiente. Tocas a una puerta, pero no sabes lo que hay del otro lado. Creo que el grupo de compartición hace que la gente saque lo mejor de sí. Todos somos humanos, todos somos iguales."

—*Bayan Kazem, Winnipeg, Manitoba*[29]

Paso 2: Pedir

LA HISTORIA BUY NOTHING DE LaTONYA

"En una economía de compartición no hay división ni por riqueza ni por estatus. Todos tenemos necesidades y deseos iguales. Todos tenemos algo que dar. No hay nadie que tenga demasiado tiempo que entregar, demasiadas sonrisas que compartir ni demasiadas galletas que comer. Entender de verdad una economía de compartición significa comprender que eres parte de un movimiento comprometido con el surgimiento de una oportunidad alternativa de compartir, apoyar y recibir. Muchos no conocen el tipo de abundancia que se puede tener: lazos humanos, correspondencia entre nuestro consumo y su administración, compasión, gentileza y generosidad."

—*LaTonya Baldwin, proyecto Buy Nothing*
voluntaria regional, Michigan

A la mayoría de la gente se le dificulta pedir lo que quiere y necesita. ¿Por qué? Vivir en una sociedad que celebra la independencia y la autonomía nos ha llevado a internalizar el mensaje de que exponer nuestra vulnerabilidad, necesidades y deseos implica confesar una debilidad interior que los otros pueden percibir como fracaso. Porque la gente plenamente realizada no necesita de otros, ¿verdad? Aspiramos a tener los medios necesarios para adquirir todos los recursos que podamos necesitar o desear en nuestra vida, incluso a costa de otras personas. Las economías de compartición se construyen a partir de la premisa de que hay suficientes cosas en el mundo y de que, si compartimos con otros lo que tenemos, podremos formar entre nosotros relaciones que nos protegerán, apoyarán, proveerán y magnificarán nuestro gozo. Ninguna persona es una isla. Cuando nos conectamos con otros siempre experimentamos mucha más alegría, independientemente de si son tiempos de abundancia o de escasez.

Un miembro de uno de nuestros primeros grupos en el estado de Washington publicó una petición. Necesitaba flores de los jardines locales para llenar la habitación de su esposa cuando regresara del hospital y tuviera que estar bajo cuidado terminal en su propia casa. Cuando la señora llegó por última vez a su hogar había cubetas y floreros llenos a lo largo de toda su terraza del frente. Los habían donado y arreglado desconocidos con la intención de rodear a su vecina con belleza natural, un hermoso aroma y cariño en su travesía de salida de esta vida. Peticiones como ésta, que nos ponen en una situación de vulnerabilidad al pedir, también producen poderosas recompensas para los receptores y para los dadores. Así, las peticiones se convierten en historias locales que estimulan la cultura de compasión de un vecindario.

EL DINERO NOS SEPARA, LAS ECONOMÍAS DE COMPARTICIÓN NOS UNEN

Probablemente ya ninguna idea sea original. Mientras trabajábamos en la articulación de nuestra filosofía nos topamos con los escritos de Charles Eisenstein, escritor y defensor de las economías de compartición. En sus textos descubrimos una validación que indicaba que tal vez estábamos en el camino correcto. Nos tomó algunos años comprenderlo, pero a través de la observación de economías de compartición sanas constatamos que el dinero no era tan maravilloso como muchos pensaban. De acuerdo con Eisenstein, el dinero nos separa. La economía de mercado engendra aislamiento y el dinero nos aleja a los unos de los otros. Cuando pagamos por algo ya no tenemos una obligación duradera con el vendedor y, además, nos desvinculamos de la persona que fabricó, cultivó o heredó el artículo. De la misma forma, si le pagas a alguien por un servicio, ya no hay obligación entre tú y esa persona, y te sientes menos inclinado a estar en contacto con ella porque lo que define la relación es una transacción monetaria. El dinero que forma parte de la ecuación limita el papel que jugamos y crea un obstáculo para la formación de un vínculo como iguales. A esto se suma el hecho de que la economía de mercado se construye con base en un modelo de escasez. Dar por sentada una oferta limitada nos hace creer que no hay suficiente en el mundo, y por eso competimos entre nosotros por obtener los mismos recursos. Pensamos: "Más para ti significa menos para mí".[30] Como todos queremos obtener más que el otro, nos separamos.

> **La economía del dinero también destruye a la comunidad porque remplaza las interacciones del dar con servicios pagados y nos lanza a un mundo donde nadie se conoce. Como es competitivo en esencia, también promueve la experiencia de un mundo hostil en el que a nadie le importa nada.**[31]
>
> **—*Charles Eisenstein***

La economía de compartición, en cambio, funciona con base en la premisa de la abundancia, de la seguridad de que si regalas algo no lo perderás porque siempre habrá más de ello si llegas a necesitarlo otra vez. También hay un valor inherente en el dar: tu regalo te une a alguien más y enriquece su vida. Con frecuencia el regalo conlleva una historia que se convierte en parte de nuestra narrativa colectiva, es decir, en un obsequio más. La historia funciona como un pegamento, la repetimos una y otra vez porque nos hace sentir bien. A cambio, aprendemos algo sobre el dador y el receptor.

De la misma manera que sucede con el dar, pedir genera lazos. Pedir y recibir son los dos elementos fundamentales de la ecuación de las economías de compartición. Pedir exige confianza, valor, disposición a mostrar nuestra vulnerabilidad, y fe en que las solicitudes no disminuirán nuestro valor ni el respeto que nos tienen los otros. En realidad, las solicitudes fomentan una interdependencia que nos beneficia a todos.

Pero seamos honestos: pedir será uno de los pasos más difíciles del desafío Buy Nothing en especial para las mujeres, porque manifestar nuestras necesidades nos puede hacer sentir vulnerables y expuestas. ¿Por qué sucede esto? Porque muchas creemos que pedir es una señal de debilidad o de falta de respeto. A lo largo de la historia se ha establecido que las mujeres son generosas y amables en sociedad, y que las chicas bien portadas no piden lo que quieren. Las chicas bien portadas aceptan lo que se les da sin importar si coincide o no con lo que realmente necesitan o desean. Distintos estudios han demostrado que con frecuencia las mujeres no obtenemos lo que queremos o merecemos, sencillamente porque no lo pedimos.[32] Nos han enseñado que nuestra tarea consiste en *dar*, no en *recibir*. A las jóvenes y a las mujeres a menudo se les educa para que asuman el papel de cuidadoras en la sociedad y, por lo tanto, les cuesta trabajo e incluso les avergüenza expresar sus propias necesidades. De hecho, las mujeres suelen reprimir sus necesidades para lograr lo que, según la sociedad, nos permite aprovechar nuestro potencial al máximo: ayudar a otros. Quizá esto propicie que las mujeres seamos tan buenas para pedir en nombre de otros, pero tan renuentes a pedir lo que necesitamos o queremos para nosotras mismas. Cuando solicitamos lo que le hace falta a alguien más siempre reconocemos la legitimidad de la petición. Participar en el proyecto Buy Nothing nos recuerda que todos merecen recibir obsequios: sí, absolutamente todos, y eso te incluye.

Muchos también hemos aprendido por experiencia que pedirle cosas a la gente le da una especie de poder sobre nosotros: de pronto dependemos de alguien más o quedamos en deuda. Con mucha frecuencia los "regalos" de este tipo vienen con condiciones, independientemente de la forma en que se den, como cuando un pretendiente paga la cena o cuando solicitamos un aumento de sueldo. Esto se debe en parte a que en la economía de mercado la gente que tiene algo que dar suele ser la que también tiene más poder que nosotros.

Las economías de compartición pueden cambiar drásticamente la relación entre el dar y el poder sobre los demás. Cuando un regalo se entrega sin pedir nada a cambio, no hay condiciones. En una economía de compartición puede pedirse y darse de forma pública, y eso significa que no hay manera de comprometer a nadie. Además, cuando la gente solicita algo, todos reconocemos la realidad: nadie es completamente autosuficiente, todos queremos o necesitamos algo que no podemos conseguir por nosotros mismos, y no hay por qué avergonzarse de ello.

Piensa en esto: cuando un amigo te pide algo ¿lo consideras inferior? Por supuesto que no. Usualmente nos sentimos agradecidos de poder ayudar a quienes nos lo piden. Nuestro objetivo es ayudarte a ver que pedir no sólo es una fortaleza sino también una virtud, una virtud necesaria para desencadenar la reacción de la generosidad.

OLVIDAMOS CÓMO PEDIR

Los seres humanos hemos dejado de *pedir*, por eso muchos miembros de Buy Nothing dicen que es uno de los pasos más difíciles. Simplemente dar es mucho más sencillo que ponerte en una situación de vulnerabilidad al solicitar lo que necesitas. En su libro *Sacred Economics*, Charles Eisenstein explica la aversión que le tenemos muchos al sentimiento de obligación o gratitud: "No queremos recibir regalos porque no queremos sentirnos comprometidos. No queremos deberle nada a nadie. No nos gusta depender de los regalos ni de la caridad de ninguna persona. 'Yo puedo pagarlo, gracias, no te necesito' ".[33]

Este instinto de comprar en lugar de pedir nos está costando mucho. Literalmente. A finales de 2018 la deuda en tarjetas de crédito en Estados Unidos alcanzó la cifra récord de 8 284 dólares en promedio por cada hogar estadounidense.[34] Todos equipamos nuestras casas con los mismos artículos, manejamos un automóvil para ir a las mismas escuelas, tiendas y eventos sin siquiera bajar las ventanillas y averiguar quién vive en la casa de junto. Estamos enclaustrados en nuestra autonomía, pagamos por todo nosotros mismos y damos la impresión de ser autosuficientes. Y mientras tanto, incontables fabricantes drenan nuestros recursos naturales para producir más artículos para los desconectados ciudadanos que tratan de llenar el vacío con bienes materiales.

UNA BODA SIN COMPRAR NADA

Una vez que das el salto y adoptas la mentalidad de pedir en lugar de comprar, pueden suceder situaciones extraordinarias. Una y otra vez hemos visto a gente hacer valientes peticiones que dan lugar a resultados hermosos. Uno de los ejemplos más excepcionales de ello es la boda en la que no se compró nada, es decir, una boda Buy Nothing. A lo largo de los años hemos tenido varias. Este tipo de celebración la organizan los vecinos y se convierte en una experiencia particularmente íntima para todos los involucrados porque la participación comunitaria propicia una rica red de donación y recepción.

En algunos casos las bodas Buy Nothing son un gran ejemplo de la manera en que una situación de carencia puede transformarse en abundancia; son ejemplo del generoso microcosmos de donación y recepción capaz de brindarnos gozo puro y vínculos que van más allá de la lista de invitados. Organizar una boda no sólo es abrumador, también hay que tomar en cuenta que el costo puede ser prohibitivo. Las bodas Buy Nothing nos permiten regresar a la simplicidad de los tiempos de antaño y eludir el complejo industrial establecido para organizarlas. A menudo comienza con el vestido, el cual se pide prestado o es donado por alguien. (Muchas mujeres casadas tienen el vestido de novia colgado en el armario y nunca lo vuelven a usar. Darle tu vestido a una mujer que se casará pronto puede ser el primer paso para plantar la semilla de una boda para la que no se compre nada.) Sin embargo, hay otras necesidades y accesorios que también pueden ofrecerse de forma gratuita: el banquete y el vino, un lindo jardín, mesas y sillas, el peinado, el juez de paz, un cuarteto de cuerdas, velas, decoración o un automóvil antiguo.

Markessa Pinder, participante del proyecto Buy Nothing, vivió en hogares de acogida hasta los 12 años, cuando su abuela finalmente la adoptó. A los 27 años, después de huir de un novio abusivo, reinició una relación con su verdadero amor y pronto planearon casarse. Como ella y su prometido querían ahorrar para pagar la escuela y comprar una casa, Markessa dio por hecho que tendría una boda sencilla en el ayuntamiento de la ciudad con dos amigos como testigos, pero no contaba con un vestido para la ceremonia. La joven pidió prestado solamente "un vestido de coctel sencillo, cualquier cosa para verme bonita" en el grupo de Buy Nothing de Kirkland, Washington.

Markessa no conocía a Robyn Dosono, una integrante del grupo con un vestido elegante que podría prestarle. Robyn preguntó en internet si Markessa sólo tendría la boda en el ayuntamiento o si organizaría una celebración más formal. Markessa le envió un mensaje privado y le hizo saber que no tenía ni familia ni amigos en la zona. "Es mucho dinero. Ya sabes, las bodas son costosas, y como tengo un bebé y dos niños más grandes, hay otros sueños que realizar", explicó la joven tiempo después en las noticias locales.[35]

Tras recibir el mensaje, Robyn publicó en el grupo de Kirkland una pregunta: ¿alguien querría ayudarle a la pareja a organizar una boda de ensueño? "Como yo no tenía mamá, Robyn dio un paso al frente", explicó la joven novia entre lágrimas. En menos de siete horas a partir de que Robyn hizo la publicación, ya le habían donado a la pareja el lugar, un fotógrafo, un videógrafo, el vestido de novia, vestidos para las damas, mesas, sillas, rosas y hortensias, recuerdos personalizados de la boda, platillos gourmet para la cena tipo bufet, y un DJ para amenizar la fiesta. Los regalos de los desconocidos no dejaban de llegar: una mujer revisó un cajón de chucherías y con alegría ofreció el anillo de bodas del matrimonio anterior de su esposo. Fue una celebración comunitaria que habría costado por lo menos 10 000 dólares y que se convirtió en una excusa para celebrar la manera en que el amor y la compartición de nuestros talentos y tiempo puede triunfar sobre el consumismo. "Pidieron una taza de azúcar ¡y consiguieron el pastel, el filete y la langosta también!", dijo Carol Myers, otra participante.

Erika O'Leary, integrante del proyecto Buy Nothing en el vecindario Beacon Hill de Seattle, también tuvo una boda de economía de compartición. En su caso, fue la oportunidad de darle significado a su boda porque la mayoría de sus amigos era gente que había conocido precisamente en su grupo local de compartición. De acuerdo con el *Seattle Times*, periódico que hizo un reportaje del evento, Erika "organizó una boda 'Buy Nothing' con un vestido donado, pastel, decoraciones, flores, un intérprete de lenguaje de señas en inglés para los parientes sordos y un fotógrafo especializado. Su mayor gasto fueron los 300 dólares que pagó por el lugar donde se realizó la ceremonia".[36] En promedio, una boda puede costar fácilmente 30 000 dólares, pero como la gente participa y ayuda, las bodas de las economías de compartición dependen de que todos ofrezcan algo para la ceremonia.

PASO 2: PEDIR

Ya presentamos el desafío Buy Nothing: un reto en el que no debes comprar nada en una semana o más tiempo. Quizá de todas maneras no hayas sentido la necesidad de comprar, pero tal vez sí. ¿Hay algo que quieras o pienses que necesitas ir a conseguir a la tienda? ¿Hay un artículo que podría ser reparado o algo con lo que simplemente necesites ayuda? Haz una lista de esas necesidades y luego pídeles a tus vecinos o a los miembros de tu grupo de compartición la charola para hornear donas, la escalera o la ayuda que te hace falta para reparar la vieja lámpara de tu abuela.

Vamos: ¡pídelo! Es hora de que salgas de tu zona de confort y sólo ¡pidas! Éste es el mayor obstáculo entre tú y tus vecinos, amigos y compañeros de trabajo; es lo único que te impide saltar de lleno y con toda libertad a las redes de compartición que te rodean. Usar este comportamiento como modelo les ayudará a otros a comprender que también pueden pedir lo que quieran.

A la gente le encanta compartir lo que le se le facilita hacer. A algunos les gusta arrancar maleza de los jardines y ayudar a organizar armarios, otros adoran preparar chili con carne, algunos más son muy buenos para editar currículums, y hay otros que disfrutan de manejar y dar aventones. Éstos son algunos ejemplos de las cosas que podemos hacer por otras personas. Piensa en algo que te encantaría hacer, pero que siempre has postergado porque sientes que necesitas contratar a un experto, y sal y pide que alguien te ayude sin cobrar. Muy probablemente alguien estará feliz de hacerlo.

Christine, una joven madre que vivía en los suburbios del norte de Detroit, reunió valor para pedir algo que nunca imaginó que podría hacerse realidad: que alguien le regalara millas acumuladas para volar a su país de origen. Christine nació en Corea, pero creció en Michigan con su familia adoptiva. Algunos meses antes se había puesto en contacto con su familia biológica en Corea del Sur y quería conocerla en persona. Su petición le dio la oportunidad a un desconocido de regalarle las millas necesarias para un viaje que cambiaría su vida. Agradecida, Christine escribió: "Este grupo de compartición me ha dado un viaje a Corea del Sur para visitar a mi familia biológica por primera vez. En este momento me siento abrumada tan sólo de pensar que la cuenta regresiva para volar en otoño ya comenzó. Cuando empecé a ver los vuelos y a considerar la idea de viajar más de 9 000 kilómetros, pensé... (en las redes del grupo Buy Nothing): 'Ninguna petición vale más que otra, todas son importantes, todas valen la pena', por eso pregunté. Nunca imaginé que alguien respondería a mi solicitud. Lancé mi pregunta al universo y el universo me envió una vecina.

"Kristy, nuestra vecina, fue muy generosa: a pesar de pasar por un momento de mucha exigencia en su vida, apartó algo de su tiempo y me consiguió un vuelo. Lo que hizo nos recuerda que ninguna petición es demasiado grande y que nuestra comunidad está aquí para apoyar a todos en sus travesías, que es lo que a mí me parece más importante ahora. El regalo que me dio Kristy va más allá de las millas de una aerolínea, más allá del valor monetario. Amigos, este regalo es para mí una oportunidad de formar nuevos recuerdos, de reconciliarme con una identidad, y de comprender mi pasado y mi historia a un nivel en que no lo había hecho nunca antes. Todos podemos regalar algo, pero el de Kristy fue un regalo de amor y me lo dio a mí: una vecina que no conocía."

El felizómetro de la red de compartición de Christine en Michigan marcó su punto más alto cuando todos los miembros constataron la fuerza que podía tener un regalo. Una vecina, cuyo hijo había dado clases en Corea, sabía que algunos regalos populares estadounidenses, como los artículos de beisbol, gustaban mucho allá, así que decidió ofrecerle varios a Christine para que se los llevara a su familia.

Lissa Jagodnik, una de nuestras voluntarias originales del área de Seattle que trabajó en la infraestructura del proyecto para ayudar a convertirlo en una red mundial, nos explica que Buy Nothing es similar a la tradición estadounidense de llevar galletas recién horneadas a la casa de los vecinos para darles la bienvenida al vecindario: "La gente no se paraba frente a tu puerta con un plato lleno de galletas de chocolate calientes porque creyera que las necesitabas o que tus niños estaban demasiado flacos. Iban a tu casa porque querían conocer a los recién llegados, a la gente que se acababa de mudar al vecindario. Querían sentirse bien al presentarse. Una economía de compartición local le ofrece a todo mundo la oportunidad de tocar a la puerta del vecino (literal o figuradamente) con un plato de galletas de chocolate recién hechas para presentarse, para conocerse. Éste es nuestro objetivo principal, no se trata de las 'galletas', no se trata de quién tiene más o quién tiene menos, quién necesita más y quién menos, ni del valor de los regalos que se dan o se reciben. Se trata de formar vínculos, de ayudar a la gente a sentirse bienvenida y de compartir no solamente nuestros bienes materiales, sino también de compartir lo que somos".

LA HISTORIA BUY NOTHING DE ALEXA

"Yo solía pensar que cuidar el medio ambiente implicaba privaciones. Cuando empecé a hacer regalos contaba las historias de lo que daba. Este collar le perteneció a mi abuela. Mi hermano y yo nos divertíamos mirando orugas y sapos con esta lupa. Una vecina regaló sus sostenes porque le hicieron una doble mastectomía y ya no pudo usarlos. Estas historias literalmente abrieron puertas. Un día pedí una cafetera francesa y poco después me encontraba en la sala de mi vecina. Sus niños me pusieron a su gatito en la cara y me hablaron de las cosas graciosas que hacía, también me contaron lo que ellos hacían en la escuela. La gente empezó a hablar con sus vecinos gracias a los regalos.

"En agosto de 2017 me llevé el susto de mi vida. El primer día en un nuevo empleo me caí al tratar de abordar el autobús y me rompí la mano y el pie. Lo peor fue que esa semana tenía que mudarme de un departamento a otro, y en ninguno de los edificios había elevador. No podía caminar, manejar, mecanografiar ni vestirme sola; prácticamente no podía hacer ninguna actividad física. Estaba desesperada, así que expliqué mi situación en mi grupo Buy Nothing. Inmediatamente los vecinos se organizaron para llevarme a las consultas médicas y para traerme comidas a casa. Empacaron y desempacaron cajas, movieron muebles, limpiaron, lavaron mi ropa y me prestaron una andadera para rodilla.

"Ahora el vecindario es algo completamente distinto para mí. Las personas que viven a mi alrededor ya no son desconocidos, son mi familia. Cuando privilegiamos el vínculo y ponemos a la gente por encima de las ganancias, podemos recibir amabilidad y gratitud en abundancia."

—*Alexa Carey, profesora de inglés en Connecticut
y miembro del Equipo Global de Buy Nothing*

Si no se te ocurre un servicio que necesites o algo que te haga falta reparar, redobla esfuerzos y trata de pedir "algo" que quieras. Puede ser la típica tacita de azúcar, botas de lluvia para tu hija, una cadena para tu perro, una cena que puedas congelar y que te evite cocinar una noche en el futuro, o algo que tengas en la lista del mandado. Nosotras hemos visto solicitudes atendidas que van desde vestidos para la fiesta de graduación, leños para la chimenea, fotógrafos de bodas, cuidadores de perros, pianos, laptops, cajas con rueditas, taladros eléctricos, corralitos para bebés, lápices, tazas de acero inoxidable para transportar café, chaquetas de plumas y aventones al aeropuerto.

Cuando una integrante de una economía de compartición sintió añoranza porque estaba lejos de casa y se deprimió un poco por el resultado de unas elecciones importantes, decidió pedir regalos intangibles. Esto fue lo que solicitó: "Quiero algo divertido, extraordinario, hermoso, peculiar; como algunos GIF, historias, blogs geniales, enlaces a música en línea, etcétera. Cualquier cosa para que mi siguiente día sea un poco más luminoso y mi salud mental mejore". Todos los memes graciosos, fotografías hermosas, historias personales profundas, enlaces a blogs y podcasts enriquecedores, así como los cientos de chistes tontos que le enviaron a esta mujer a su cuenta de redes sociales para distraerla le permitieron mantenerse a flote en medio de un momento difícil. Hemos visto solicitudes similares ser atendidas todos los días en las economías de compartición y en conversaciones personales en todo el mundo. El regalo de la gentileza y la atención siempre es bien recibido, por eso a la gente le encanta compartir videos de gatitos.

TODOS LOS REGALOS TIENEN EL MISMO VALOR

En una economía de compartición hay algunas reglas tácitas importantes. En primer lugar, todos los regalos tienen el mismo valor y no deben monetizarse. Una carga entera de leña que llega en un camión para calentar un hogar puede tener el mismo valor que un cable de alimentación para laptop. En este tipo de economías no podemos ni queremos asignarle un valor en dólares a los regalos, y naturalmente, los lazos que se forman tampoco tienen precio. En segundo lugar, damos por sentado que al regalo que recibas no le pondrás una etiqueta con precio para poder venderlo de vuelta en la economía de mercado, a menos de que desde el principio aclares que ésa es tu intención. Casi todos damos por hecho que los regalos se dan sin pedir nada a cambio, que se reciben de la misma manera, y que no serán transformados de inmediato en dinero en efectivo. Todo esto, por una razón muy importante.

Al inicio del experimento del proyecto Buy Nothing descubrimos que algunas personas les estaban revendiendo a otros miembros del grupo los regalos recibidos. En pocas palabras, estaban convirtiendo los regalos que habían recibido en dinero en efectivo. Esta situación atentaba directamente contra los cimientos de este experimento social. No resulta sorprendente que los dadores se irritaran, que tuvieran la sensación de haber sido traicionados, y que iniciaran una cacería de brujas contra los revendedores. ¿Por qué la gente se sentía tan ofendida de que alguien hubiera revendido y recibido dinero a cambio de objetos que obtuvo gratuitamente?

La salud de una economía de compartición radica en el dar, el pedir y en la gratitud. Existe la suposición tácita de que los regalos no deben monetizarse ni colocarse en una jerarquía de valor. Si hiciéramos esto, todos competiríamos por lo que el mercado define como los regalos más valiosos. Nuestra propia noción del valor para ciertos obsequios desaparecería, y la gente se pelearía por los artículos más costosos mientras que los de menos valor se quedarían ahí sin que nadie los solicitara y, muy probablemente, terminarían en un vertedero.

En una economía de compartición sana también se da por hecho que el regalo será usado por el receptor y que no será vendido rápidamente. Una economía de este tipo es el antídoto al modelo del dinero en efectivo, es la antítesis de la transformación de la generosidad en monedas. Cuando la vida se pone en verdad difícil podemos solicitar exactamente lo que necesitamos en lugar de pedir dinero. Por ejemplo, en lugar de revender los regalos en secreto para comprar un nuevo abrigo para el invierno, podemos simplemente pedir un abrigo desde el principio. La mentalidad Buy Nothing implica dejar de asignarles un valor monetario a las cosas y nos exige ser honestos. Cuando compartimos con nuestros vecinos se genera honestidad, la transparencia es total y la confianza se vuelve inestimable.

Lo mismo sucede con las peticiones. En una economía de compartición ninguna petición es demasiado grande o pequeña. Hay un experimento muy bueno que puedes hacer en tus grupos. Consiste en solicitarles a los miembros que hagan una petición importante y una petición menor. Haz que todos escriban las dos peticiones y que las muestren al grupo. Si no tienes un grupo todavía, arriésgate y publica las peticiones en tus cuentas de redes sociales o en lugares donde sepas que tu comunidad laboral o social las verá. Lánzalas como una suerte de ejemplo y pídeles a los otros que hagan lo mismo. Este experimento de petición es el modelo perfecto en que una cultura no monetizada del dar puede florecer y probarnos que un servicio u objeto que alguien considera "importante o grande" (es decir, de mayor valor) puede resultarle pequeño e intrascendente a alguien más que, por lo mismo, lo dará sin reservas. Lo que una persona considera importante, lo que le encantaría recibir, como que alguien le ayude a reparar un refrigerador, por ejemplo, para otra persona puede resultar algo sencillo de hacer. Hemos visto a gente pedir automóviles, barcos y hospedaje, y sus peticiones han sido atendidas, pero también hemos visto a otros recibir la hierba gatera, periódicos y cajas de zapatos vacías que solicitaron.

GRAN PETICIÓN, PEQUEÑA PETICIÓN

En un grupo Buy Nothing de Silver Spring, Maryland, Elisa Ferrante, la administradora local, alentó a los miembros a participar en el ejercicio Gran petición/pequeña petición. Esto fue lo que escribió: "Quiero desafiarlos a todos a pensar en algo pequeño que tal vez comprarían esta semana, algo tan pequeño que no se les ocurriría pedirlo, ¡y a que lo pidan aquí! No lo sabemos, ¡pero tal vez alguien podría tenerlo y darlo! Luego piensen en algo grande que les gustaría recibir, algo salido de sus sueños más riesgosos, algo tan grande que no se les ocurriría pedirlo, ¡y también pídanlo en el grupo! No lo sabemos, ¡pero tal vez alguien podría tenerlo y darlo!"

En sólo unos minutos apareció la primera participante, Anna Carson: "Mi gran petición es un kayak. He querido uno desde que me mudé a Maryland hace siete años, quisiera usarlo en Anacostia para levantar botellas y basura en mis paseos. Mi pequeña petición es moños para el cabello. ¡Gracias a todos por leer!"

Minutos después, Dana, otra integrante del grupo, respondió: "Anna Carson, ¡tengo muchos moños para niña porque mi hija no quiere usarlos! Te los daré con mucho gusto".

Un poco más tarde llegó la gran sorpresa por parte del vecino Kelli Cronin: "Anna Carson, tengo un kayak inflable del que he querido deshacerme, pero no he tenido el valor de hacerlo. ¡Sería más fácil si supiera que a ti te hará feliz!"

Anna respondió con gratitud y sorpresa al ver lo fácil que fue: "¡¡¡Muchas gracias, Kelli!!! Me encantaría recibirlo. ¡Te prometo limpiar los canales locales cuando reme! ¡Siento como si acabara de sacarme la lotería!"

Efectivamente, las economías de compartición pueden ahorrarnos dinero, pero lo más importante es que nos ayudan a eliminarlo de la ecuación. "Aquí no sirve tu dinero", solemos decir porque en este tipo de economías las monedas y billetes no tienen valor. Lo más importante son los actos de dar y de recibir. Aquí podemos borrar las líneas entre el tener y el no tener, y ponernos todos al mismo nivel. La economía de compartición nos ayuda a alejarnos del pensamiento de "Más para ti significa menos para mí" y acercarnos al "Más para ti es más para mí", o aún mejor, a nuestro objetivo final: "Más para ti es más para todos".

En una cultura del dar, el dinero no tiene valor.

AMORES INESPERADOS

Al pedir lo que queremos también puede haber consecuencias inesperadas. Cuando vamos a recoger el artículo, es posible que la persona que nos reciba nos sorprenda. Jaime Rosier vive cerca de Los Ángeles, y para ella el acto de pedir y recibir literalmente cambió su vida. Una pareja de su grupo le ofreció el regalo que quería y ella se organizó para ir a recogerlo en una carrera porque iría a un concierto esa noche y disponía de poco tiempo. Sin embargo, la pareja la convenció de pasar a tomar una copa de vino y le presentó a un amigo que estaba de visita. Fue un momento muy agradable, pero el concierto empezaría pronto, así que Jamie se despidió en medio de protestas y se dirigió a su casa para ir a dejar el regalo. En el camino se dio cuenta de que prefería regresar a casa de sus vecinos que ir a otro evento.

Dos días después se encontró ahí de nuevo para recoger otro regalo y, por casualidad, el mejor amigo de la pareja también estaba ahí. Platicaron por horas y Jamie inició una amistad con él. Ese día intercambiaron sus números telefónicos para mantenerse en contacto. "No lo creerás, pero en ese momento yo estaba soltera y lista para conocer gente; por su parte, él era un hombre guapo, inteligente, divertido, arriesgado y con espíritu", recuerda la joven.

El primer mensaje de texto que recibió de su nuevo amigo condujo a una primera cita, luego hubo una segunda, y desde entonces no han dejado de verse. "Casi un año después, este hombre adorable, gentil, divertido, creativo, considerado y bien educado me ha robado el corazón. ¡Estoy inmensamente feliz de compartir con ustedes que me pidió que nos casáramos y yo respondí: 'Acepto'!"

Este tipo de historia lo hemos escuchado mil veces: personas que encuentran a su mejor amigo o amiga, o a su media naranja gracias a Buy Nothing. Es imposible incluir aquí todos los casos porque son demasiados, pero las anécdotas y las confesiones de alegría genuina que ha experimentado la gente al encontrar amigos queridos al mismo tiempo que dan, piden y muestran gratitud nos inundan. No son solamente conocidos, es gente que estará ahí en los momentos más importantes de tu vida. Todos éstos son ejemplos reales de amistades preciosas y de parejas que se formaron y se encontraron a través de una simple llamada revolucionaria a un grupo Buy Nothing:

- Oficiantes de bodas íntimas.
- Amigos que organizan *baby showers*.
- Gente que viene a tomar tu mano mientras tú esperas afuera de una sala de emergencias noticias respecto a tu niño o niña.
- Las almas caritativas que te visten y alimentan cuando tu casa se incendia.
- La amiga que aparece para cuidar a tu primer bebé cuando estás dando a luz al segundo.
- El mejor amigo al que llamas cuando pierdes a un ser querido.
- La gente con la que pasas tus vacaciones.
- El testigo que necesitas cuando te fugas para casarte.
- La persona con la que te casarás más adelante.

Tu disposición a pedir lo que necesitas y a conocer en persona poco después a quien te dio el regalo podría ser el catalizador de tu propia historia de amor. Por cierto, cuando pidas, también ofrece algunas pertenencias más para regalar. Mostrar que participas activamente en la red y que apoyas a los dadores y receptores que fomentan este tipo de vida siempre ayuda. Las cosas funcionan así: entre más des, más bienes regresarán a ti de distintas formas, y entre más rápido adoptes la mentalidad, más pronto empezarás a cosechar recompensas. Luego, cuando en verdad necesites algo, estarás en una excelente posición para recibir y la gente se apresurará a darte lo que te haga falta.

> **Entre más des, más bienes regresarán a ti de distintas formas.**

TE INVITAMOS A PEDIR

Estás listo para *pedir*. Te invitamos a hacer tres tipos de peticiones. Primero pedirás algo que quieras o necesites, que forme parte de tu lista de compras. Incluye en tu petición una breve historia que explique por qué quieres o necesitas ese artículo. Puede ser algo raro y extravagante como la siguiente petición que publicó en nuestro grupo local Jamie Bechtel Morrison, dueño de un perro: "Okeeey, pues no puedo creer que esté escribiendo esto, peeeero necesito ratas muertas. Estamos entrenando a Atlas, nuestro perro de búsqueda y rescate al que tal vez algunos de ustedes ya habrán visto en sus búsquedas de coyotes, y le vamos a enseñar a identificar los hábitats de las ratas para un programa de conservación de islas, es un proyecto estupendo. Si tienen ratas muertas, yo cuento con un congelador exclusivamente para este propósito. Ay, Dios, ojalá estuviera bromeando…"

La historia de Jamie tuvo una excelente respuesta y aclaró el contexto de su peculiar petición, pero no sólo eso, también desencadenó una buena conversación entre los miembros de la comunidad sobre el control no tóxico de ratas. Todos se identificaban con este problema porque en Bainbridge Island las ratas causan muchos percances. Jamie no tuvo problemas para conseguir seis ratas que alguien le dio gratuitamente para entrenar a su perro, y todos salieron ganando.

Tu segunda petición deberá ser de ayuda, ya sea con un proyecto o para reparar alguna cosa. Piensa algo en lo que necesites ayuda, escribe las primeras ideas que te vengan a la mente ¡y luego publícalas! Tal vez necesites ensamblar un mueble que lleva un buen rato en su caja, o quizá necesites que alguien con un camión te eche la mano para sacar esa vieja secadora de tu sótano, o que alguien vaya a tu casa y capture a la enorme araña que está tejiendo su tela en un rincón. En una ocasión, Liesl necesitó que le ayudaran a traducir un contrato de trabajo que estaba originalmente en japonés. Increíblemente, un hablante de este idioma en nuestro vecindario pudo traducir el documento de una página sin problemas. Para Liesl era una petición muy importante, pero para nuestro vecino fue una tarea muy sencilla.

Las tres cosas más importantes de la lista de lo que siempre necesitamos, es decir, la lista a la que siempre regresamos, son: 1) ayuda para hacer limpieza profunda de la casa, 2) ayuda para retirar la maleza de un jardín en el que todo ha crecido demasiado, y 3) ayuda para ir a recoger a los niños después de un evento de la escuela porque estamos atados debido a compromiso de trabajo.

Tu tercera petición tendrá que ser algo que sea exclusivamente para ti. ¿Tu primera petición fue algo para alguien de tu familia? Eso imaginamos. Llegó la hora de ponerse a pensar seriamente en algo que *tú* quieras, algo que hayas considerado comprar, pero que nunca hayas adquirido, eso que sabes que te hará feliz, que no es para que lo disfruten ni tus hijos, ni tus nietos ni tu pareja. Debe ser algo que quizá considerarías frívolo o que nunca hayas comprado porque te parece egoísta gastar en artículos que son sólo para ti. Atrévete, pide uno que forme parte de tu lista de deseos, y ve qué sucede. Tal vez obtengas lo que pidas.

Cuando hayas averiguado qué te gustaría pedir, piensa en la manera en que lo harás. Puedes hacer la petición en un grupo grande de gente o elegir solamente a algunos. Entre más gente sea testigo de tu petición, más personas aprenderán a pedir también. Para hacer tu petición del Paso 2 prueba en todos los lugares donde diste tus primeros regalos, es decir, en el grupo de amigos, familiares, vecinos o compañeros de trabajo en el que diste durante el Paso 1. Para hablar del temor que sientes a pedir, entra al foro de discusión de buynothinggeteverything.com: verás que la gente te ayudará a superarlo. Siéntete libre de culpar a las peticiones extravagantes mencionadas en este libro. Confiésales a tus amigos y vecinos que estás llevando a cabo el desafío de siete pasos de Buy Nothing, tu propio plan para no comprar nada y obtener todo. Quizá decidan participar.

Si te sientes nervioso, por favor toma esto en cuenta: sabemos que pedir nos vuelve vulnerables y puede ser intimidante, pero nosotras estamos aquí como prueba viviente de que este paso no sólo es superable, también es esencial para construir una economía de compartición próspera que te dé los objetos materiales que quieras y necesites, y que te provea de relaciones sociales y alegría en abundancia.

Paso 3: Reutilizar y rechazar

El eslogan de las tres r: "Reduce, reutiliza y recicla" surgió en el auge del movimiento ambientalista de los setenta. Las tres r están colocadas en orden de mayor a menor impacto, pero también parecen ir de lo más difícil a lo más sencillo. Muchos estamos acostumbrados a colocar nuestra basura reciclable en un bote separado porque los programas municipales de recolección nos facilitan la tarea de hacerles llegar estos objetos a quienes los transformarán de nuevo en algo útil. Reutilizar exige un poco más, pero es evidente que también es mejor para el medio ambiente. Al principio, reducir puede parecer lo más complicado porque nos impone el desafío de renunciar a la cultura y la mentalidad consumistas.

Nosotras creemos que ha llegado la hora de enfocarse en la r que no está incluida aquí, la que tiene un mayor impacto: rechaza. Queremos que imagines una sociedad en la que no se compre nada: primero rechaza, luego reduce, reutiliza y recicla. Al *rechazar* la posibilidad de comprar ese artículo nuevo, manufacturado recientemente, estamos evitando que se usen recursos no renovables o que un objeto termine en nuestras cuencas o vertederos. ¿Existe una manera en la que puedas evitar ese objeto nuevo? La palabra *rechazar* en inglés: *refuse*, tiene dos significados, y por eso nos encanta. El primero es como sustantivo; se refiere a la basura que tiramos en los botes de basura, se pronuncia "ref-yüs" y se traduce como "desecho". El segundo es como verbo, significa rehusarse a aceptar o conceder algo, o sea, decir "no" literalmente, se pronuncia "rē-fyuze" y se traduce como "recha-zar". Dependiendo de su pronunciación, la relación entre estas palabras puede resultar esclarecedora para la gente del proyecto Buy Nothing. Es un recordatorio de que si rechazas las compras nuevas y prefieres usar las pertenencias de otras personas (por adquisición o préstamo), existe una buena probabilidad de que reduzcas las emisiones de gas de efecto invernadero y la cantidad de desechos que terminarán en los vertederos. En la jerarquía del impacto que pueden tener los desechos en el ambiente, reducir se encuentra en un nivel alto de la pirámide y reciclar está un poco más abajo porque exige energía y produce basura, pero el *rechazo* o prevención está en la punta.

Si estas ideas te suenan anticuadas, no te equivocas. La práctica de no comprar nada data de una época en que a los estadouniden-ses se les pedía que tuvieran costumbres más frugales. Durante la Segunda Guerra Mundial el gobierno les pidió a los ciudadanos "usar... gastar... y arreglárselas con algo... o sin ello". Esto es posible verlo en un mensaje de guerra estadounidense preparado por el Consejo de Publicidad de Guerra y aprobado por el De-partamento de Información de Guerra. Algunos ambientalistas y científicos están volviendo a emitir una alarma similar respecto a la recuperación de recursos para combatir el cambio climático y la contaminación. Muchos tenemos parientes que vivieron este combate bélico y heredaron sus costumbres frugales, como Inge, la abuela de Rebecca.

UNA NOTA DE REBECCA:
LA HISTORIA BUY NOTHING DE LA ABUELA INGE

El camino de mi abuela Inge a la supervivencia durante el Holocausto la obligó a zigzaguear del hogar de su familia en Danzig a Inglaterra, de vuelta a Danzig, luego a Berlín y a Inglaterra para después abordar un barco que se hundió, regresar a Inglaterra, y tomar otro barco que llegó a Canadá. Con la ayuda de desconocidos logró ir a San Francisco, en donde se estableció y se convirtió en artista y poeta. A Inge le enorgullecía encontrarles un nuevo uso a los objetos, y cuando mi primera hija nació, precisamente en la primera noche de Jánuca, me contó cómo celebraba esa ocasión sagrada durante la guerra. Como no tenía velas, y mucho menos una menorá de metal para colocarlas, pegó algunos fósforos de madera a una grieta en su mesa y dejó que su efímera luz iluminara la habitación durante algunos segundos cada noche. Reutilizar, encontrarles un nuevo propósito a los objetos y buscar alimentos fue lo que le permitió mantenerse viva en cuerpo y espíritu durante el tiempo que fue refugiada. Cuando por fin pudo establecerse y sentirse segura continuó con estos hábitos y los aplicó en su quehacer artístico. Todos los días, cuando salía a la calle, miraba al suelo y buscaba objetos para usarlos en alguna escultura, pintura o collage. Mis hermanas y yo también buscábamos en el suelo cositas y le entregábamos nuestros hallazgos. El día que encontré un reloj de pulsera antiguo que un automóvil había triturado Inge rescató todos los pequeños componentes que sacó de la carcasa y los usó para una de sus obras multimedia.

También cosía con gancho peculiares trocitos de lana y los convertía en maravillosos animales que se arrugaban porque los rellenaba con bolsas de plástico lavadas como las que se usan para transportar la verdura. En una excursión de campamento que organizó la familia un verano, la abuela Inge me compró un paquete de goma de mascar y luego transformó todas las envolturas de metal en distintos animales: fabricó un circo completo para jugar mientras viajábamos a lo largo de la costa de California en su casa rodante. Hasta la fecha uso su recuerdo para inspirarme a reutilizar. Creo que conocer el movimiento Buy Nothing la habría hecho feliz.

Cómo han cambiado las cosas. A quienes crecimos en los ochenta, noventa y principios de los 2000 la cultura popular nos alentaba a juzgarnos a nosotros mismos y a los otros dependiendo de la cantidad, la novedad y la marca de nuestras posesiones, por eso es comprensible que un estilo de vida que implica reutilizar los objetos por voluntad propia nos resulte, bueno, pues un poco fuera de onda. Pero tratemos de cambiar nuestra forma de pensar, tal vez así podamos adoptar el creativo espíritu de la abuela Inge y transformar lo viejo en algo nuevo otra vez. Éstas son algunas de las repercusiones que puede tener la reutilización:

- **Económica.** De acuerdo con un análisis realizado por el Institute for Local Self-Reliance, por cada 10 000 toneladas de desperdicios manejados en un año, la reutilización permite la creación de entre 28 y 296 empleos (en la reparación de tarimas y restauración de computadoras, por ejemplo). Los vertederos y los incineradores crean un empleo por cada 10 000 toneladas de desecho anual.[37]

- **Ambiental.** Aquí la reutilización supera al reciclaje. Reciclar o transformar un producto al final de su vida útil para convertirlo en algo nuevo exige energía para transportar el desperdicio en masa a las instalaciones de fabricación y para completar el proceso de rompimiento y transformación del material. Algunos materiales tienen un ciclo de bucle cerrado, pero muchos necesitan material virgen adicional para volver a ser útiles como productos de mercado. ¿Quiénes pueden reutilizar? La gente común en casa y los pequeños negocios locales. De esta manera disminuyen el aporte de energía y el impacto ecológico del transporte.

- **Personal.** La reutilización estimula el pensamiento creativo y te hace sentirte orgulloso cuando transformas posesiones viejas en algo que resulta útil y tiene un nuevo propósito. Lo admitimos, no tenemos estadísticas sobre cuán feliz serás si reutilizas con más frecuencia, pero hemos visto, una y otra vez, que esta mentalidad desata un gozo sorpresivo entre los miembros del proyecto Buy Nothing. A Sarah, de Connecticut, le encanta presumir el espejo de segunda mano que tiene en el cuarto de huéspedes y que repintó para darle una apariencia más chic. Storm Furness, de Queensland, Australia, nos ofrece esta gran idea: si olvidaste tu bolsa de compras, toma las que necesites del bote de reciclaje que usualmente se encuentra cerca de la puerta del frente de las tiendas. Y nuestra propia vecina, Michelle White, guarda los corazones de las lechugas romanas que le quedan y los coloca en vasos con agua. En algunos días las bases echan raíces y se reproducen ahí mismo, en el alféizar de su ventana. Con el tiempo, los corazones de lechuga, apio e incluso de cebollas verdes y betabeles, se reproducen. La reutilización se da de muchas maneras y te permite ver tus cosas desde una perspectiva completamente distinta. Además, la posibilidad de darle un nuevo uso a lo que ya tienes y de no gastar más dinero produce una satisfacción inmensa.

Mucha gente cree que la reutilización exige tiempo y trabajo adicional, y por eso a quienes tienen empleos de tiempo completo, hijos o vidas muy ajetreadas no les parece viable. Nosotras, sin embargo, creemos que la reutilización puede ser un atajo porque te evita hacer un viaje a la tienda o pasar horas en internet tratando de comprar algo nuevo. Aprender a aprovechar lo que ya tenemos para remplazar cosas que usualmente compramos, como los artículos de un solo uso, podría ser el paso más importante que des en el proyecto Buy Nothing.

UN EXPERIMENTO PARA NO COMPRAR NADA

Hace algunos años Rebecca decidió pasar al siguiente nivel y se desafió a sí misma a usar un solo vestido veraniego negro de algodón de segunda mano acompañado de accesorios recibidos de la economía de compartición a la que pertenecía. La industria de la ropa es la segunda más contaminante del mundo después de la petrolera. Actualmente compramos más ropa y la usamos por menos tiempo. La Agencia de Protección Ambiental de Estados Unidos (EPA, por sus siglas en inglés) calcula que de los 16 millones de toneladas de textiles producidos en 2015, 10.5 millones terminaron en vertederos y sólo 2.5 fueron reciclados. Nosotras creemos que es posible cambiar esa cifra fácilmente, ya que casi todos los textiles pueden reutilizarse o reciclarse.[38] Por otra parte, aunque las telas sintéticas nunca se descompondrán realmente, las fibras naturales sí pueden usarse para composta tarde o temprano.

EL EXPERIMENTO DE UN SOLO VESTIDO DE REBECCA

Quería averiguarlo: ¿Realmente podría usar un solo vestido de segunda mano todos los días durante un año completo? ¿La prenda soportaría mis actividades y ser lavada con regularidad? ¿Alguien lo notaría? ¿Me aburriría o me parecería impráctico tener solamente un vestido? Tiempo después recibí la respuesta a mis preguntas: Sí, si tienes cuidado, lo lavas como prenda fina y lo aireas, incluso un vestido veraniego de segunda mano, ligero y fabricado con algodón puede sobrevivir a un año completo de uso continuo. Y no, al usar la misma prenda todos los días no estarás rompiendo ninguna regla social, en especial si añades accesorios que le den a tu *look* variedad en color, texturas y estampados. En realidad, las únicas personas que lo notaron fueron a quienes les conté del experimento, y cuando les dije, muchos quedaron verdaderamente asombrados al enterarse de que había usado el mismo vestido todos los días. Su sorpresa me hizo entender algo muy importante: la gente con la que trabajamos a diario casi no se fija en la base de nuestro vestuario, pero sí les presta atención a los elementos más coloridos o visualmente atractivos que, en mi caso, me permitieron disfrutar de un año completo de jornadas laborales, una boda, un funeral, vacaciones, excursiones y un campamento escolar.

En Buy Nothing no esperamos que la gente esté dispuesta a remplazar su guardarropa con una sola prenda como lo hizo Rebecca, pero lo que ella aprendió nos puede servir a todos: es posible diseñar un estilo personal sobre una base muy sencilla y las prendas no tienen que ser nuevas. Enfócate en los artículos que en verdad te gustan y úsalos hasta las últimas consecuencias.

POR QUÉ COMPRAR SE SIENTE TAN BIEN Y NO COMPRAR PUEDE SENTIRSE INCLUSO MEJOR

Sabemos lo atractivo que es comprar algo nuevo: la fresca energía de cada producto; la idea de tener un artículo que sólo te pertenece a ti; la sensación de logro que nos embarga cuando por fin podemos adquirir aquello para lo que ahorramos, o comprar algo que simboliza un logro, como tu primer traje para el trabajo. No estamos sugiriendo que elimines por completo estas experiencias ni las emociones positivas que le pueden añadir a tu vida, lo que queremos es mostrarte la manera de encontrar esa misma alegría y algunos nuevos placeres a través del proyecto Buy Nothing.

Muchos sabemos lo placentero y sencillo que es comprar todo en línea, desde libros hasta trajes de baño y colchones empaquetados. Nuestro cerebro está programado para recibir una descarga inmediata de dopamina (neurotransmisor relacionado con las células cerebrales, conocido como "la hormona de las sensaciones placenteras") cada vez que anticipamos que obtendremos lo que deseamos con solamente dar un clic. Dos días después, cuando el producto llega a la puerta de nuestra casa, recibimos una segunda descarga de dopamina, producto de la gratificación retrasada. Nuestros compradores más recientes, los miembros de la Generación Z, conforman un grupo demográfico de jóvenes de menos de 22 años que reciben fuertes mensajes para comprar ropa y todos los artículos que deseen, a través de las plataformas de redes sociales que usan. Esto lo sabemos de primera mano y lo entendemos porque somos madres de adolescentes. La emoción de poseer algo nuevo es muy real, sin embargo, esa misma descarga de dopamina podemos obtenerla al recibir las cosas que necesitamos y queremos (desde lo más mundano hasta los artículos necesarios, los anhelados lujos y otros tesoros) sin pagar y en la forma de un regalo de nuestra comunidad.

Nosotras hemos visto en muchísimas ocasiones que cuando la gente elige compartir y reutilizar los objetos sus acciones brindan, por lo menos, la misma alegría que da comprarlos nuevos. Efectivamente, los humanos estamos programados para guardar cosas y almacenarlas para cuando los recursos escaseen, pero también estamos programados para sentir felicidad al conectarnos con nuestros congéneres y compartir recursos para garantizar la supervivencia y el éxito como sociedad.

La reutilización es uno de los pasos más importantes del proyecto Buy Nothing, pero también es uno de los que más cuesta trabajo comprender. Entendemos que la noción de reutilizar algo puede hacernos pensar en parientes que atravesaron guerras y escasez, y que conservaron sus hábitos de supervivencia cuando regresaron los tiempos de paz. Nos referimos, por ejemplo, al hecho de que tu abuela se niegue a tirar su sofá de tapiz de flores de los setenta. Sin embargo, cuando se adopta la mentalidad de las economías de compartición, la reutilización puede percibirse como algo muy distinto porque hay un incentivo para quienes comparten en lugar de acumular, y para quienes dan y reciben con el objetivo de satisfacer las necesidades inmediatas en sus hogares. Una vez que nos deshacemos de la mentalidad de supervivencia, la reutilización nos puede ahorrar tiempo, dinero y energía mental.

Para empezar, trata de evaluar cada artículo nuevo que entre a tu casa y de mirarlo pensando en su próximo uso. Tomemos por ejemplo la salsa italiana para pasta. Elige una que venga en un frasco de vidrio con boca ancha que puedas usar para almacenar restos de comida. No hay necesidad de enjuagar, sólo coloca en el frasco la pasta con salsa que no comiste y guárdala para el almuerzo del día siguiente. Después usa el frasco para alguna de las mil cosas distintas que puedes almacenar en él y, finalmente, cuando tengas demasiados frascos y necesites liberar algo de espacio, coloca unas cuantas flores en él y regálaselo a algún amigo o amiga. Este sistema funciona para todo lo que quieras o necesites. La ropa, por ejemplo, puede cortarse en trozos y usarse en lugar de las toallas de papel para la cocina. Liesl se convirtió a esta práctica en una ocasión en la que lo único que tenía a la mano para limpiar un pequeño accidente de bolas de pelo felino era una camiseta vieja. Ocho años después sigue sin comprar toallas de papel porque tiene un suministro constante de camisetas viejas que sus hijos van dejando y que pueden lavarse y reutilizarse. Las camisetas también sirven para eliminar la maleza en el jardín cuando la tarea se torna demasiado sucia y es imposible volver a tocar los trapos.

Cuando tengas que comprar comida en bolsas o empaques de plástico, lo cual, aceptémoslo, es inevitable, piensa en maneras creativas para reutilizarlos. Nosotras descubrimos que una marca local de tortillas de harina vendía sus productos en bolsas plásticas muy gruesas resellables. Gracias a eso ahora tenemos todas las quesadillas que nuestros hijos quieren, y bolsas que aguantan años de reutilización para almacenar compras a granel de alimentos, comidas congeladas, almuerzos escolares, empaques para viaje, calcetas mojadas en excursiones, y todo tipo de objetos que necesiten protección a prueba de agua. Reutilizar con creatividad los artículos cotidianos te ahorrará tiempo, espacio y dinero, y además te dará una sensación de orgullo porque constatarás tu propio ingenio e imaginación.

Una vez que hayas dominado la reutilización, puedes pasar a las otras *r*, como renovar, retapizar, reequipar, restaurar, remodelar, repintar y reparar. Los muebles, las lámparas y los espejos son ejemplos excelentes. Los puedes encontrar en tu casa o a través de una economía de compartición; una vez que los tengas, restáuralos para personalizarlos. Transformar algo viejo en un artículo personalizado y nuevo para ti es sumamente gratificante.

La próxima vez que necesites algo, antes de entrar a una tienda en internet o a una tienda física, revisa lo que ya tengas en casa. Cuando te des cuenta de que te hacen falta shorts, por ejemplo, recurre a tus viejos pantalones de mezclilla agujereados: los puedes cortar y confeccionar unos lindos shorts. O tal vez descubras que no te hacen falta porque habías olvidado un par que se quedó sepultado en tu armario cuando hiciste limpieza y sacaste cosas para regalar. ¿No tienes nada a lo que le puedas dar un nuevo propósito? Pídelo en tu economía de compartición. También puedes reutilizar las cosas de alguien más, no sólo las tuyas. Estos descubrimientos nos muestran que la vida sin comprar más objetos no es tan distinta. Para nosotras es como aceptar la manera sabia y frugal en que vivían nuestros ancestros, y como traer en un santiamén sus prácticas más eficientes a nuestros hogares del siglo XXI.

LA VIDA CON MENOS ABARROTES

La cocina es un lugar donde podemos ahorrar dinero y recursos. La mayoría de la gente suele comprar de más en el supermercado, y luego, cuando las cosas se echan a perder, se queda con el desperdicio. El Departamento de Agricultura y la Agencia de Protección Ambiental de Estados Unidos calculan que solamente en 2010 cada habitante Estados Unidos tiró 100 kilos de alimentos descompuestos. Ambas instituciones trabajan en equipo para tratar de recortar esa cifra a la mitad para 2030,[39] pero nosotras creemos que si implementamos el estilo de vida Buy Nothing podemos lograrlo en menos tiempo.

Llena tus repisas de la cocina con ingredientes básicos y tus hierbas y especias favoritas, luego usa todo lo que tengas en tu alacena en lugar de comprar ingredientes de especialidad para probar nuevas recetas extravagantes. No tienes que comprar alimentos de los que sólo necesitarás un poco y que, muy probablemente, se quedarán por ahí y ocuparán espacio hasta que encuentres otra receta para usarlos. Aprovisiónate de tus ingredientes básicos favoritos y cocina con ellos: no solamente ahorrarás espacio en las repisas y evitarás tirar a la basura ingredientes echados a perder, también ahorrarás dinero. Cuando tengas restos de comida que no serán consumidos de inmediato, guárdalos en el congelador. Te dará mucho gusto recalentarlos una de esas noches en que no quieras cocinar.

10 COSAS QUE PUEDES REUTILIZAR EN LUGAR DE TIRAR A LA BASURA

A continuación te presentamos una lista breve de recomendaciones para reutilizar en lugar de tirar. Te ayudarán a sacarles más jugo a tus comidas y abarrotes, y reducirán tus gastos:

1. *Cáscaras de cítricos.* Nosotras las usamos como uno de los ingredientes de un maravilloso limpiador multipropósito (receta en la página 133). También rallamos las cáscaras de naranja y limón para añadir a recetas, las secamos y las usamos para encender fuego en la chimenea, o las dejamos caer al fondo de los botes de basura porque son excelentes para desodorizar.

2. *Brócoli, coliflor, cardo suizo.* No tires los tallos. Nosotras los cortamos en trozos y los añadimos a guisos con verduras

salteadas y a ensaladas, o los conservamos en frascos con vinagre, un diente de ajo y unas gotas de miel y así los transformamos en encurtidos refrigerados.

3. *Granos de café.* Los puedes usar para exfoliar la piel de tu rostro, pies, brazos o piernas. También sirven para tallar los trastes y nos ahorran dinero porque los usamos como fertilizante para nuestros arándanos: basta con esparcirlos en la base de los arbustos. ¡A los arándanos les encantan! También los hemos usado en salsa para marinar carnes y como ingrediente secreto en los brownies (en este caso, los mejores son los granos finos de expreso).

4. *Cáscaras de huevo.* Coloca un puñado de cáscaras de huevo blanco limpias y molidas en una bolsita de malla. Mete la bolsita a la lavadora cuando laves ropa blanca: las cáscaras te ayudarán a eliminar el tono grisáceo de las telas de colores claros. ¡No necesitas blanqueador! También las puedes usar como suplemento natural de calcio. Según las investigaciones, las cáscaras de huevo tienen muchas propiedades benéficas.[40] Deja de tomar tabletas y sólo hornea las cáscaras a 180 °C por ocho minutos. Deja que se enfríen y luego muélelas hasta obtener un polvo fino. Añade una cucharadita o menos del suplemento a tu batido de frutas o jugo favorito, y consume una vez al día. Habla con tu médico sobre el uso seguro y la dosis adecuada.

5. *Corchos de vino.* Los corchos de las botellas de vino son excelentes para… espera… no comas ansias… ¡Sí, para los pizarrones de corcho! Consigue un viejo marco de fotografías o de espejo, y pega los corchos sobre el mismo hasta cubrirlo por

completo. ¿Sabías que la palabra *corcho* en inglés, *cork*, puede ser usada como sustantivo y como verbo? Usa los corchos para... sí, adivinaste, para encorchar todo tipo de botellas lindas y reutilizables en las que guardes líquidos. Si buscas en internet "reutilización de corcho" encontrarás cientos de ideas más. Y, por último, nuestro uso favorito: como protección para tapas de cacerolas. Si tienes tapas de cacerolas de metal que se calientan demasiado y queman cuando las tocas, mete a presión dos o tres corchos debajo del asa de la tapa, de forma perpendicular. Así, en lugar del metal caliente, lo que tocarás serán los corchos. ¡Listo! El asa estará fresca cuando la sujetes, aun después de horas de cocinar.

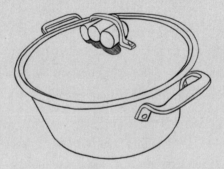

6. *Cáscaras de cebolla.* Añádelas a sopas y guisos de cocción lenta. Sólo en la Unión Europea se tiran más de 500 000 toneladas de cebollas echadas a perder, a pesar de que se trata de un bulbo que, debido a toda la fibra que contiene la piel, ¡es muy nutritivo![41]

7. *Cortezas de parmesano.* Guárdalas y añádelas al caldo de las sopas. ¡Les darán un mejor sabor a tus recetas de minestrone o de verduras!

8. *Caldo de frijoles*. Si cocinas frijoles en una olla exprés o en cacerola de cocción lenta, guarda el caldo porque sirve como una deliciosa y nutritiva base para sopas.

9. *Hojas de té*. Las hojas de té negro secas y usadas sirven para eliminar malos olores. Son excelentes desodorizantes para el refrigerador, las alfombras y la cama del perro. Las hojas de té de hierbas o negro son muy buenas para hacer composta instantánea para plantas en maceta o para jardines exteriores.

10. *Cepillos de dientes*. No tires los cepillos de dientes usados: son perfectos como herramientas de limpieza. Guarda uno cerca del fregadero para tallar los bordes y esquinas del mismo, así como alrededor de los grifos. A otro ponle una etiqueta y úsalo como limpiador de uñas para después de los trabajos de jardinería. Guarda uno con tus otros objetos de limpieza para lavar alfombras y muebles. Y uno más para el cuarto de lavado, donde podrás usarlo para tallar y sacar manchas.

Nosotras planeamos nuestras comidas con base en las verduras de temporada que tenemos en el jardín y que venden las granjas cercanas; también usamos todo lo que hay en el refrigerador y la alacena para complementar los platillos principales que cocinamos con verduras o frutas. Cuando es temporada de zarzamoras, vamos a los parques locales y recolectamos todas las que podemos sin pagar un centavo. Luego las congelamos y así podemos preparar batidos de zarzamora para el desayuno a lo largo de todo el año. En nuestros jardines del Noroeste del Pacífico el kale se da todo el año y es una verdura esencial que puede usarse para cualquier preparación: de batidos a ensaladas, bocadillos (mucha de la gente que odia el kale lo adora cocinado como frituras) y platillos principales de verduras salteadas.

Antes de ir de compras haz una lista de ingredientes principales que puedan funcionar para una variedad de platillos a lo largo de la semana. Así evitarás las compras compulsivas. Nosotras hemos descubierto que los alimentos integrales son los más sencillos, accesibles en términos económicos, y los más sanos para nuestras comidas. Además, entre menos ingredientes tenga la receta, más fácil será prepararla. Algunos de los ingredientes esenciales que compramos en la tienda, usualmente a granel, son papas, almendras, nueces de la India, crema de cacahuate, frijoles secos negros y pintos, garbanzos y lentejas, harina y tortillas de maíz, arroz, harina y pasta. A partir de estos ingredientes podemos preparar cientos de comidas distintas. Preparar comidas de tres ingredientes también es una excelente manera de ahorrar alimento, dinero y tiempo. Sólo busca en internet y te quedarás asombrado de lo que puedes encontrar. Algunas de nuestras recetas favoritas incluyen bollos de queso cheddar con brócoli y huevo; hot-cakes de plátano, almendras y huevo; batidos de plátano y bayas; barras de crema de cacahuate, y huevos fritos con ajo y kale.

RECOLECTA COMIDA EN LUGAR DE COMPRARLA

Imagina si pudieras cocinar comidas para toda una semana, para una familia de cuatro integrantes, con solamente dos bolsas de víveres o menos. Nosotras nos hemos fijado esta meta y hemos tenido éxito porque cuando nos sobra algo de tiempo recolectamos y cultivamos muchos de los ingredientes principales que usamos, como ortigas (en temporada); berros (salvajes); bayas (que recolectamos y congelamos); verduras del jardín como kale y coles; papas, cebollas y ajo que cultivamos y almacenamos; champiñones (que recolectamos), y los huevos de nuestras gallinas. Fallingfruit.org es una herramienta maravillosa para encontrar alimentos que puedes recolectar en cualquier parte del mundo. No importa si vives en una zona rural, suburbana o urbana, Falling Fruit te dirige a la abundancia que te rodea. Pero ten cuidado, cuando empieces a recolectar, sigue la regla de oro: nunca comas nada que desconozcas. Si no estás familiarizado con las frutas, hongos, nueces y plantas locales, pídele a un experto que te asesore.

MÉTODO DE LIESL PARA SACAR CINCO COMIDAS DE UN POLLO

En casa de Liesl, el pollo es una de las fuentes de proteína favoritas de la familia, por eso lo aprovechan al máximo. Aquí te presentamos nuestros consejos para preparar cinco comidas con un solo pollo. "Comenzamos con el pollo entero crudo que por lo general rostizamos siguiendo la receta del periodista culinario del *New York Times*, Mark Bittman.[42] Luego preparamos muchas otras comidas. Comida 1: cena de pechuga rebanada, piernas, muslos y alas de pollo rostizado. Comida 2: enchiladas o salteado o arroz frito, acompañados de los restos de carne. Comida 3: los huesos se usan como base para preparar caldo, junto con restos de vegetales como pieles de cebolla y ajo, y puntas de zanahorias. Si no planeas preparar el caldo de inmediato, puedes congelar los huesos. Comida 4: Guardamos el caldo anterior para otros usos y separamos los huesos. Les añadimos más agua y hervimos a fuego lento hasta que están suaves y tenemos otro caldo más concentrado. Comida 5: Finalmente convertimos los huesos suavizados en alimento para perros. Hay que procesar los huesos en una licuadora de muy alto poder con un poco del caldo concentrado hasta obtener una pasta sin astillas. Guardamos la pasta en un frasco para refrigerarla, y luego la añadimos a las comidas de nuestras mascotas. Para cuando terminamos, el pollo alimentó a todos los miembros de la familia y no queda ni una pluma."

PASO 3: REUTILIZAR Y RECHAZAR

Además de usar todo lo que tenemos en la alacena y el jardín para preparar nuestras comidas de la semana, ¿qué podemos hacer para rechazar las nuevas compras? Aquí te presentamos algunas maneras de negarte a comprar artículos desechables de un solo uso, también conocidos como SUD, por sus siglas en inglés. Por supuesto, te daremos alternativas más duraderas y sustentables.

Para reducir tus desperdicios cuando te transportes, siempre lleva contigo una taza reutilizable para que no tengas que tirar a la basura vasos desechables para el café. ¿La recompensa? ¡Algunos negocios de café ofrecen descuentos a quienes llevan su propia taza! Guarda un juego de platos planos en tu bolso o en la oficina (los de bambú son muy ligeros) para que no tengas que usar utensilios de plástico, y lleva contigo a todos lados una bolsa reutilizable de tela para transportar los víveres a casa. También puedes guardar varias de estas bolsas en la cajuela de tu automóvil.

Por favor no te sientas obligado a seguir *todas* las recomendaciones que presentaremos a continuación. Nuestras listas e ideas son para inspirarte a reutilizar y reciclar más, no para estresarte. Elige las sugerencias que te agraden y te motiven. Primero da los pasos más sencillos, y más adelante desafíate a ir más lejos. Tomando en cuenta los hábitos frugales de nuestras abuelas, aquí te damos una lista de 50 artículos que ya nunca incluimos en nuestras listas del supermercado.

50 COSAS QUE NO COMPRAMOS NUNCA

1. **Toallas de papel.** TreeHugger nos dice que los productos desechables de papel conforman un cuarto de los desperdicios que terminan en los vertederos. Gracias a otras estadísticas confiables, también nos enteramos de que se necesitarían 51 000 árboles al día para remplazar todas las toallas de papel que se tiran a la basura diariamente.[43] ¡Mejor usa "toallas" de tela! No tienen que ser elegantes, puedes usar trapos viejos o trapos usados de la cocina, sábanas agujereadas e incluso camisetas inservibles. Si guardas estas toallas de tela en una canasta bonita o en un cajón de la cocina, las tendrás a la mano para limpiar todo tipo de cosas. Métela a la lavadora y así contarás con toallas limpias reutilizables para solucionar cualquier desastre que puedas imaginar.

2. **Servilletas de papel.** Usa las servilletas de tela que tengas y reutilízalas una y otra vez. Si no tienes unas bonitas, tal vez puedas confeccionar algunas con una sábana de algodón

vieja, una camisa, una falda o un mantel. Nosotras tenemos almacenadas en un cajón unas 30 servilletas de tela de algodón que están listas para usarse todos los días. Es muy fácil confeccionarlas, sólo busca en internet "cómo hacer servilletas de tela" y encontrarás muchas ideas geniales.

3. **Pañuelos.** ¡Usa un pañuelo de tela como tu abuelo!

4. **Bolsas de basura.** Así es, nosotras no compramos bolsas de basura porque si todo lo que hay en nuestros botes pasa a un contenedor de profundidad en la estación de transferencia, en realidad ya no necesitamos forrarlos. Dependiendo del distrito que te corresponda, es posible que no necesites poner en tus botes bolsas de plástico que de todas maneras terminarán en el vertedero. Averigua qué puedes evitar: más adelante nos lo agradecerás. Si es necesario que guardes la basura en bolsas, reutiliza las de alimento para animales, los sacos de alimento para pollos o cualquier otro tipo de bolsa grande que te sobre o que obtengas a través de tu grupo de compartición. Eso será mejor que continuar llenando de polietileno nuevo los vertederos. Recuerda que siempre puedes pedir lo que necesites. Eso les permitirá a otras personas darte con mucho gusto lo que a ti te hace falta, y que, de otra manera, ellas habrían tirado a la basura con un costo económico adicional.

5. **Bolsas de cierre hermético.** Las bolsas de plástico con cierre tipo Zip son muy útiles, pero en lugar de comprar más, reutilízalas: te ahorrarás mucho dinero. Sólo voltéalas y lávalas en el fregadero de la cocina con agua fresca y jabón para trastes. Como están hechas de polietileno, que es un plástico impermeable, las puedes lavar como lo harías con tus platos. Nosotras las guardamos en un secador de bolsas

fabricado en madera que se ha convertido en un objeto esencial y que mantenemos junto al fregadero. Tú puedes fabricar el tuyo con palillos chinos acomodados en un recipiente para cepillos de dientes. Luego coloca las bolsas bocabajo para que escurran y se sequen. Es muy fácil. Algunas personas secan las bolsas en el refrigerador, pegándolas a la puerta con sus imanes. Nosotras vamos un poco más allá y lavamos todo tipo de bolsas de plástico para reutilizarlas. Con suerte, para este momento nuestro libro ya te habrá inspirado a no volver a comprar una bolsa de plástico y a almacenar los alimentos en materiales más amables con el medio ambiente, como los frascos de vidrio. No obstante, si necesitas las bolsas de plástico, lavarlas y reutilizarlas es una excelente opción. Cuando lleguen al fin de su vida útil, ¡recíclalas! Las bolsas con cierre hermético se pueden tirar en los contenedores de reciclaje para bolsas de plástico que hay en los supermercados. Sólo asegúrate de que estén limpias y secas.

6. **Bolsas para congelación.** En nuestra opinión, las bolsas para congelación son solamente otro truco de *marketing*. Lo único que necesitas son bolsas comunes de plástico con cierre hermético; para tener un mayor aislamiento entre los alimentos y el interior del congelador, usa dos. (Ve el punto 5 sobre el lavado y reutilización de bolsas con cierre hermético.) Si compras alimentos congelados en bolsas con cierre gruesas, por favor reutilízalas.

7. **Bolsas de tela reutilizables.** Son las bolsas que llevas contigo cuando vas de compras para no tener que usar las de "plástico o papel" de la tienda. Guárdalas junto con la taza de viaje y los cubiertos reutilizables. La bolsa de camiseta

que no necesita costuras de Rebecca se confecciona en 10 minutos y es una alternativa sencilla a las bolsas de materiales desechables que ofrecen en los comercios.

LA BOLSA DE CAMISETA SIN COSTURAS DE REBECCA

Esta bolsa es uno de los artículos ganadores del proyecto Buy Nothing. Se hace con una camiseta lista para ser reutilizada y permite disminuir la utilización de bolsas de plástico de un solo uso.

- Corta las mangas de una camiseta vieja para formar los bordes exteriores de las asas de la bolsa. También puedes usar las mangas como trapos de limpieza: son especialmente buenos para secar el vidrio de copas y lentes.

- Corta el cuello para formar la boca de la bolsa y los bordes interiores de las asas. Deja el círculo del cuello aparte para darle otro uso; a mí me encanta guardarlos en mis diarios como separadores, o aprovecharlos como bandas para el cabello y la cabeza, y para atar mis plantas de tomate en el verano.

- ¿Tu camiseta tiene un dobladillo volteado y cosido en la cintura? Entonces puedes cortarlo y guardarlo junto con el cuello para que el siguiente paso sea más fácil.

- Extiende la camiseta sobre una mesa y toma las esquinas derecha e izquierda, átalas con un nudo cuadrado, es decir, la derecha sobre la izquierda y luego la izquierda sobre la derecha. Así formarás el fondo cerrado de la bolsa. Si las esquinas son demasiado cortas para atarse, usa el círculo del cuello por fuera o por dentro de la camiseta para atarla. Ambas formas funcionan, elige la que prefieras.

8. **Limpiador de cítricos multipropósito.** Usa cáscaras de cítricos y vinagre para hacer un limpiador multipropósito. Sólo coloca las cáscaras de limón, naranja o lima en un frasco grande y añade vinagre blanco destilado hasta cubrirlas. Añade más cáscaras hasta que el frasco esté lleno y asegúrate de que el vinagre las siga cubriendo. Deja reposar por lo menos un mes y así tendrás un excelente limpiador de cítricos que cortará la grasa como cualquier producto comprado en la tienda. Nosotras hacemos una mezcla posterior en una botella atomizadora con una parte de este vinagre y dos partes de agua, ¡y estamos listas para limpiar! Si no te gusta el aroma del vinagre puedes eliminarlo añadiendo tu aceite esencial favorito. Así tendrás el aroma perfecto para tu hogar.

9. **Detergente para lavandería.** Nosotras hemos usado intermitentemente durante años la siguiente receta para hacer detergente en polvo concentrado para lavar ropa. En internet puedes encontrar muchas variaciones de la misma. Sólo necesitarás una cucharada para una carga completa de lavadora, o tal vez dos si la ropa está terriblemente sucia.

La receta sirve para hacer una cantidad que dura un par de meses en un hogar de tres personas.

Lo que necesitarás: bórax, bicarbonato de sodio y una barra de jabón. Qué hacer: Desmenuza la barra de jabón con el lado fino de un rallador de mano. Guarda las hojuelas en un cuenco grande para mezclar o corta la barra en trocitos de 2.5 centímetros y luego usa un procesador de alimentos para molerlo. Añade una taza de bórax y una de bicarbonato de sodio. Mezcla los ingredientes con la mano usando guantes protectores de hule reutilizables. También puedes usar para esto el procesador de alimentos, pero deberás cortar el jabón en trocitos para proteger las aspas y lavar todo muy bien cuando hayas terminado. Mezcla hasta que todo esté integrado y, sobre todo, suave. Las hojuelas de jabón deberán estar completamente molidas. Almacena la mezcla terminada en un frasco grande y consérvalo bien tapado entre usos. Guarda el frasco con una etiqueta clara y fuera del alcance de los niños y de cualquier otra persona o mascota que pudiera ingerirlo. ¡Los ingredientes son venenosos! También puedes añadir vinagre blanco a las cargas de ropa, funciona como suavizante y reduce el acumulamiento de jabón en las prendas y en la lavadora. Todos estos ingredientes se venden en envases reciclables y libres de plástico, y cuestan menos que exactamente la misma cantidad de detergente comercial.

10. **Láminas para secadora o suavizante para lavandería.** ¡Mejor haz pelotas para secadora! Te ayudarán a reducir el tiempo de secado en por lo menos 10%. También remplazan al suavizante de telas y a las láminas de secadora porque eliminan la estática, suavizan tus telas e incluso les dan un encantador

aroma si decides usar aceites esenciales para fabricarlas. Lo único que necesitas es un viejo suéter de lana o hilo 100% de lana. Haz una pelota con el suéter (o con el hilo) y usa hilo adicional para atarla y formar una esfera del tamaño de una naranja. Ahora saca algunas de esas calcetas raras que se quedaron sin par un día (estamos seguras de que tienes muchas), coloca dentro de ellas una bola de lana y anúdalas. Cuando la combinas con agua, calor y movimiento la lana fieltra con facilidad. Mete las pelotas a la lavadora en el ciclo largo con agua caliente y añade un poco de detergente y algunas toallas fabricadas con camisetas para llenar la carga. Puedes lavarlas dos veces en el ciclo caliente para asegurarte de que las pelotas fieltren bien. Si no tienes acceso a una lavadora, usa una tina grande con agua jabonosa caliente y ponla sobre tu tina de baño o en el suelo, con una tabla antigua para tallar con la que puedas agitar y tallar la lana hasta formar bien las pelotas. Luego métela a la secadora a temperatura alta y déjalas hasta que estén bien secas. Desata las calcetas y saca las bolas de lana. Para ese momento deberán haber fieltrado completamente. Cada cuatro cargas de ropa puedes añadir algunas gotas de tu aceite esencial favorito para darles a las prendas un aroma agradable.

11. **Limpiador para el horno.** ¿Recuerdas el limpiador de cítricos multipropósito de la sugerencia número 8? Haz una solución de 50% del limpiador y 50% de agua y úsala para limpiar el horno. La mezcla deberá cortar la grasa y las zonas chamuscadas sin que tengas que exponerte a los gases químicos de los limpiadores convencionales.

12. **Limpiador de alfombras.** Esparce sobre la alfombra una ligera capa de bicarbonato de sodio mezclado con algunas

gotas de tu aceite esencial favorito y luego aspírala. Esto refresca las alfombras, y si añades bórax a la mezcla podrás limpiarlas también, pero ten cuidado si tienes niños o mascotas porque el bórax puede irritar ligeramente y no debe ser ingerido.

13. **Líquido para limpiar vidrios.** Para limpiar los vidrios de tus ventanas usa una parte de vinagre blanco y dos partes de agua con una gota de jabón para trastes. Luego sécalos con papel periódico en lugar de usar toallas de papel que usualmente dejan residuos.

14. **Polvo para tallar trastes.** Usa esta mezcla para los platos, cacerolas y utensilios de hierro fundido con comida quemada y pegada. A nosotras nos gusta añadir 10 gotas de aceite de árbol de té y 10 gotas de aceite de lavanda, o puede ser cualquiera que elijas, a una cantidad suficiente de bicarbonato de sodio para llenar un frasco reutilizable de salsa marinara de 750 mililitros. Así es, suena endiabladamente sencillo, pero es lo máximo, ¡y funciona! Además, huele muy bien porque le puedes añadir tus aceites preferidos. Haz unas cuantas perforaciones a la tapa del frasco, espolvorea el bicarbonato de sodio en los trastes mojados en el fregadero, talla a mano o con una fibra hecha por ti mismo (ve la recomendación 15), y tus trastes y el fregadero quedarán relucientes. ¿Te preocupa el saneamiento? La mayoría de los polvos para lavar trastes no los desinfectan, en cambio, este producto remueve partículas de alimentos que pueden convertirse en el combustible y refugio de bacterias dañinas, y remueve de la superficie de los platos grasas y otras sustancias que no queremos volver a tocar o comer. Esta combinación de bicarbonato de sodio y aceites esenciales logra todo eso, y si usas los dedos en lugar

de una esponja, eliminas otro portador potencial de bacterias. ¿Sigues preocupado por la limpieza? Añade unas gotas de tu jabón favorito.

15. **Fibras para tallar cacerolas.** El papel aluminio viejo y arrugado funciona muy bien para tallar cacerolas una vez a la semana. No te rías, ¡funciona! Después de usarlo, cuando se aplane, sólo tíralo al bote de reciclaje, en caso de que en tu ciudad lo reciclen. Para seguir tallando usa otro trozo de papel aluminio sucio. También puedes guardar las bolsas de verduras fabricadas con redes plásticas, como en las que empacan los cítricos y las papas, y transformarlas en fibras de tallado. Junta tus redes plásticas y dóblalas hasta tener un acordeón separable en segmentos de cinco a ocho centímetros de largo. Con un trozo de hilo ata el centro lo más fuerte que puedas. Cuando todas las redes estén bien atadas, corta los extremos del hilo (los restos de algodón pueden usarse para composta) y luego corta cada fragmento de la bolsa para ahuecar los extremos.

16. **Almohadillas para trapear.** Si usas un trapeador de los que necesitan almohadillas, ya no tienes que seguir comprándolas, sólo usa un trapo para lavar o tela de microfibra o de pañal, lava y reutiliza.

17. **Agua embotellada.** A menos de que sea para un kit de emergencia, vamos a dejar de usar agua embotellada cuando tengamos sed, ¿de acuerdo? Por cierto, ¿qué tal si dejamos de comprar bebidas en botellas de plástico en general? El tercer artículo que aparece en grandes cantidades en nuestras costas son... las botellas de plástico. ¿Y cuál crees que sea el cuarto? ¡Las tapas de las botellas de plástico![44] Este paso va a exigir un poco más de trabajo de

tu parte, pero si estás lejos de casa puedes llevar contigo una botella de acero inoxidable o de vidrio adonde quiera que vayas, y rellenarla con agua para saciar tu sed. Este sistema también funciona para bebidas más sofisticadas: puedes añadirle sabores al agua con una rebanada de limón fresco o un puñado de hojas de menta. Llena tu botella con té helado hecho en casa o con cualquier otra de las bebidas que prefieras elaborar en el hogar. Sólo en Estados Unidos se tiran cada año 50 000 millones de botellas de plástico, y ahora sabemos que un enorme porcentaje termina en los mares. Si usas una botella de agua reutilizable puedes evitar que 156 botellas de plástico terminen cada año en nuestros canales de desechos o incluso tal vez en los océanos.[45]

DEJA DE COMPRAR LAS BEBIDAS EN BOTELLAS DE UN SOLO USO QUE VENDEN EN LAS TIENDAS DE ABARROTES

Ocasionalmente caminamos con nuestras familias hasta la tienda del vecindario que queda a kilómetro y medio. Solemos llevar con nosotros bolsas para recolectar la basura que encontramos al lado del camino. Cada vez que vamos recogemos más de 50 recipientes de bebidas. En 2009 la asociación Keep America Beautiful realizó un estudio en 240 vialidades del país y llegó a la conclusión de que en Estados Unidos hay aproximadamente 6 729 piezas de desecho por cada kilómetro y medio de vialidad.[46] Gracias al estudio también se descubrió que 53% de la basura en las cunetas de las vialidades proviene de los conductores, y que los caminos cercanos a tiendas de abarrotes tienen 11% más basura. Asimismo, entre 40 y 60% de esos desechos son recipientes de bebidas. El Environmental Working Group publicó un estudio que afirma: "Cada 27 horas los estadounidenses consumen suficiente agua embotellada para formar un círculo de botellas de plástico colocadas una junto a la otra, base contra boca, del tamaño del ecuador".[47]

No todos tenemos la suerte de contar con acceso a agua potable en nuestras casas.[48] Si dependes del agua embotellada, puedes ahorrar dinero y generar menos desperdicio plástico si la compras en garrafones de cinco litros o más grandes, y si rellenas con ella tus botellas reutilizables. Así también podrás quitarte el hábito de comprar bebidas en recipientes de un solo uso. Cuando descubras la cantidad de energía, toxinas y materiales vírgenes que se requieren para producir esa sola botella o lata, empezarás a dudar de la necesidad de fabricarlas. Usa tu propia botella y rellénala. Si en casa cuentas con suministro de agua potable, compártela en jarras con los vecinos que la necesiten.

18. **Papel film de plástico para alimentos.** Esta delgada película de polímero que es suficientemente adhesiva para pegarse a casi todo lo que toca no puede reciclarse. Cada vez que puedas guarda los restos de comida en frascos o contenedores de vidrio, o usa un plato para cubrir los cuencos o, si no tienes más remedio, papel aluminio reciclable. Rebecca tiene un excelente método para fabricar sus propios trapos envoltorios con cera de abejas; lo encontrarás

en la página 207. Estos envoltorios actúan como el film de plástico para que cubras tus alimentos y los guardes en el refrigerador o en cualquier otro lugar.

EL PVC NO ES PARA MÍ

Más allá de las preocupaciones ambientales, hay muchas razones de salud por las que es importante renunciar a los plásticos. Cada vez hay más evidencia de la correlación entre la exposición a los ftalatos presentes en los plásticos y la disminución de la capacidad reproductiva en los hombres.[49] La exposición elevada a los ftalatos (en los trabajadores que usan pisos de PVC, por ejemplo) está relacionada con bajos niveles de testosterona, lo cual tiene un impacto en cascada de efectos malignos en el cuerpo de los hombres. Estamos aprendiendo en poco tiempo que el tracto reproductivo masculino es particularmente sensible a la exposición a los ftalatos, y que esto tendrá consecuencias tanto para los hombres expuestos actualmente como para las generaciones futuras.

19. **Papel para notas.** Las notas pueden escribirse en cualquier trozo de papel. La próxima vez que revises tu correspondencia guarda las cartas de publicidad que sólo están impresas por un lado. Usa el otro lado para tus apuntes y como papel para pruebas de la impresora. Con esta técnica ¡nosotras podemos pasar prácticamente un año sin comprar libretas de notas! También puedes usar los sobres, las bolsas de papel para abarrotes que ya estén demasiado usadas o cualquier

papel que tenga espacio para algunos párrafos, una lista o garabatos.

20. **Sobres acolchados y paquetes.** Recibimos tantos de estos sobres a lo largo del año que preferimos guardarlos, reutilizarlos y también regalarlos a vecinos con pequeños negocios que necesitan sobres para su correspondencia. Sólo cubre la dirección anterior con una etiqueta bonita y se verá suficientemente profesional. A veces también escribimos un mensaje en la parte de atrás para hacerle saber a la gente que se trata de sobres acolchados reutilizados: "Por favor vuelva a utilizar este sobre". La mayoría de la gente aprecia recibir un paquete con materiales usados anteriormente. Los sobres grandes acolchados también sirven de maravilla para guardar artículos frágiles en las mudanzas. Úsalos como si fueran plástico con burbujas.

21. **Papel de envoltura y moños.** Hay muchas alternativas maravillosas para el papel de envoltura. Se puede usar tela, bolsas de papel, periódico, los dibujos de tus niños, mapas viejos o páginas de libros. Nosotras tenemos montones de bolsas de tela reutilizables que fabricamos cada año para dar regalos. Por supuesto, también ahorramos papel de envoltura y bolsas de regalos al reutilizarlos. Sólo busca en las costas, siempre encontrarás listones de globos de helio de cumpleaños que fueron liberados porque no se descomponen. Para mantenerlos lejos de nuestras playas, reutiliza los que te lleguen cuando recibas regalos, y crea tus propios listones con tiras de tela, cordel y cuerdas que encuentres camino a casa.

22. **Tarjetas de cumpleaños, de bienvenida y del Día de San Valentín.** Originalmente, la gente escribía y pintaba sus

tarjetas a mano, pero Hallmark se apoderó de esta práctica. Saca tijeras, papel bonito, un poco de pegamento ¡y ponte creativo! Con algunos recortes arreglados tipo collage podrás transformar muchas cosas que tienes en casa —revistas, dibujos familiares, objetos, calcomanías— en tarjetas tipo collage que a tus amigos y familiares les encantará recibir. Los abuelos y los tíos aprecian particularmente los dibujos infantiles. Si encuentras material reutilizable que ya se aprovechó en otros proyectos o tarjetas del pasado, y los utilizas como base para tus creaciones, ¡súmate puntos adicionales! Esta técnica sirve el año entero para fabricar notas amorosas de todo tipo.

23. **Etiquetas para regalos.** En las vacaciones decembrinas nosotras les damos un nuevo propósito a las tarjetas de los años anteriores y las convertimos en etiquetas. Naturalmente, tú puedes hacer lo mismo con todas las bonitas tarjetas que recibas a lo largo del año. Recorta la parte en la que te escribieron esa bonita nota y transforma las tarjetas en etiquetas personalizadas para tus regalos.

24. **Decoraciones y adornos navideños.** Los adornos son uno de los detalles más lindos que pueden fabricarse en familia porque, además, puedes guardarlos y reutilizarlos año tras año. En casa de Liesl tienen la tradición de que cada integrante de la familia fabrique por lo menos un adorno a mano para el árbol. Sólo busca en internet "Decoraciones navideñas" o busca alguna página de Pinterest. Puedes fabricar tus adornos con material que tengas en casa. Liesl los hace con los DVD y CD viejos, tapas de metal, brazos y piernas de muñecas (en serio, si los pintas con rayas blancas y rojas parecen bastones de dulce), conos de piña, lo que quieras.

25. **Bolígrafos.** En todos lados hay bolígrafos, sólo fíjate en los estacionamientos y en las aceras. La verdad es que, tristemente, cuando se caen terminan destrozados por los automóviles y se convierten en trozos de microplástico listos para viajar al desagüe pluvial más cercano. En nuestra isla ¿adónde crees que llevan esos desagües? Directamente a Puget Sound. Siempre que puedas levanta los bolígrafos, ¡tal vez no tengas que volver a comprar o pedir prestado uno jamás!

EL CUARTO REINO

No resulta sorprendente que el plástico aparezca en una cantidad tan alarmante en nuestro medio ambiente, en especial en las aguas. ¿Alguna vez se te han caído las bolitas de unicel para empacar o una bolsa de plástico en un día de viento y las has visto dispersarse rápidamente? Si analizamos de dónde proviene este polímero, por qué fue diseñado para durar y por qué llegó para quedarse, es muy fácil entender por qué está en todos lados.

El plástico llegó al planeta en 1907 cuando Leo Baekeland, un inmigrante belga, inventó un material al que bautizó "baquelita" en honor a sí mismo, también conocido con una larga palabra de 32 letras: polioxibencilmetilénglicohidruro. Fue el primer polímero fabricado por el hombre y estaba compuesto en su totalidad de químicos sintéticos. Baekeland produjo un plástico rígido pero maleable que era particularmente adecuado para las nacientes industrias eléctrica y automovilística debido a su extraordinaria resistencia a la electricidad, el calor y la acción química. La ciencia había superado al mundo natural. La palabra *plástico* viene del griego *plastikos*, que significa "maleable", y el material al que le dio nombre causó una revolución. Ni los animales, ni los minerales ni los vegetales podrían producir algo tan robusto. Más adelante, The Bakelite Corporation declararía a los medios que había creado "un cuarto reino en el que no había fronteras".[50] Actualmente, ese cuarto reino está apoderándose del planeta en una suerte de invasión aprobada por los humanos y está sembrando el caos en silencio.

26. **Cacahuates de unicel o la envoltura de burbujas.** El unicel en forma de "cacahuates" es una de las cosas más desagradables que pueden encontrarse en el medio ambiente y llega ahí con la misma rapidez que las bandas para el cabello y los bolígrafos. De hecho, el poliestireno es uno de los tipos de plástico que se encuentran con más frecuencia contaminando nuestro mundo natural. Con esto no queremos decir que tengas que correr por ahí y cazar todos los cacahuates que puedas, pero lo mejor sería que nunca tuvieras que comprar este producto porque la mayoría de la gente está tratando de deshacerse de él. Sólo pídelo en las tiendas de artículos para empacar y verás que harás muchos amigos. La gente *adora* pasarles a otros sus cacahuates de embalaje.

27. **Cajas de cartón.** Aunque no lo creas, la gente compra cajas. Si hay algo que podemos garantizarte que encontrarás en el universo de forma gratuita, es una caja. No compres cajas, sólo pídelas. En las licorerías están particularmente dispuestos

a deshacerse de las suyas. En algunas comunidades como la nuestra incluso existen grupos en internet para que la gente consiga cajas para mudarse o se deshaga de ellas.

28. **Cordón.** Nosotras ya no compramos cordón porque no nos da pena decir que conservamos los que vienen en todo tipo de productos como los sacos de alimento para pollos, por ejemplo. El cordón es algo que puedes pedir sin problemas en tu grupo de compartición porque lo más probable es que tus vecinos también tengan buenas reservas.

29. **Bandas elásticas.** En las tiendas atan algunas verduras con bandas elásticas como si se fueran a separar solitas. Es el caso de los troncos de brócoli. También los periódicos vienen enrollados con una liga. Asimismo, podemos encontrarlas en… adivina dónde: sí, tiradas en las calles. Están por todos lados, así que agáchate y recógelas. Es lo único que necesitas hacer para recuperar todas las bandas elásticas perdidas del mundo y volver a ponerlas en circulación.

30. **Juguetes de plástico.** Sólo pídeselos a los padres de cualquier niño y con gusto te darán una caja o tres. Ésta es una categoría de artículos que nos comprometimos a nunca comprar cuando nuestros niños eran pequeños. Como no conocían otra cosa, estaban felices con recibir juguetes de segunda mano que para ellos eran como nuevos. Nosotras somos particularmente intensas respecto a los juguetes de plástico para la playa. Es tan enorme la cantidad de juguetes que terminan en el mar, que nos encantaría que la gente simplemente dejara de comprarlos. La familia de Rebecca tiene excelentes alternativas, como la colección de moldes *vintage* de gelatina en aluminio y cobre con los que los niños pasan el verano construyendo castillos en la playa. Y en los meses

más fríos los cuelgan de la verja del jardín trasero como una exhibición de arte en exteriores. Los viejos moldes para biz-cochos Bundt, las tazas medidoras de metal para repostería, los cuencos y otros utensilios son herramientas maravillosas para cavar, construir castillos y recolectar tesoros en la playa.

31. **Popotes de plástico.** Los popotes de plástico son un fla-gelo sobre la tierra y el agua. Son el séptimo artículo más predominante en nuestras costas. Los popotes succionan y también flotan, jamás dejarán este planeta; sólo se transfor-marán en trozos minúsculos que consumirá la fauna marina. Si puedes, mejor usa tus labios. Si necesitas popotes para beber, por favor inténtalo con algún material alternativo al plástico. Hay popotes de vidrio, bambú, metal e incluso de silicona que, a diferencia del plástico, es un polímero que se produce con el silicio presente en la naturaleza. Prueba alguna de las marcas reutilizables que al final de su vida útil incluso pueden quemarse y convertirse en ceniza biodegra-dable.[51] Por cierto, los tallos gigantes de hinojo de Rebecca funcionan muy bien como popotes.

32. **Cubiertos de plástico.** Somos una civilización que depende demasiado de sus herramientas. Las olas llevan montones de tenedores, cuchillos y cucharas de plástico a nuestras costas y playas. Gracias a un estudio reciente se descubrió que los cubiertos están entre los 10 tipos de basura plás-tica que más se encuentra en las costas de California.[52] Si todos usáramos cubiertos de metal o bambú reduciríamos rápidamente este flagelo plástico en el planeta. Rechaza los cubiertos de plástico. Lleva siempre un juego de metal o bambú en tu mochila o bolso, de esa manera podrás recu-rrir a ellos y ayudar a reducir el desecho plástico. Puedes

guardarlos en la guantera de tu automóvil y usarlos para comer cuando estés fuera de casa. Nosotras recolectamos cubiertos de metal todo el año, los encontramos en cajas de gratuidad que la gente deja en el pueblo. Después los regalamos para que sean usados en fiestas de cumpleaños en los salones de clase o en festivales locales, por ejemplo. Tomando en cuenta que los cubiertos contribuyen de una manera abrumadora a los nueve millones de toneladas de plástico que llegan a nuestros mares cada año, nos parece que todos los artículos desechables como utensilios, bolsas y popotes deberían prohibirse.

SUD: ARTÍCULOS DESECHABLES DE UN SOLO USO

En su libro *Plastic: A Toxic Love Story*, Susan Freinkel describe la sutil manera en que los plásticos se han infiltrado en nuestra vida: "En todos los productos, en todos los mercados, los plásticos desafiaron a los materiales tradicionales y ganaron. Remplazaron al acero en los automóviles, al papel y el vidrio en el envasado, y a la madera en la fabricación de muebles... Para 1979 la producción de plásticos excedía a la de acero. En un periodo asombrosamente breve, el plástico se convirtió en el esqueleto, el tejido conectivo y la resbalosa piel de la vida moderna".[53]

Nos hemos vuelto adictos al plástico y a la comodidad que nos ofrece. Es barato, versátil, ligero, durable y resistente a la corrosión. Sin embargo, nadie pensó en dónde terminaría después de ser usado. Según Freinkel, en los años sesenta el estadounidense promedio consumía casi 14 kilos de productos plásticos, y para 2010 el consumo había alcanzado los 140 kilos por persona, cantidad que producía 300 000 millones de dólares en ventas. La mayoría de estos plásticos se fabrican para ser usados solamente una vez y luego arrojarse a la basura. Es lo que se convertiría en el flagelo del mundo natural: los artículos desechables de un solo uso o SUD, por sus siglas en inglés. Los SUD son los plásticos más presentes en el medio ambiente en la actualidad: popotes, vasos para café, tapas para vasos de café, botellas de agua y sus tapas, cubiertos de plástico y envoltorios de dulces. Seguramente ya te das una idea.

33. **Platos desechables de papel o plástico.** Ya sabes adónde vamos con esto. Usa tus platos del diario, mmm… todos los días. Así no tendrás que volver a comprar platos de papel nunca. Además, adquirir un juego de platos que no te importe despostillar o usar para días de campo y otros eventos te quitará la tentación de comprar platos de papel. La gente prefiere comer en platos de verdad, y éstos sobran en el universo, ¡así que úsalos! Nosotras tenemos platos y tazones esmaltados para los campamentos, así como un juego que nos regalaron de "platos para anfitrionas" fabricados en vidrio de mediados de siglo que son perfectos para los conciertos al aire libre y los días de campo durante todo el verano.

34. **Encendedores de plástico.** Los encendedores "desechables" de plástico remplazan con demasiada frecuencia a los fósforos. A pesar de que en algunas ciudades la ley prohíbe

fumar, y de que encender cigarros va en declive constante en la actualidad, en algunos bares y restaurantes todavía regalan carteras de fósforos que puedes llevar a casa para usar para tu pirotecnia. Los fósforos son fabricados con recursos renovables: cartón y madera, satisfacen perfectamente todas nuestras necesidades y no implican el uso de plástico.

35. **Caldo de verduras en polvo.** Esto es tan sencillo que te asombrará enterarte de que ha estado oculto a plena vista por años. Cuando peles las cebollas y el ajo, cuando cortes los extremos de las calabazas o el interior de los pimientos, o cuando te queden cáscaras de papa, ¡guarda todo! Pon los restos en un frasco dentro del congelador y continúa añadiendo cosas. También puedes guardar el frasco en el refrigerador si sigues agregando verdura diariamente. Luego, una vez a la semana, pon un poco de agua en una cacerola, coloca en ella los restos de verduras, añade algunas hierbas de olor y una pizca de sal si te parece necesario, y deja hervir la mezcla a fuego lento durante una hora más o menos. Luego cuélala, pon los restos de verdura en la composta, y aparta el maravilloso caldo de verduras que ahora podrás usar como base para sopas y otros platillos. Cuando cocemos verduras al vapor, nosotras guardamos el caldo porque es un excelente líquido base para hacer sopas.

36. **Aderezos para ensalada.** ¿Recuerdas el sencillo aderezo de vinagre balsámico y aceite de oliva, o la vinagreta de mostaza? ¡Tú puedes hacer tus propios aderezos en un frasco! Si preparas una gran cantidad, tendrás suficiente para una semana o dos, lo cual es genial porque los aderezos mejoran con el tiempo. Además, así no tendrás excusas para no comer ensalada. Prueba con esta rápida receta de aderezo

César falso, no te arrepentirás. Machaca entre cuatro y seis dientes de ajo y coloca los trozos en tu frasco preferido. Añade una taza de aceite de oliva extra virgen y ¼ de cucharadita de salsa de pescado (sí, salsa de pescado, asegúrate de comprarla en botella de vidrio). Agrega ½ taza de queso parmesano recién rallado. Añade entre una y dos cucharadas de vinagre de vino tinto o de vinagre hecho en casa con restos de fruta (aprenderás a hacerlos en la página 194). Prueba el aderezo y añade más vinagre y salsa de pescado si lo consideras necesario. ¡Listo! Cada vez que uses tu aderezo puedes agregar un poquito más de queso para mejorar el sabor. A nuestros niños les encanta.

37. **Mezcla picante para tacos, mezcla italiana picante y otras mezclas para sazonar.** En general, las mezclas que pueden comprarse en las tiendas no son muy saludables porque contienen demasiado sodio y todo tipo de aditivos, pero tú puedes hacer tus propias combinaciones y, además, ¡puedes preparar una gran cantidad! Hacer la mezcla sazonadora que aquí te proponemos sólo te tomará algunos minutos, pero te servirá para muchas comidas. Ésta es la sencilla receta de Liesl de mezcla picante para tacos. Sirve para 1⅔ de taza. Pon en un frasco todos los ingredientes que verás a continuación. Agita bien para mezclar y luego almacena en un lugar oscuro y fresco.

- ½ taza de chile en polvo. A nosotras nos gustan los chiles puros molidos. Liesl a veces usa polvos que compra en México. Rebecca los adquiere en la sección del supermercado donde se venden especias a granel. ¡Tú elige tus favoritos!

- ⅓ de taza de comino
- 3 cucharaditas de ajo en polvo
- 3 cucharaditas de cebolla en polvo
- 1 cucharadita de pimienta molida toscamente
- 2-3 cucharaditas de semillas de cilantro molidas
- 2 cucharaditas de paprika (a veces usamos paprika ahumada)
- 1½ cucharaditas de sal (puedes añadir más si te gusta que el sazonador sea más salado)
- 2 cucharaditas de hojuelas de pimiento rojo
- 2 cucharaditas de orégano (a nosotras nos gusta el orégano mexicano)

38. **Disfraces de Halloween.** Los disfraces son los artículos más esenciales de un solo uso, y son perfectos para compartirse cuando ya no los necesitas. También son uno de los mejores proyectos manuales para fortalecer los lazos entre padres e hijos. Así que no esperes más: saca tu espíritu artesanal y comienza a pensar cómo hacer ese disfraz de Godzilla o espera hasta algunas semanas antes de Halloween y pide lo que necesites a tu grupo de compartición. Es muy probable que alguien más lo tenga en su clóset y esté agradecido de poder deshacerse de él y llevarlo hasta la puerta de tu casa.

39. **Maceteros y enrejados.** Si un objeto sirve para ponerle algo adentro, entonces puede usarse como macetero, sólo necesitas usar tu imaginación y elegir recipientes seguros para almacenar comida, ya que los utilizarás para plantas comestibles. Hemos visto sostenes, inodoros, cascos de bicicleta, troncos ahuecados, tinas, camiones de juguete, latas de pintura y zapatos de niño ser usados como maceteros.

¡Sé creativo! Los enrejados, al igual que los maceteros, son un artículo típico de los jardines que puede ser reutilizado cuantas veces quieras. Nosotras hemos usado palos, cabeceras de metal, llantas de bicicleta, sombrillas para patio volteadas (sin la tela), bancas de metal, manteles de macramé, cercas de malla ciclónica, pies de lámparas, sillas viejas, vallas de estacas y, por supuesto, malla metálica para gallinero. Si no tienes ninguna de estas cosas o si estás buscando algo con una apariencia específica, trata de conseguir maceteros de segunda mano a través de tu grupo de economía de compartición.

40. **Cuencos para semilleros.** Olvídate de los cuencos de plástico para empezar a sembrar semillas y mejor usa cartones de huevo o tubos de papel higiénico cortados a la mitad. Ahí podrás empezar a plantar tus semillas.

MICROPLÁSTICOS, MACROPROBLEMA

La atención que se le ha dado recientemente al problema del plástico en los océanos se enfoca en el remolino del Pacífico Norte: el "área de basura" de plástico que parece tener el tamaño de Texas. No obstante, el conflicto de la presencia en el océano de plásticos fabricados por el ser humano está presente en los cinco remolinos del planeta: los sistemas de corrientes circulares masivas del Pacífico Norte y Pacífico Sur, el Atlántico Norte y Atlántico Sur, y el océano Índico. El plástico pasa siglos fotodegradándose, es decir, descomponiéndose en trozos minúsculos que imitan de forma espeluznante la apariencia del zooplancton (microorganismos que juegan un papel fundamental en las redes alimenticias acuáticas). También sabemos que los microplásticos en el ambiente marino superan actualmente al zooplancton, que están escalando en la cadena alimenticia y que, de esta manera, están llegando a nuestro cuerpo.

El doctor Joel Baker, director de ciencia del Center for Urban Waters de Tacoma, usa dispositivos especiales conocidos como redes de arrastre de manta, los cuales se enganchan a la parte trasera de los botes de Puget Sound para recolectar muestras de todo lo que flota en el agua. Los investigadores han descubierto que más de 65% del plástico de las playas lo conforman desechos plásticos microscópicos.[54] Esto significa que si tomaras al azar una superficie muestra de plásticos en la playa, escudriñaras la arena y recolectaras absolutamente todos los fragmentos plásticos, 65 de cada 100 serían demasiado pequeños para verse sin la ayuda de un microscopio. No obstante, para los animales con alimentación tipo filtro como los mejillones, estos fragmentos parecen comida. Actualmente los científicos están acumulando información para documentar que los microplásticos podrían estar más disponibles biológicamente para los organismos que se alimentan de plancton, que el plancton mismo. Si los humanos llegáramos a comer esos organismos, estaríamos en problemas. Un estudio reciente realizado en el Atlántico Norte y enfocado en los peces reveló que dichos organismos ingieren hasta 24 000 toneladas de desechos plásticos al año.[55] La advertencia es muy clara: si los peces y los mejillones están comiendo plástico, nosotros también.

41. **Artículos para encender fuego.** Son muy sencillos de fabricar y a los niños les divierte mucho hacerlos. Guarda las pelusas de la secadora y los cartones de huevo, luego ve a la página 202, ahí encontrarás las instrucciones.

42. **Rompecabezas.** Una vez que ya estuviste inmerso en armar un rompecabezas de 1 000 piezas, ¿realmente crees que vas a hacerlo de nuevo? Lo más probable es que no lo armes inmediatamente, así que mejor ¡pídele uno a tu vecino! Aquí, en el Noroeste del Pacífico, tenemos una sólida ética que permite que en la época invernal la gente comparta sus rompecabezas de 2 000, 3 000 y hasta 5 000 piezas, y que éstos pasen de un hogar a otro.

43. **Muebles/protectores de pisos.** Hay muchos artículos que pueden usarse para proteger tus pisos y evitar que las patas de los muebles los rayen. Las rebanadas de corcho, las chanclas viejas o las suelas de zapatos son perfectas para ello, sólo córtalas a la medida y añade un poco de pegamento.

44. **Tampones.** Utiliza la copa menstrual. Es una compra que se hace una sola vez y te ahorra múltiples viajes a la tienda para conseguir más tampones. Una inversión que vale la pena.

45. **Fósforos largos.** Si ya tienes una fuente de flama, como un piloto, y sólo necesitas los fósforos largos para encender ciertas velas o el piloto del horno, ¡usa una pieza larga de espagueti o fetuccini seco! Funcionan a la perfección.

46. **Desodorante ambiental.** Sigue el consejo de Inge, la abuela de Rebecca, y usa una taza o bolsa de granos de café que hayas bebido recientemente. Con ellos podrás aromatizar una habitación o el automóvil. Un par de días después, sólo espárcelos en el jardín para que sirvan como composta. Las hojas de té, cáscaras de naranja, tazones de lavanda fresca o

seca, o un vaso o tazón con vinagre blanco, funcionan de maravilla. También puedes usar una jarrita llena de bicarbonato de sodio y unas 10 o 12 gotas de tu aceite esencial predilecto.

47. **Toallitas para bebé.** Cuando nuestros niños eran bebés usábamos una botella con atomizador que llenábamos con agua, y "toallitas limpiadoras" hechas en casa que, básicamente, eran paños suaves. Con eso les limpiábamos las pompis. Consultamos con nuestros respectivos pediatras y ambos aprobaron esta práctica, en especial porque también bañábamos a los niños en tina varias veces a la semana. A algunos padres les gusta añadir a la botella un poquito de aceite neutro (debe ser uno que no se haga rancio), gotas de jabón o champú líquido para bebé, y aceite esencial.

48. **Leña.** En donde vivimos hay tormentas invernales frecuentes que ocasionan que muchos árboles y ramas se caigan. Si estás dispuesto a cargar y transportar la madera, descubrirás que a la mayoría de la gente le encanta la idea de sacarla de su propiedad. Muchos saben que después de las tormentas el padre de nuestra amiga Ingrid se pone su gorra tejida de colores brillantes, sube a su camión y emprende la labor de recoger ramas caídas en las carreteras para que la gente pueda circular. De esta manera mantiene su hogar caliente y ayuda a despejar los caminos de los restos que dejan las tormentas.

49. **Globos.** Los globos vuelan, en serio. Si los dejas irse con todo y el cordón que los acompaña, terminarán en un árbol o en el mar. El cordón se enredará alrededor de algunas algas y tal vez estrangule a una foca o tortuga marina. En lugar de usar globos para tus eventos, prueba los banderines de colores. Los banderines pueden reutilizarse y se fabrican con trozos de tela para que no salgan volando con el viento

y se conviertan en basura o en un objeto peligroso. Nosotros elaboramos los nuestros con restos de tela y cinta bies, pero si usas algo de pegamento de telas en el centro de la cinta, ni siquiera necesitarás coserlos.

HAZ TUS PROPIOS BANDERINES FESTIVOS DE TELA

- Recolecta algo de tela. Para que sean más atractivos visualmente, elige una variedad agradable de colores y estampados. Puedes usar sábanas viejas o manteles manchados, puedes pedirle retazos de tela a alguna amiga que borde colchas o que sea costurera, y también puedes usar ropa vieja que ya no sea reutilizable pero que merezca un final más digno.
- Consigue cinta bies extra ancha con doble pliegue; unos 2.80 metros por banderín. En internet también puedes encontrar instrucciones para fabricar tu propia cinta.
- Si no quieres coser los banderines vas a necesitar un poco de pegamento para manualidades o tela.
- Diseña un patrón. Puede ser un semicírculo, el lado plano deberá tener unos 23 centímetros de ancho, por unos 17 de altura. Este tamaño funciona bien con los 2.80 metros de bies. Deja suficiente bies en los extremos para añadir cordón para colgar el banderín o para fijarlo con tachuelas. Algunas personas prefieren el clásico banderín con triángulos, otras prefieren rectángulos que cuelguen del lado más corto, y hay quienes prefieren mezclar las formas. ¡Elige tu favorita!
- Plancha las telas, luego dibuja el patrón en ellas. Usa tijeras con bordes dentados para cortar los banderines.

- Decide cómo quieres arreglar las telas, abre la cinta bies y empieza a unir y colocar la tela en su lugar con el pegamento, retazo por retazo. Alinea la parte recta de las piezas de tela con la ranura interior de la cinta bies. Antes de colocar la tela en ella, pon unas gotitas de pegamento en la base de la cinta y otras más en la parte superior de la tela, y dobla el extremo superior del bies hacia abajo y aplánalo sobre la tela. Pasa tus dedos sobre el área en la que acabas de aplicar el pegamento, presiona para pegar bien todo, y luego pasa al siguiente retazo. Antes de empezar a pegar, vale la pena extender todo para que puedas centrar bien la tela y dejar un poco de bies libre en ambos extremos. Cuando estés pegando, ajusta los retazos de tela hacia arriba para que los bordes sólo se toquen, y luego deja el banderín completo sobre una superficie donde pueda secarse.
- Ahora ya tienes banderines de tela que pueden pegarse o colgarse con tachuelas en interiores y en exteriores. Tendrás decoraciones festivas por años. Si prefieres lavarlos en lavadora, no uses pegamento, cose todo. Nosotras, sin embargo, hemos decorado fiestas durante años sin tener que lavar los banderines elaborados con pegamento, y hasta la fecha no se han desarmado, ni siquiera cuando se han quedado toda la noche en el jardín, mojados por la lluvia.

50. **Prensa de ajo.** Olvídate de los artefactos de cocina y mejor usa una piedra en forma de pilón de mortero. Liesl lleva 15 años moliendo con piedra. En Nepal, sus amigos usan dos piedras en sus cocinas, una plana que sirve como tabla para colocar ajo, chiles secos, granos o especias enteros, y una cilíndrica para machacarlos. La próxima vez que veas una piedra en forma de pilón en el bosque, en tu jardín o en la ribera de algún río o arroyo, considera usarla como prensa de ajo. Piensa como en la era de las cavernas, no en la de los consorcios como Crate & Barrel. Basta con un buen golpe para pelar un ajo, y con uno más quedará machacado. Es muy sencillo.

HAZ DE CADA DÍA UNA OCASIÓN ESPECIAL

¿Tienes tesoros guardados para "ocasiones especiales"? ¿Con qué frecuencia los usas? Eso imaginamos. Llegó la hora de sacar esos lindos objetos de la bodega. La vida es demasiado corta para no consentirse, y sí, ¡lo vales!

A medida que los padres de los *baby boomers* fallecen, sus pertenencias se redistribuyen entre las familias, y de pronto muchos recibimos una vajilla de buena porcelana e inmediatamente sentimos la obligación de almacenarla en algún lugar. Nos da tanto miedo perder o dañar nuestros objetos bonitos que nos perdemos el verdadero gozo de aprovecharlos. ¿Por qué? Liesl lleva años usando la mejor porcelana de su bisabuela a pesar de que tiene niños en edad escolar; incluso la saca para las comidas más elementales. Los platos puedes meterlos al lavaplatos, así que realmente no hay razón para no usarlos. Y pues sí, hace más o menos un año se rompió uno, pero luego alguien pegó las piezas y ya. Se ve casi nuevo y ahora tiene una nueva personalidad.

Natalya Peskin, de Redmond, Washington, escribe acerca de lo triste que es no usar los artículos que heredamos: "En varias ocasiones tuve la misión de revisar los objetos de miembros de la familia fallecidos. Lo más difícil fue ver esos 'objetos especiales' que permanecieron guardados en algún lugar. Entre lo que más me entristeció había unas copas que mi suegra tenía en exhibición, pero que nunca usó. Se las había regalado su propia suegra, quien también las exhibía, pero no las sacaba. Había unos lindos platos alemanes e ingleses, pero cuando los visitábamos, mis suegros solían servir la comida en viejos platos de plástico comprados en una venta de garaje".

Busca los objetos especiales que sólo están acumulando polvo en tus gabinetes y armarios, ¡y empieza a disfrutarlos hoy mismo!

- **Ropa.** Deja de guardar tu ropa linda para ocasiones especiales. Si algo te hace sentir genial, sólo úsalo para una reunión, para el trabajo, o en una cena con amigos. Si empiezas a usar tu ropa buena, ya no necesitarás tanto las prendas de menor calidad.

- **Joyas.** Ponte ese brazalete que no has usado en años o los aretes que tienes escondidos para que no se pierdan. Si no los usas, no pueden darte alegría. Si de pronto te das cuenta de que jamás te pondrás las joyas que has estado almacenando, aprovecha el momento y dáselas a alguien que ames. Mejor ahora que nunca. Cuando esa persona especial se ponga lo que le regalaste, siempre pensará en ti.

- **Maquillaje/perfume/artículos de baño.** Organiza hoy un día de spa. Liesl tenía un poco de aceite de menta para pies que había estado guardando para el día que pudiera tomarse un tiempo y descansar… desde hace 16 años que dio a luz a su hijo. Ahí estaba el aceite en el gabinete de su baño, había acompañado a la familia en tres mudanzas y en sus andanzas por todo el país. ¡Liesl se dio cuenta de que había llegado el momento de usarlo finalmente! Aprovecha el aceite de baño, las burbujas para la tina, tu crema exfoliante, el incienso y tu mejor perfume porque son cosas que no se ponen mejor con el paso de los años.

- **Alimentos.** Llegó la hora de revisar la alacena y sacar las cosas que llevan tiempo ahí esperando una ocasión especial. Úsalas y sácales el mayor provecho ahora, antes de que expiren y tengas que regalárselas a alguien para que alimente a sus pollos.
- **Floreros.** ¡No dejes que tus floreros se queden inutilizados en un gabinete! Sácalos para exhibir tu colección de vidrios de la playa o de cantos rodantes, lo que encuentras en los bolsillos de la ropa de tu familia los días cuando haces la lavandería (así tendrás una interesante cápsula del tiempo visual), plumas, ramitas, canicas, todas las monedas que te ahorras con el proyecto Buy Nothing… y por supuesto, flores.
- **Velas.** Las velas pueden transformar una cena entre semana en un suceso especial. No guardes esas velas de tallo largo para una ocasión que tal vez nunca se presente, enciéndelas ahora y, cuando se te acaben, fabrica otras o pide algunas en tu grupo de compartición.
- **Copas de vino.** ¡Saca el cristal! No guardes tus copas para las cenas elegantes que quizá organices algún día lejano. Bebe tu vino caro, kombucha o agua gasificada en copas bonitas sólo por el gusto de sentirte elegante y sofisticado.

Los hijos de Rebecca crecieron bebiendo agua en unas extravagantes copas que ella consiguió gratuitamente gracias al proyecto Buy Nothing, y sólo rompieron una porque los objetos especiales nos motivan a manipularlos con cuidado y duran más de lo que podrías imaginar.

- **Cubertería de plata.** Si tienes la suerte de contar con un juego de cubiertos de plata, ¡úsalo! No dejes que se quede almacenado y se manche con el tiempo. Usa los cubiertos en por lo menos una cena a la semana o sé más radical, ¡y úsalos todos los días! Es una tontería tener algo especial guardado en una caja y no disfrutarlo nunca.
- **Diarios.** ¿Compraste varios diarios hermosos e inspiradores y terminaste almacenándolos durante años en una repisa porque aún te faltan las palabras perfectas para llenarlos? ¡Sólo escribe! También puedes aprovecharlos para listas diarias, tareas pendientes y notas diversas.
- **Blancos.** ¿Estás almacenando tus mejores almohadas, sábanas, colchas, edredones o servilletas de tela para esa rara ocasión en que tu tía Eustaquia venga a visitarte? ¡Usa lo mejor que tengas para ti mismo! No guardes los objetos para una persona o un momento especial, ¡porque esa persona eres tú y el momento es ahora!

Sólo lo mejor para ti desde este instante.

TE INVITAMOS A REUTILIZAR Y RECHAZAR

Tenemos tres desafíos de reutilización y rechazo para ti.

Primero, rechaza: elige cinco artículos de la lista de 50 cosas que nunca compramos. Deben ser aquellos que puedas negarte a comprar sin que eso te provoque dificultades o molestias. No tiene que ser una tarea abrumadora. Rechazar una compra debería simplificar tu vida y mejorar tu estado de ánimo y tu presupuesto, no provocarte sufrimiento. Comienza con los artículos que cumplan con estas características. Una vez que hayas eliminado los primeros cinco de tu lista de compras de costumbre, añade cinco más. Agrega tus propias ideas a la lista y compártelas en el foro de discusión de buynothinggeteverything.com.

Luego, reutiliza: guarda por un día todos los SUD (productos desechables de un solo uso): todos los empaques de productos y artículos de papel que usualmente tirarías a la basura o al bote del reciclaje. No te preocupes, no tendrás que conservarlos por siempre, sólo queremos que busques tres artículos que puedas reutilizar. Algunas de las opciones cotidianas son los frascos y botellas de vidrio y plástico; bolsas de papel y plástico; palillos chinos, tenedores y cucharas de la comida para llevar; tarjetas de felicitación; correo basura, y los papeles de trabajo no confidenciales. Incluso cuando ya estás trabajando activamente para rechazar los SUD, éstos encuentran la manera de regresar a tu vida. Rebélate contra el sistema y reutiliza estos productos. En la parte trasera de una hoja de correspondencia basura anota tu lista de compras, escribe una entrada de tu diario o la orden del día de una reunión; usa los palillos chinos del almuerzo para enderezar esa planta que tienes en casa y que está debilitándose; aprovecha esa bolsa de papel en tiras para amortiguar los paquetes de botanas en la caja que le enviarás a la universidad a tu sobrina. Incluso puedes convertir este reto en una donación improvisada: toma una botella de kombucha vacía y llénala con agua fresca, coloca una sola flor hermosa en ella y déjala en el escritorio de algún compañero o compañera de trabajo, nada más por el placer de regalar un poco de belleza.

Por último, haz correr la voz. Para aprovechar todo el poder transformativo que el rechazo y la reutilización pueden tener en nosotros y en el planeta, necesitamos celebrar y dar a conocer tus nuevas costumbres y tu capacidad de explotar los objetos como lo hacía MacGyver. Puedes, por ejemplo, compartir una foto de tu logro favorito de rechazo o reutilización y pedirles a tus amigos que también compartan los suyos. Hazlo en nuestro foro de discusión de buynothinggeteverything.com, o en persona; escribe al respecto en los márgenes de este libro y luego compártelo con otros, o añádelo a la orden del día que tengas para alguna reunión y usa la información para romper el hielo; haz que tu logro sea parte de tu vida en la manera que más te convenga. Hemos constatado que, una vez que se siente con libertad de hablar al respecto, a la gente le parece fascinante abordar la posibilidad de rechazar y reutilizar.

Paso 4: Reflexionar

Cuando decimos "no comprar nada" o usamos la frase *Buy Nothing*, no estamos sugiriéndote que te prives de las cosas que amas o necesitas. En este paso vamos a pedirte que hagas una pausa y que reflexiones antes de comprar. Esta etapa es clave para cultivar la mentalidad que te permitirá dejar de comprar y que se concretará a través de tus acciones. Antes de comprar cualquier artículo hazte esta sencilla pregunta: ¿hay otra manera de satisfacer esta necesidad o deseo, o en verdad debo comprar esto? Habrá veces en que, efectivamente, tendrás que comprar algo, ¡pero hay muchas otras opciones!

Aquí es donde la jerarquía para comprar algo o no se convertirá en una herramienta indispensable. Todas las opciones Buy Nothing tienen el mismo valor, y todas son útiles en su propio espacio y lugar. Éstas son algunas: arréglatelas sin comprar ese objeto. Encuentra una alternativa entre las cosas que ya tienes. Fabrícalo. Pídelo prestado. Pide uno usado. Pide uno nuevo. Réntalo. Cómpralo de segunda mano. Compra una versión reutilizable, durable o multiusos. Dentro de poco, elegir la alternativa se convertirá en un reflejo, y tus respuestas variarán con base en todo tipo de circunstancias. ¡Será genial!

Cada vez que elegimos darle uso a un artículo que ya circula entre la gente logramos que deje de producirse y distribuirse un artículo nuevo, junto con la explotación de los recursos no renovables y el daño adicional por la contaminación que eso implica. Asimismo, cada año hay más opciones disponibles porque, además de los miles de grupos de economías de compartición locales que tienen las manos repletas de objetos nuevos y usados, también hay opciones para rentar todo, desde ropa hasta muebles, así como muchos mercados internacionales de objetos de segunda mano en internet. Cuando llegas a la conclusión de que realmente necesitas comprar un "lo que sea" nuevo, harás una compra bien pensada que seguramente no te causará remordimiento. A nosotras nos gusta pensar que Buy Nothing es un verbo, un llamado a la acción, un estilo de vida que te muestra que, si observas con atención y te esfuerzas un poco, encontrarás justamente lo que querías comprar en un principio. La abundancia en verdad nos rodea.

Te sorprendería saber cuánto podrías conseguir sin tener que entrar a una tienda, pero antes de decírtelo tenemos que darte una noticia buena y una mala. La mala es que hemos llegado al punto en que hay demasiados objetos durables en el medio ambiente, y que muchísimos de ellos están atrapados en vertederos o en centros de reciclaje. La buena es que hay tantos, que basta con pedir o buscar para encontrar cuanto necesitas. Además de las redes de compartición en las que, como ya mencionamos, pueden conseguirse muchos objetos, también es posible obtener bolígrafos, bandas para el cabello, ligas, lápices y clips en todos lados: en los estacionamientos, afuera de las escuelas, en las calles y en las banquetas. Actualmente nuestra tierra no sólo nos provee comida y refugio, también nos ofrece artículos modernos de oficina y muchas cosas más. Tus hijos serán los primeros en decirte que comprar de esta manera es mucho más divertido que ir a la tienda porque es como una cacería del tesoro gratuita acompañada de la emoción y la adrenalina de encontrar algo. Comprendemos que algunos padres no querrán seguir la tendencia de que sus hijos anden recogiendo artículos de oficina en los estacionamientos, pero ésta no es la única manera de rehusarse a comprar algo.

Nosotras podemos pasar por lo menos un año sin comprar una sola prenda nueva porque, a través de las "listas en cadena" y de reuniones para "compartir prendas", nuestras redes nos proveen más ropa de la que incluso necesitamos. Las listas en cadena son redes de compartición que inician cuando una persona limpia su armario, guarda lo que ya no quiere en una caja (ropa que ya no le queda o que nunca usa) y se la pasa a la siguiente persona de la lista. La caja viaja a través de todas las personas incluidas, y cada nuevo anfitrión la recibe, saca de ella lo que le gusta y sirve, y añade lo que sacó de su propio armario y ya no va a aprovechar. Estas listas en cadena también son increíbles para artículos de cocina, herramientas de jardinería, animales de peluche, juguetes para niños pequeños, e incluso para artículos de baño, pero son mucho más efectivas en el caso de la compartición de prendas.

Para quienes trabajan en ambientes corporativos las listas en cadena pueden resultar increíblemente útiles porque ayudan a variar el guardarropa sin gastar demasiado en prendas de baja calidad. En muchos casos el empleo de estas personas depende de su apariencia. Reconocemos que para las mujeres que están tratando de ascender en el escalafón profesional comprarse ese primer traje o coordinado especial es un importante rito de iniciación. Pero cuando además encuentras estos elementos fundamentales del guardarropa a través de un intercambio, no sólo obtienes prendas que te quedan y te hacen ver bien, también puedes continuar ascendiendo en el trabajo sin tener que recurrir a un salario ganado con tanto esfuerzo. El intercambio de ropa también trae consigo el valor adicional de los buenos deseos de las mujeres que participan en él y la oportunidad de trabajar en red con ellas.

Así pues, no se trata de *no tener* cosas nuevas, sino de *no comprarlas*. Nosotras obtenemos lo que queremos a través de las redes de compartición. Creemos que es posible sentir el mismo nivel de emoción si adquieres gratuitamente algo que ya fue usado que si lo compras nuevo. También existe el argumento de que incluso puede sentir más alegría por haber aprovechado una gran ganga (¡atención cazadores de ofertas y descuentos!). Nos damos cuenta de que para los verdaderos compradores compulsivos esto podría sonar como una forma de tortura, pero antes de que te dé un ataque de pánico continúa leyendo.

LA EMOCIÓN DE COMPRAR

Sabemos que a algunas personas simplemente les encanta la experiencia total de comprar. Tal vez tú seas una de ellas. Es posible que compres por lo menos una prenda a la semana, que recorras las tiendas para encontrar la oferta perfecta o que te quedes en casa y compres tranquilamente con la ventaja de adquirir tu guardarropa en internet. En un artículo que se publicó en *The Atlantic* sobre la manera en que estamos acumulando montañas de prendas se señala que American Apparel y la Footwear Association establecieron que en 2017 los estadounidenses gastaron en ropa 971.87 dólares en promedio por persona, y que cada uno compró alrededor de 60 prendas, es decir, 20% más que en el año 2000.[56] Asimismo, según *The Great British Wardrobe Report*, el británico promedio gasta anualmente cerca de 1 042 libras en ropa nueva y zapatos.[57]

Es innegable que a muchos nos emociona comprar objetos nuevos porque al adquirir las cosas que queremos o necesitamos se siente bien. Comprar puede dar muchas alegrías: la sensación de buscar y encontrar tesoros ocultos sólo para nosotros; el poder y la seguridad de proveerle lo necesario a nuestra familia; la emoción de encontrar el regalo perfecto para un ser amado; el orgullo que da comprar lo que necesitamos para triunfar en nuestro trabajo, cosas como la ropa adecuada y los símbolos de poder y competencia. Esa agradable sensación que experimentas cuando encuentras el vestido veraniego perfecto no es producto de tu imaginación: todas las compras que hacemos y la emoción que sentimos cada vez que anticipamos la recompensa de poseer algo nuevo disparan una descarga de dopamina en nuestro cuerpo. Por otra parte, nuestros hábitos en línea facilitan muchísimo comprar y también nos vuelven más vulnerables ante la publicidad personalizada, es decir, esos anuncios que te siguen por todos lados en las redes sociales y en Google, y que fueron diseñados pensando en ti. Sin embargo, a nosotras nos parece haber visto en acción exactamente este mismo ciclo de dopamina en cada una de las personas que participan en una economía de compartición. Lo importante no es la compra, el verdadero impacto viene de la anticipación de la recompensa, del tesoro. Cuando recibimos esa recompensa de manera gratuita a través de un amigo o vecino, también recibimos beneficios con los que las compras no pueden competir.

Otra cosa que es importante recordar es el lado opuesto de la descarga de dopamina: esa sensación de desencanto que nos embarga en cuanto llevamos nuestros artículos nuevos a casa.

Muy a menudo esa compra obligada —los zapatos, el florero o la mesa que sabíamos que iba a hacer nuestro hogar perfecto, esa prenda que necesitábamos para ser felices, sentirnos seguros, especiales, poderosos o amados— pierde su fulgor en cuanto la poseemos. Después de algún tiempo de tenerla en casa, la base para velas o el espejo decorativo pierden su novedad especial porque de pronto te das cuenta de que no tienen los poderes mágicos que creías. Todavía no transforman tu vida ni tu espacio, son sólo una cosa más que ocupa espacio en el clóset o en tu sala.

En estos casos, las economías de compartición se vuelven más importantes que nunca. Cuando llevamos a cabo un intercambio de prendas con amigos para renovar nuestro guardarropa, o cuando un vecino nos regala utensilios de cocina, ornamentos para la casa o libros nuevos, no sólo recibimos cosas que para nosotros son nuevas, *también* establecemos conexiones humanas. Incluso si damos y recibimos objetos sin vernos en persona, incluso si sólo pasamos rápidamente a recoger o dejar los objetos a un pórtico o en el área de recepción de una oficina, el hecho de habernos puesto en contacto con otros y de satisfacer necesidades tiene una dimensión profunda que las compras rara vez pueden igualar. Cada transacción genera un nuevo vínculo en una red de interconexión que nos hace sentir más seguros, más vistos, escuchados y valorados en el mundo real. Nosotras creemos que ésta es la magia que muchos estamos buscando. Retacamos los carritos de compras para llenar un vacío, producto de nuestra desconexión. Básicamente estamos comprando el producto incorrecto en el lugar incorrecto. Podemos seguir siendo maximalistas porque no hay necesidad de vivir sin las cosas que queremos o necesitamos, pero el hecho de no comprar nada te permite satisfacer una necesidad más profunda que, cuando adquieres algo como de costumbre, no puedes atender.

¿Y qué hay de quienes en realidad sólo adoramos comprar o "querer" algo y siempre encontramos la excusa para adquirirlo? Tal vez para ti sólo se trate de la emoción de la caza. Te encanta el desafío de buscar, encontrar, conquistar y reunir lo que tu familia "necesita" en un momento dado, o quizá te emociona la idea de descubrir que el artículo que quieres está en oferta y de poder adquirirlo por la menor cantidad de dinero posible. Gracias a muchos estudios que se han realizado sabemos que la dopamina se dispara cuando tenemos la expectativa de comprar algo nuevo, pero también hemos sido testigos de la emoción pura que siente la gente cuando recibe gratuitamente las cosas que busca gracias a personas reales que viven cerca. Entonces hagamos una pausa y analicemos profundamente nuestros "deseos", las cosas que anhelamos comprar y las razones detrás de todo ello. Lo que descubras podría sorprenderte.

PASO 4: REFLEXIONAR

Esperamos que para este momento ya hayas adoptado las acciones de dar, pedir, reutilizar y rechazar. Llegó la hora de reflexionar. Todos tenemos una relación complicada con nuestros objetos, y es por ello que cada paso del proyecto Buy Nothing tiene una manera distinta de ayudarnos a aclarar esta complejidad. La reflexión puede resultar uno de los pasos más sorprendentes y reveladores en tu travesía a no comprar nada.

Muchos no tenemos la capacidad financiera de priorizar los deseos por encima de las necesidades porque enfocamos nuestro bajo poder adquisitivo en lo que de verdad nos hace falta en la vida. A los lectores en esta situación, el proyecto Buy Nothing puede ofrecerles seguridad y una nueva sensación de respeto, tanto al recibir las cosas que necesitan o quieren pero que nunca pueden comprar, como cuando tengan la oportunidad de dar a otros en una situación igualitaria.

Algunos nos sentimos tan abrumados por las exigencias respecto a nuestro tiempo y energía que terminamos comprando cosas cada vez que nos es posible porque nos parece la manera más sencilla de cumplir con las responsabilidades que tenemos con nuestros hijos, cónyuges, familiares, colegas y amigos. Si en el trayecto en tren al trabajo te detienes a comprar los goggles para las clases de natación, podrás tachar un objeto más de tu interminable lista de pendientes antes de que el día siquiera comience. Para los compradores de conveniencia como éstos, no adquirir nada puede ayudarles a modificar sus hábitos y a duplicar o triplicar la capacidad de servicio de sus objetos a través de la reutilización y la compartición. De esta manera también disminuye la cantidad de artículos que se necesitan comprar, despachar, desechar, volver a comprar, etcétera. Pedir unos goggles en tu economía de compartición sólo toma unos segundos.

Muchos también compramos para llenar los vacíos de nuestra vida, para recordarnos que somos hermosos, inteligentes, dignos de tener amistades y recibir atención, que podemos servir a otros, y que somos suficientemente buenos por nosotros mismos para merecer una vida plena y gozosa. Para la gente en estos casos, no comprar nada puede transformar su interacción con las cosas viejas y convertirla en nuevas amistades, en redes sociales y de apoyo, en entretenimiento, y en una oportunidad de ejercitar la generosidad nata y así construir una comunidad en la que disfrute vivir.

Independientemente de las historias de tus pertenencias y de lo que tus pertenencias representen para ti, no comprar nada te ofrece muchas oportunidades de aprender sobre ti mismo y de aumentar tu felicidad en el marco de tu relación con tus objetos y contigo mismo. Sabemos que esto podría parecer un estándar doble, pero por favor ten paciencia: queremos que pidas todo lo que tu corazón desee, y que analices lo que hay en el fondo de ese deseo de obtener más y más objetos. Todos tenemos necesidades conscientes y deseos, y también tenemos necesidades inconscientes y ocultas que nos hacen creer que "nos hacen falta" muchas cosas. Al exponer esa parte oculta de nosotros mismos podemos asumir el control de la acumulación y dejar ir los objetos.

Tal vez formar parte de una economía de compartición te parece caótico o te hace sentir que perderás el tiempo, y por eso prefieres seguir comprando cosas. Obtener lo que necesitamos de una manera eficiente es importante porque la gente está muy ocupada trabajando, y una economía de compartición enfocada en los vínculos humanos puede parecer a primera vista mucho menos eficiente que las economías de mercado centradas en el consumo. Y eso no lo ponemos en discusión porque, efectivamente, mientras estés en el proceso de establecer una red de compartición a tu alrededor, te tomará más tiempo conseguir los artículos que necesitas que si sólo los compraras instantáneamente en internet. Sin embargo, nosotras hemos visto de primera mano y en incontables ocasiones que, una vez que se han establecido y se encuentran activas, las economías de compartición pueden satisfacer las necesidades y deseos con prontitud. A menudo vemos que alguien pide algo lo recibe y lo recoge en menos de una hora, o esa misma tarde o por la noche, lo cual supera a las entregas al día siguiente o a los viajes al centro comercial más cercano. Establecer este tipo de redes te exige una inversión inicial de tiempo, así como disposición a dar y pedir. Ahora queremos animarte a que te des un momento para identificar, entre las acciones que proponemos en este libro, aquellas que te resulten sencillas y agradables. De esa manera podrás empezar a formar vínculos sólidos todos los días y a tu propio ritmo.

Todos conocemos el viejo dicho: "Uno obtiene lo que paga", pero en Buy Nothing tenemos nuestra propia versión: "Uno obtiene lo que le da la comunidad en la que uno invierte". No comprar nada nos brinda la oportunidad de hacer coincidir nuestros recursos con nuestros valores. Si estás involucrado en este proyecto para obtener objetos gratuitamente, es obvio que comprendes lo que queremos decir. Si lo que quieres es deshacerte de cosas que has acumulado, encontrarás gente dispuesta a recibirlas, así como nuevos amigos que estarán agradecidos contigo. Si te gustaría pasar menos tiempo transportándote a los centros comerciales o buscando artículos en los sitios de comercio electrónico, también podrás hacerlo. Por si fuera poco, además de cumplir todas estas metas tendrás un beneficio adicional, ya que no comprar nada ayuda a la construcción de un mundo más conectado y compasivo en el que disfrutarás mucho vivir. Ni siquiera tendrás que invertir dinero, sólo necesitarás tus cosas viejas, tus habilidades y algo de tiempo para pedir artículos antes de siquiera pensar en comprar. Estas inversiones te producirán todo tipo de rendimientos y recompensas. Al principio podría parecerte un sistema ineficaz porque tendrás que formarte nuevos hábitos de compartición en redes que son muy distintos a las compras, pero una vez que estos hábitos se conviertan en comportamientos naturales para ti y que comprar algo sea tu última opción en vez de un reflejo automático, descubrirás la eficiente manera en que puede funcionar una economía de compartición enfocada en el aspecto humano. A continuación te daremos solamente un ejemplo entre los millones de acciones posibles en el proyecto Buy Nothing. Lo hemos desglosado para ayudarte a pensar en cómo identificar tus propias inversiones y recompensas. De esta manera podrás centrar tus recursos y energía en los aspectos que más te beneficien.

Es la fiesta de cumpleaños de tu hija y, como le encantan los piratas, quieres organizar una fiesta temática de corsarios. En tu grupo de compartición publicas un aviso diciendo que para la fiesta de cumpleaños de una niña de ocho años necesitas un botín de piratas. Un vecino tuvo hace poco una fiesta de temática similar y pasa a dejarte a tu casa las espadas de cartón, bandas para la cabeza y los sombreros. Está feliz de deshacerse de los artículos. Otras personas tienen banderas piratas, disfraces y divertidos libros para leerse en voz alta. Alguien incluso ofrece hornear un pastel de piratas porque tiene un molde en forma de barco. ¡Listo! Tuviste que hacer un esfuerzo para solicitar las cosas y coordinar lo necesario para recoger y recibir los artículos, pero te ahorraste los viajes a distintas tiendas, así como el tiempo que habrías invertido en buscar productos en internet. Además, todos se divirtieron al participar y poner su granito de arena. Y tu niña, por supuesto, estuvo feliz de tener la fiesta de sus sueños, se sintió amada y, más allá de disfrutar del botín pirata, gozó de tu presencia libre de estrés.

¿Recuerdas el estudio de la Universidad de California en Los Ángeles que se hizo con 32 hogares estadounidenses de clase media y los objetos que ahí se encontraron? En todas las casas se detectó una cantidad tremenda de artículos, unos 300 000. Eran tantas cosas que las madres se sentían estresadas por la acumulación y se veían forzadas a almacenar los objetos en el nuevo cajón de porquerías de la sociedad: la cochera. Uno de los hallazgos más interesantes del estudio fue que, según los investigadores, como los espacios estaban retacados de objetos que se desbordaban de las casas, sólo 25% de las cocheras realmente se usaban para guardar automóviles. Muchos tenían repisas llenas de artículos comprados al mayoreo y empaquetados en cajas enormes: había suficiente blanqueador y papel higiénico como para medio año. Otros tenían el plan de vender más adelante sus recuerdos acumulados o usarlos en proyectos que nunca se materializaron, es decir, pensaban repararlos o renovarlos, pero no lo hicieron. Nosotras damos por hecho que en muchos hogares la gente sale y adquiere artículos que ya tiene almacenados en sus cocheras y áticos porque, sencillamente, es demasiado difícil encontrarlos o porque olvida que los compró. Si estas descripciones te resultan familiares y te hacen pensar en tu cochera, tal vez debas solicitar ayuda en tu grupo de compartición para administrar tus pertenencias. Estamos seguras de que encontrarás a alguien que es genial para organizar objetos y que, además, *adora* hacerlo.

Pedir en vez de comprar tiene otras ventajas. Cuando encuentres las palabras adecuadas para articular tu solicitud, tu cerebro iniciará de forma natural un proceso de reflexión respecto a si en verdad quieres o necesitas el artículo que pediste. Muy a menudo, el acto de formular una petición inspira a la gente y le ayuda a descubrir una alternativa inteligente que, de hecho, ya tiene a la mano. Y una vez que hayas decidido que sí, que en verdad quieres o necesitas ese algo nuevo, con frecuencia será más rápido y sencillo conseguirlo gratuitamente a través de un vecino o amigo que invirtiendo tiempo en internet o yendo en persona a comprarlo. El tiempo que inviertes en pedir y reflexionar, y en recoger los regalos en lugar de comprarlos, te dará ventajas evidentes (¡cosas gratis!, ¡nuevos amigos!), así como beneficios más profundos y menos tangibles que se irán revelando con el paso del tiempo.

Si nos damos tiempo de reflexionar y decidimos pedir en lugar de comprar, nos conectaremos más con las historias y las emociones ocultas en nuestros objetos. Así nos comprenderemos mejor a nosotros mismos y estaremos preparados para tomar decisiones más informadas y gozosas respecto a nuestras posesiones. Todo esto nos dará paz mental al momento de separarnos de los objetos, de pedir lo que queramos y necesitemos, y de compartir más.

EL VESTIDO TABÚ DE LIESL

Yo fui la más chica de una familia con cuatro hijos, así que todas mis cosas les pertenecieron a mis hermanos antes que a mí. Rara vez tuve algo que no hubiera usado alguien más o algún juguete con el que no haya jugado nadie. Lo que era mío en realidad era de ellos por definición, y como es clásico entre los hermanos, yo tenía prohibido tocar cualquier cosa que fuera de ellos.

Al llegar a la adolescencia empecé a codiciar un vestido rosa con lunares y corte como de los años veinte que le pertenecía a mi hermana mayor. Yo simplemente *adoraba* el vestido, y ella rara vez lo usaba. Un día de verano, cuando salió de la ciudad, abrí su armario y "lo tomé prestado" para salir con unos amigos. A pesar de que sentía que me veía perfecta con él e imaginaba que me hacía lucir tan inteligente y hermosa como mi hermana mayor, tenía tanto miedo de que me cacharan que la alegría de usarlo se esfumó y, de hecho, le hice una manchita sin querer. Pensé que mi hermana jamás lo notaría, pero un mes después, al escuchar su tono de voz cuando entró a mi habitación con el vestido entre las manos, supe que me había descubierto. Creo que jamás le había hecho algo tan terrible, en aquel tiempo me daba la impresión de que no me perdonaría nunca.

Esa experiencia cambió para siempre mi relación con los objetos y dejé de tenerles apego a las cosas. No sabía exactamente por qué, pero me sentía liberada. Podía prestarles y regalarles de todo corazón mis pertenencias a otras personas y establecí fuertes lazos con los amigos a los que les agradaba hacer intercambios y compartir lo que teníamos. Llegué tan lejos que presté mis pertenencias más preciadas y exploré los tensos límites entre aferrarse a algo y dejarlo ir. También comprendí de forma implícita que las cosas que compartía tal vez jamás regresarían a mí. Mi hermana consideraba que mi comportamiento era irresponsable y me acusaba de no cuidar mis pertenencias, y en parte tenía razón. Pero yo continué absorta en el placer que experimentaba al compartir, dejar ir los objetos y ver lo que eso provocaba en mis relaciones.

¿Eran "mis" cosas? ¿O eran objetos que podía disfrutar y que me servían para conectarme con otros incluso si al final los terminaba perdiendo? Para empezar, como yo era la hermana menor, mis cosas nunca fueron realmente mías, así que no sentía la necesidad de aferrarme a ellas. Regalar lo poco que sí me pertenecía, como un par de hermosos aretes comprados un verano en Córcega o vestidos confeccionados a mano por mí misma, fue difícil al principio, pero luego me relajé y empecé a apreciar lo feliz que era la amiga a la que le di esos objetos. Además, había muchísimos aretes en el mundo y yo siempre podría hacerme otro vestido. Aprendí que, entre más regalaba, más quería dar porque las sensaciones agradables son adictivas. Como en algún momento comprendí que la propiedad podía provocar enemistad y separación, también perfeccioné la práctica de despojar de toda su fuerza al hecho de poseer y codiciar. La tendencia a codiciar y acumular me provocaba ansiedad y me instaba a regalar aún más cosas.

Treinta y tantos años después, mi experimento sigue vivo. Los objetos de la vida diaria en mi hogar provienen de vecinos que nos hicieron llegar lo que les sobraba. Para mí es algo natural, los artículos que la gente cercana simplemente me pasa me acercan a ella de la misma manera que lo hacían las cosas que me "heredaban" mis hermanos. No me permitiría cambiar este hábito porque ahora mis propios regalos son la expresión de toda una vida de lecciones aprendidas sobre dejar ir lo material y encontrar la satisfacción pura, el azar gozoso y la alegría que me da compartir.

TE INVITAMOS A REFLEXIONAR

Cada vez que reflexionas tienes acceso a tus necesidades, deseos y ansiedades inconscientes, y puedes enfrentarlos de manera directa. ¿Qué es lo que impulsa esas compras cotidianas que con frecuencia realizas sin pensar? ¿Qué necesidad oculta hay detrás de lo que quieres? ¿Es soledad, aburrimiento, temor a la carencia, envidia, miedo a que te lastimen emocionalmente, baja autoestima o fatiga?

La próxima vez que te parezca que tienes que comprar algo, hazte las siguientes preguntas:

PREGUNTAS PARA ANTES DE COMPRAR ALGO

1. ¿Cuándo fue la primera vez que viste ese producto o artículo? ¿Lo deseaste y comenzaste a buscarlo o alguien te lo presentó a través de una campaña de mercadotecnia? ¿Todavía lo necesitas o lo quieres en este momento?

2. ¿Planeas cuidarlo durante el resto de su vida útil? Es decir, ¿planeas enviarlo a la tintorería/aspirarlo/lavarlo/aceitarlo/ etcétera? ¿Todavía lo necesitas o lo quieres en este momento?

3. ¿Crees que este artículo te volverá más sano, fuerte, atractivo o inteligente? ¿Hay opciones que no impliquen consumo y que también puedan ayudarte a sentirte así? ¿Es realmente probable que este producto te dé ese resultado? ¿Todavía lo necesitas o lo quieres en este momento?

4. ¿En dónde vas a almacenarlo? ¿Tienes suficiente espacio para él o se convertirá en un obstáculo para llegar a otros objetos a los que necesitas acceso? ¿Todavía lo necesitas o lo quieres en este momento?

5. ¿Puedes fabricar este artículo o hay algo que ya tengas y que te pueda servir para sustituirlo? ¿Todavía lo necesitas o lo quieres en este momento?

6. ¿Estás dispuesto a reparar este artículo cuando se descomponga o a pagar para que alguien más lo haga? ¿Todavía lo necesitas o lo quieres en este momento?

7. ¿Con este artículo vas a remplazar algo que ya tienes? ¿Cuál es el problema con el objeto original? ¿Lo puedes reparar, limpiar o actualizar? ¿Todavía necesitas o quieres el nuevo artículo en este momento?

8. ¿Puedes postergar la compra? ¿Por cuánto tiempo? ¿Un mes, un año? ¿Todavía lo necesitas o lo quieres en este momento?

9. ¿Realmente necesitas esto ahora o sólo lo quieres? Detrás de ese deseo ¿hay una necesidad oculta? Si la hay, ¿de qué se trata? ¿Hay otras opciones para satisfacer tu necesidad sin consumir algo nuevo? ¿Todavía lo necesitas o lo quieres en este momento?

10. Bien, ya contestaste todas las preguntas y hasta ahora la respuesta sigue siendo "sí, necesito este artículo o producto". ¿Existe una razón importante por la que necesitarías gastar dinero en él? Si un artículo gratuito te funcionara, ¿necesitarías conservarlo para siempre o podrías simplemente pedirlo prestado? ¿Hay alguna razón por la que el producto deba ser completamente nuevo y no haber sido usado antes? ¿Es una cuestión de seguridad? De ser así, ¿podrías solicitar uno nuevo a tu grupo de compartición local? Si te sirviera uno de segunda mano ¿podrías pedirlo? Hay cosas que necesitamos, pero incluso entonces, *necesitar* y *necesitar comprar* no tienen por qué ir forzosamente de la mano.

Antes de comprar ese siguiente objeto hazte estas preguntas y ve si puedes identificar la necesidad oculta detrás del deseo. Cosas como llevar un diario de tus pensamientos o hablar sobre las posibles soluciones con algún amigo o miembro de tu grupo de compartición podrían ayudarte. Te sorprendería ver lo mucho que puedes aprender sobre ti mismo a través de esta búsqueda en tu alma, y lo mucho que ayuda contar con una comunidad que te apoye mientras desarrollas este nuevo hábito del plan Buy Nothing.

Aquí hay otro ejercicio que te ayudará a identificar las necesidades ocultas que te instan a comprar. Este ejercicio es particularmente fuerte cuando lo realizas con un amigo o dos. Imagina que pudieras tener cualquier cosa, cualquiera que hayas querido y todo lo que necesitaras. Haz una lista, piensa *en grande* e incluye lo tangible y lo intangible. Luego deja tu lista, toma un descanso y regresa más tarde a ver lo que dice sobre los artículos y la vida que deseas. ¿Algunas de las cosas tangibles en ella están relacionadas con momentos de felicidad en tu vida? ¿Son símbolos personales de necesidades más elevadas y menos tangibles? ¿Hay artículos o habilidades que podrías pedir y que te ayudarían a conseguir las cosas intangibles de tu lista? ¿Necesitas más tiempo para ti, para estar con tu familia o amigos? ¿Necesitas más aventura, más seguridad, menos estrés? Cuando busques objetos para llevar a casa y para regalar, toma en cuenta lo que hayas aprendido respecto a ti mismo con este ejercicio.

Paso 5: Elaborar y reparar

La palabra *economía* viene de la antigua palabra griega que usó Aristóteles originalmente: *oikonomos*, que quiere decir "administración del hogar". En la mayoría de las sociedades premodernas la producción y el consumo sucedían en el hogar, y administrar una economía así significaba resguardar recursos para asegurarse de que se cubrieran las necesidades de todos. Esto se tradujo inmediatamente en un mayor bien para la comunidad, cuyo objetivo, por cierto, no era producir ganadores y perdedores, sino mantener su propio sano funcionamiento para que todos los integrantes conservaran: una buena vida.

Nosotras nos embarcamos en este proyecto porque nos sentíamos indefensas en medio de todo el *marketing* que encontrábamos: en nuestros hogares, en internet y cada vez que entrábamos a un supermercado o tienda en nuestros pueblos y ciudades. La publicidad promueve una cultura de competencia en la que hay ganadores y perdedores a costa de todos los demás. Los anuncios suelen manipular tus miedos y hacerte imaginar un mundo de escasez en lugar de uno de abundancia: "Venga y cómprelo, existencias limitadas". Cuando vimos el resultado de todo este consumo

—los desperdicios que llegaban con las olas a nuestras hermosas playas— nos enojamos, pero decidimos transformar el coraje y la rabia en el poder de controlar lo que comprábamos y llevábamos a nuestros hogares. Y así dejamos de sentirnos indefensas.

En muchos países, Estados Unidos entre ellos, unas cuantas personas controlan la gran mayoría de la riqueza, lo que significa que nosotros, el resto, sólo ganamos lo que sobra. En nuestro país, por ejemplo, el 1% en la cima controla más riqueza que toda la clase media.[58] Los artículos de plástico fabricados en masa suelen ser para las clases media y baja; son productos baratos que se fabrican en una escala colosal para que los consuman quienes sólo pueden pagar lo menos caro, y están hechos para deteriorarse. Muchos compramos productos baratos para cuidar del presupuesto y porque nos da miedo no sobrevivir sin ellos, pero son cosas que sólo pueden usarse unas cuantas veces. Nos dicen que nos facilitan la vida, pero entre más los usamos más ensuciamos nuestro medio ambiente. Llenamos los vertederos con esos productos, contaminamos las aguas, quemamos más combustibles fósiles para fabricarlos y calentamos el clima. Estos productos no necesariamente nos facilitan la vida: tenemos que comprarlos, manejarlos y luego ver qué hacemos con ellos cuando, de forma inevitable, se rompen.

Imagina el impacto en nuestro gasto y en el ambiente si compartiéramos más y si en lugar de comprar lo que necesitáramos lo fabricáramos nosotros mismos.

SÉ PRODUCTOR, NO CONSUMIDOR

Los *millennials* han traído de vuelta una antigua forma de vida y le han dado un nombre distinto: cultura del fabricante. La cultura del fabricante valora la capacidad de reparar artículos viejos y usados, y de armar nuevos productos a partir de insumos existentes. Este arte perdido les era familiar a muchos de nuestros antepasados de no demasiadas generaciones atrás, y para el estilo de vida Buy Nothing también resulta esencial porque le imbuye al desafío una irresistible dosis de creatividad.

Si amas hacer algo, es muy difícil ponerle un precio a lo que produces, y por eso la mayoría de la gente no puede cobrar por hacer lo que realmente le gusta. Una encuesta organizada recientemente por el fundador de LinkedIn muestra que sólo 46% de los *baby boomers*, entre 16 y 31% de los miembros de la Generación X, y nada más 12% de los *millennials*, trabajan en "lo que siempre soñaron".[59] El proyecto Buy Nothing es la razón perfecta para liberar a ese artesano que vive en ti y que puede cocinar pasteles, tejer, hacer manualidades, pintar, diseñar sistemas de ingeniería, reparar instalaciones eléctricas y componer automóviles. Hemos visto a mucha gente de todas las edades compartir sus talentos ocultos con las otras personas de sus redes de compartición. Como no se ofrece una compensación, los voluntarios se relajan, y eso parece estimular la creatividad y la innovación.

Nuestra amiga Myra Zocher tiene talento para la panadería. Su pan de masa fermentada preparada a mano y con semillas es delicioso. En los primeros días de nuestra economía de compartición local Myra solía hornear pan para la comunidad y regalaba grandes hogazas con semillas espolvoreadas y horneadas ligeramente sobre la corteza, como pan tipo bagel para todo uso. Un día, Liesl filmó el proceso de horneado y regresó a casa asombrada por el amor y el cuidado que Myra ponía en cada hogaza. Gracias a la abrumadora retroalimentación positiva que recibió de todos nosotros, Myra abrió una panadería que ahora es muy exitosa: A Woman Sconed. No temas compartir tus dones y perseguir tus sueños porque, si no compartes tu arte, talentos o productos hechos a mano, no sentirás la gratitud que el mundo querrá mostrarte por ser quien eres. Si no los compartes, tal vez nunca descubrirás tus verdaderos dones.

Pregúntate en qué eres bueno. ¿Coses, tejes, eres genial para dar masajes, confeccionas edredones, horneas, haces trabajo de jardinería o simplemente sabes escuchar a la gente? Haz lo que amas. Deja de consumir cosas que sería preferible fabricar que comprar. Sólo niégate a ser un consumidor de artículos fabricados en masa y, aun mejor, fabrica una enorme cantidad de tus mejores productos: así tendrás suficientes para dar y la gente los disfrutará sin tener que comprar nada tampoco.

PASO 5: ELABORAR

¿Qué te encanta hacer o crear? ¿Qué cosa has estado comprando, pero más bien podrías fabricar tú mismo? Llegó la hora de pensar en lo que te apasiona. ¿Qué tipo de actividad puedes hacer por puro placer, pero te da como resultado algo bonito que puedes guardar en casa o regalarles a tus amigos? Todos nos sentimos ocupados y repletos de tareas, pero si te tomas tiempo para crear nada más por el gusto de hacerlo, las recompensas te llegarán de formas que ni siquiera imaginas. Si no se te ocurre qué "producir", explora artículos que sean nuevos para ti, pero que puedas fabricar con objetos que te sobren o que ya tengas disponibles. ¡Experimenta!

Si te gusta mucho cocinar u hornear, empieza por preparar una buena cantidad de tus comidas o postres preferidos. Congélalos o regálalos. Una comida hecha en casa puede ser un regalo muy oportuno para alguien que se acaba de mudar a su nueva casa o que tiene un recién nacido, ¡pero también puedes regalarla sólo por el placer de hacerlo! Algunas personas se inclinan más por el arte, así que lo tuyo podría ser crear hermosas piedras de mosaico con piezas de cerámica rotas para decorar el suelo, rocas pintadas para el jardín o coloridos tapetes para baño fabricados con trapos. ¡Hay tanto que podemos hacer y compartir gracias a los objetos que poseemos en exceso! Revisa los objetos que te llegan con frecuencia y crea algo con ellos.

Cleo, la hija de Liesl, tiene facilidad para la jardinería. Sus plantas suculentas crecen generosamente, se desbordan del jardín y llegan hasta el acceso de los automóviles, donde les gusta plantarse también. Inspirada por unos lindos maceteros que vio en la guardería local —plantas tipo sedum arregladas caprichosamente en cuencos de cerámica, cajas de madera, zapatos e incluso botas de niños—, empezó a crear sus propios arreglos botánicos. Cuando tiene algo de tiempo recolecta plantas sedum y de otras variedades, y las planta en todo tipo de objetos que encuentra en casa como tazas de té. Luego las regala. Estos obsequios son un testimonio vivo de las cosas que podemos hacer con creatividad y los objetos que nos sobran. Una amiga nuestra siempre prepara más salsa de espagueti de la que necesita, y la regala. Otra más les pide a sus amigos que guarden sus dispensadores de detergente líquido para la lavadora. Cuando a ella se le acaba el detergente, prepara una buena cantidad con su receta especial y les regala porciones que ellos recogen en los dispensadores que guardaron. ¡Toda la gente adora las cosas hechas en casa!

No creas que tienes que salir a gastar una fuerte cantidad de dinero en una tienda de manualidades, recuerda que se trata de no comprar nada. Parte de la diversión consiste en conseguir los materiales en tu localidad, idealmente entre artículos que encuentres o que alguien te regale. Te sorprendería ver lo abundantes que pueden ser estos materiales en crudo cuando te pones a pensar con creatividad. Esto le da un nuevo propósito al material que de otra manera terminaría en vertederos, y también mantiene los costos bajos. Si en tu jardín tienes ciruelos o si los encuentras en un parque local donde nadie recoge sus frutos, puedes preparar mermeladas de ciruela para regalar. Tal vez tengas un amigo carpintero que siempre esté tratando de deshacerse de la viruta. Recuerda que la viruta puede convertirse en la base de algunos objetos que quizá te gustaría fabricar, como casas para pájaros o cajitas que puedan usarse como maceteros. O quizá quieras encender una gran fogata de madera no tratada en un pozo que hiciste previamente con la canasta interior de metal de una vieja lavadora, e invitar a todos tus amigos. Mira bien los objetos que pienses tirar porque podrían ser precisamente los que alguien más anhela.

No comprar nada no significa llevar una vida minimalista o austera a menos de que eso te permita mantenerte a flote. Una vez que somos capaces de fabricar cosas para nosotros mismos y para compartir, podemos ser maximalistas y disfrutar de la extravagancia sin dejar de respetar las reglas de reducir y rechazar. Créenos, hay *muchísimas cosas* en existencia que sólo esperan ser reutilizadas y compartidas.

¡REPÁRALO!

Espera, todavía hay una *r* más en el vocabulario Buy Nothing: reparar. Si no hubiera tiendas cerca de ti y vivieras lejos de los comercios, repararías lo más posible. La tendencia de nuestra cultura del desperdicio es botar todo y comprar algo nuevo, y esto se debe principalmente a que hemos perdido las habilidades necesarias para reparar las cosas que se descomponen. No obstante, gracias a Google y a YouTube ahora puedes aprender a reparar prácticamente todo. Cuando, incluso con ayuda de internet, la reparación esté más allá de tu capacidad o no cuentes con las herramientas necesarias, recurre a tu red de compartición y pide ayuda. Hemos visto a muchos vecinos rescatarse entre sí y ayudar a solucionar desastres de plomería, electrodomésticos, automovilísticos, de moda, carpintería y muchos otros.

Las cosas rotas también tienen una belleza especial. En Japón, por ejemplo, existe una forma de arte llamada *kintsugi*, la cual consiste en reparar objetos de cerámica rotos con una laca mezclada con oro, plata y otros metales preciosos para destacar las fisuras. La próxima vez que rompas un objeto decorativo tal vez puedas convertirlo en algo hermoso.

Entre más reparemos, menos gastaremos. Inscríbete en clases o pídele a algún amigo que te enseñe a reparar aparatos electrónicos, automóviles o ropa. Busca eventos en los que la gente repare cosas. En Portland, Oregón, hay tres ferias de reparación anuales a las que puedes llevar un artículo para que lo arreglen los expertos que asisten y tratan de salvar cualquier cosa que necesite servicio. En la isla del Príncipe Eduardo también hay una feria de reparaciones. En el Reino Unido, Restart Project enseña a arreglar aparatos electrónicos y también hay un espacio físico llamado Edinburgh Remakery al que puedes llevar tus artículos para reparación y aprender a arreglarlos tú mismo. Posiblemente también tengas vecinos que sean buenos para reparar cosas y que estarán contentos de que solicites su ayuda. Vamos, hazlo y veamos si alguien da un paso al frente.

Michelle Lee es mamá y vive en Ellicott City, Maryland. Cuando el esposo de su vecina se ofreció a reparar la resbaladilla que tenía junto a los columpios en el patio trasero, ella estuvo sumamente

agradecida. Sus niños llevaban semanas sin poder usar la resbaladilla, pero con unas cuantas herramientas y un trozo de madera
su vecino la restauró.

Celebra la antiquísima ética de reparar lo que ya tenemos. Puedes aprender a remendar calcetines, reparar una máquina de coser,
remplazar piezas de un sanitario con fugas, revivir una aspiradora
o cambiarle el cable a una lámpara vieja. Pega un botón, parcha
la llanta de una bicicleta, arregla las sandalias rotas o cámbiale
el mango a una pala. Reparar los objetos que nos rodean te hará
sentir empoderado y te permitirá eludir una compra innecesaria.
Esa cosa vieja seguramente puede seguir funcionando, basta con
que adquiramos algunas habilidades, que investiguemos un poco
y que tengamos fe en la capacidad de reparar nuestros propios
objetos y de cuidarlos para que tengan una larga vida. Después
comparte las anécdotas de tus reparaciones con todos para que se
sientan inspirados y también intenten reparar sus cosas la próxima
vez que algo se averíe en casa.

50 COSAS QUE ELABORAMOS

Si necesitas más inspiración, aquí te damos una lista de regalos y
productos que nos gusta elaborar. Estas cosas casi no nos cuestan
nada, pero son útiles y resultan perfectas como obsequios para
amigos y familiares. Es sólo una lista para que comiences, pero
hay cientos de éstas que puedes hacer. A veces los ingredientes
básicos como la salsa de tomate, el yogurt y la mayonesa hechos
en casa son mucho mejores que los que compramos en las tiendas. Tampoco tomes la lista como una obligación, empieza de a
poco. Elige dos o tres cosas que puedas elaborar y ve si te ayudan
a compartir más y a comprar y desperdiciar menos.

1. **Velas.** No es necesario comprar velas hermosas si puedes fabricarlas. Reúne los restos de cera de las velas a medio derretir que tengas y conviértelos en coloridas velas grandes. Las puedes regalar o usarlas en casa cuando corten la electricidad. Puedes hacer velas en tarros o latas, o pedir moldes prestados. Te decimos cómo:

- Reúne toda la cera de las velas a medio derretir que se acumulen en el año y pide más velas a tu red de compartición. Con la ayuda de un martillo machaca el material sobre una tabla hasta tener trozos que quepan en el tarro, lata o molde que tengas. Aparta un poco de cera para derretirla en el molde; de preferencia, que sea de colores contrastantes. Asegúrate de quitar todos los pabilos y guárdalos para la vela. De ser necesario puedes unir muchos pabilos viejos.
- Llena los tarros, latas o moldes con los trozos multicolores de cera y coloca un pabilo en el centro. Deja un lápiz o bolígrafo sobre la boca del frasco o molde y envuélvelo con el extremo del pabilo para evitar que éste caiga en la cera.
- Toma la cera que guardaste, derrítela en un sartén viejo que sólo uses para trabajos artesanales, y viértela en el tarro o molde cuidando que el pabilo se mantenga recto. La cera derretida se mezclará con los trozos y formará un bonito mosaico.
- Añade una gota o dos de tu aceite esencial preferido para que la vela también sirva como aromaterapia.
- Deja que la cera de los tarros, latas o moldes se solidifique y enfríe durante la noche, ¡y tu vela estará lista en la mañana! Corta el pabilo y saca la vela del molde en caso de que hayas usado uno. Será un regalo maravilloso.

2. **Fragmentos de plantas perennes.** Las plantas perennes producen flores y cada año regresan tras el invierno para volver a florecer. Sin embargo, para mantenerlas sanas y bajo control es necesario dividirlas en dos. Esto ayuda a revivir a la vieja planta para que concentre su energía en una más pequeña y manejable. Como los iris y las margaritas japoneses siempre necesitan dividirse, nosotras los compartimos cada año con otros jardineros.

3. **Vinagre de fruta y vino.** Nosotras preparamos deliciosos vinagres que usamos todo el año y que también regalamos a familiares y amigos. El vinagre preparado con restos de fruta como manzanas o moras lo puedes hacer con una receta sencilla que tal vez cambie tus hábitos de consumo. Es tan fácil preparar vinagres, que es casi un crimen no aprovechar tus restos de fruta. En un frasco de vidrio combina dos tazas de vino tinto que haya sobrado, con una taza de agua destilada y un poco de "madre" tomada de algún vinagre orgánico que te hayas acabado. Cubre el frasco con paño para queso o con un trapo limpio de algodón que deje pasar el aire, pero no el polvo. Guarda el frasco en un lugar oscuro y fresco a temperatura ambiente.

La "madre" es el cultivo activo que produce el vinagre. Si observas el contenido de una botella de vino orgánico o de fruta, verás una masa gelatinosa al fondo de la misma. Ése es el cultivo vivo, es un tipo de ácido acético que produce bacterias llamadas Acetobacter, las cuales consumen el alcohol que hay en el vino y lo convierten en el delicioso vinagre. Este cultivo puedes usarlo como base para los vinagres que quieras preparar. Si no tienes "madre", pide un poco en tu economía de compartición local (la gente reirá contigo cuando lo hagas). También puedes encontrar un poco en el fondo de cualquier botella de vinagre de sidra orgánico crudo y sin filtrar. Guarda la madre y úsala cuantas veces quieras. El vinagre de sidra de manzana es un ingrediente esencial en el hogar: cura cualquier resfriado y es excelente para enjuagar el cabello. Guarda la madre y cuídala, de esa manera estarás listo para preparar tus propios vinagres en cualquier momento.

Para preparar vinagres de fruta guarda las cáscaras de manzana y los centros. Con las moras de las vides que se encuentran a lo largo de los caminos locales también puede prepararse un vinagre increíblemente delicioso. Coloca las cáscaras en un frasco con un poco de agua y la madre de otro vinagre, cúbrelo con un trapo que le permita respirar y guárdalo a temperatura ambiente alejado del sol.

Revisa los frascos periódicamente, pasarán algunas semanas antes de que la fermentación y el cultivo lleguen a su máximo punto. Un mes después puedes hacer pasar el vinagre y la mezcla de fruta por un paño de queso y separar la fruta para usarla en la composta. Asegúrate de guardar la madre y ubicar dónde la vas a dejar. Conserva el vinagre filtrado en una botella bonita y ponle un corcho. Al igual que nosotras, el vinagre se irá poniendo mejor a medida que se avejente.

4. **Pelotas para la secadora.** Reúne restos de lana provenientes de hilo y de suéteres viejos, y transfórmalos en pelotas para la secadora como se explica en la página 134. ¡A la gente le encantan! Son una alternativa para las láminas de la secadora y te ayudan a reducir el tiempo de secado en por lo menos 10%.

5. **Caldo de verduras.** En la página 149 encontrarás nuestra receta para preparar un caldo de verduras sencillo con restos de comida que de todas maneras no habrías consumido.

6. **Kombucha.** Prepara kombucha con sabor a fruta en botellas bonitas y regálala. En internet encontrarás instrucciones sencillas, sólo necesitas una gran jarra, un poco de té, azúcar y el cultivo activo llamado Colonia simbiótica de bacterias y levaduras, o SCOBY, por sus siglas en inglés. Es muy fácil conseguir este cultivo en las economías de compartición locales ¡porque se multiplica!

7. **Ropa renovada.** Si tienes la habilidad de coser a mano o con máquina, evidentemente puedes confeccionar tu ropa, pero incluso si la confección no es lo tuyo como en el caso de Rebecca, siempre puedes renovar prendas de segunda mano y convertirlas en nuevos elementos para tu guardarropa. A ella y a sus niños les encanta hacer esto. Hay un par de trucos que te ayudarán a tener éxito: comienza con prendas de talla bastante grande y no tengas miedo. Usa seguritos para experimentar con los dobladillos, pliegues, tableados, costuras y caídas. Cuando te guste cómo luce y cómo te queda la prenda, saca las agujas y el hilo. No tengas miedo de cortar lo que no te agrade ni de pegar varios retazos para añadir o eliminar a tu gusto. La falda favorita de toda la vida de Rebecca es una combinación de un vestido de noche de encaje de los sesenta, una blusa de los setenta y unas tiras tomadas de una bufanda de los ochenta. Atrévete y ve qué sucede. Usar los desperdicios textiles de esta manera es muy divertido y puede convertirse en un excelente proyecto para realizar con los niños.

8. **Pesto.** Todas las hierbas verdes pueden usarse para preparar pesto. Toma una hierba, aceite, algunas nueces, ajo al gusto,

un poco de sal, queso parmesano y jugo de limón o lima. Mezcla todo, de ser posible con un procesador de alimentos, y cómelo fresco o congélalo para consumirlo más adelante. Entre nuestras combinaciones favoritas se encuentran las siguientes: berros y almendras; diente de león, berro y nueces de macadamia; perejil y cilantro con piñones y ajo; retoños de maple con pistache, y el clásico de albahaca (o incluso con arúgula como sustituto) con piñones o nueces, y ajo.

9. **Perfume.** Si tienes un aceite esencial o una mezcla de aceites, puedes transformarlos en perfume. Lo único que necesitas es una onza de vodka y unas 20 gotas del aceite o aceites. Coloca todo en una botellita atomizadora, agita bien y, *voilà*, ¡ya tienes tu perfume personalizado!

10. **Huevos y verduras.** De acuerdo, normalmente nuestros pollos y los jardines de la parte trasera de la casa se encargan de este trabajo y nosotras sólo nos atribuimos el mérito. Regalamos todo el exceso de verduras y huevos que tenemos. En muchas ciudades y suburbios están modificando los códigos que permiten un par de gallinas por casa y cada año hay más jardines comunitarios, huertos y parterres en estacionamientos, lo cual le permite a más gente cultivar su propia comida. Aunque en tu familia no haya habido un granjero en generaciones, no descartes esta idea. No es difícil y hay gente dispuesta a ayudarte, además, existe evidencia de que tocar o simplemente oler la tierra puede ayudar a luchar contra la depresión de forma natural,[60] y es una gran manera de hacer nuevos amigos.

11. **Pan.** A la familia de Liesl le gusta tanto su receta de pan, que de vez en cuando hornean una hogaza adicional y la congelan para consumirla después o la regalan. Si tienes una

panera, sólo agrega estos ingredientes en cualquier orden, sigue las instrucciones respecto a los tiempos de cocción y cocina un delicioso pan. Una taza de agua tibia; ¾ de taza con una combinación de los siguientes ingredientes: 1 huevo, leche y un poco de yogurt; 2 cucharadas de aceite de linaza (puedes sustituirlo con aceite de nuez, pero el de linaza es maravilloso); 1 cucharadita copeteada de sal (nosotras usamos sal del Mar Celta); 3 tazas de harina (preferimos 1 taza de trigo integral y 2 tazas de harina blanca, en todos casos orgánica); 4 puñados de nueces (o semillas de linaza); 3-4 puñados de pasitas; 1 cucharada de miel, y ⅜ de cucharadita de levadura. Y si te gusta que tu pan tenga algo de cuerpo, añade ¼ de taza de calabaza o zanahorias ralladas. Nosotras usamos las que crecen en nuestros jardines.

12. **Yogurt.** Un par de cucharadas de restos de yogurt son la base perfecta para una tanda de yogurt hecho en casa. Vierte tu leche entera favorita en una cacerola. No tenemos una medida precisa, sólo vierte la cantidad que desees dependiendo de cuánto yogurt quieras. La proporción leche/yogurt terminado es más o menos de uno a uno. Activa el temporizador por ocho minutos para que la leche no hierva, sólo necesitas que se caliente hasta que queme, es decir cuando aparezcan burbujitas en la circunferencia de la cacerola y se forme una capa en la superficie. Apaga el fuego y quita la leche de la estufa, déjala enfriar a temperatura ambiente. Agrega las dos cucharadas de yogurt y usa un batidor de alambre para incorporarlo completamente a la leche. Vierte la mezcla en frascos y colócalos en una cacerola con agua tibia para cocinarlos a baño maría. Puedes poner la cacerola con agua sobre la flama del piloto de la estufa, con eso bastará para

conservar los frascos calientes por la noche, pero también puedes dejarlos envueltos en una toalla o frazada sobre un dintel tibio encima de la chimenea (Rebecca prefiere la tecnología de bajo nivel y usa su hielera para acampar: rodea los frascos de yogurt con frascos de agua caliente y luego cierra bien la hielera). La clave es encontrar un punto en que la temperatura se mantenga consistente entre 8 y 12 horas. Entre más tiempo descanse la mezcla de yogurt en el calor, más firme quedará. Cuando adquiera la consistencia deseada, métela al refrigerador para que se enfríe.

13. **Composta.** En el jardín trasero de Liesl siempre hay composta preparándose. Sin los botes de composta tendría mucha más basura y se vería obligada a gastar dinero para comprar composta para sus jardines cuando, en realidad, es muy sencillo elaborarla en casa. Si tienes una caja grande de madera, la puedes usar como bote de composta en el jardín, y para quienes no tenemos jardines existen las unidades que pueden colocarse sobre las encimeras de la cocina. Pide una en tu economía de compartición, mete en ella todos los restos de comida orgánica que tengas en la cocina, y algunas semanas después tendrás una maravillosa composta. En la página 296 te contamos más sobre todo lo que agregamos a la nuestra.

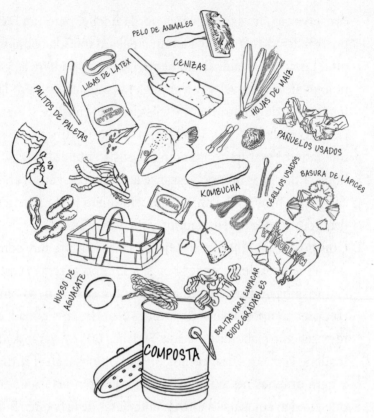

14. **Tés de hierbas.** El toronjil, la menta, la ortiga y la manza-
    nilla crecen incontrolablemente en nuestra zona, por eso
    recolectamos las plantas, las secamos al sol o poniéndolas
    de cabeza en el exterior de la casa, y cuando ya están secas
    las guardamos en frascos bonitos y las usamos para preparar
    té todo el año. La hija de Rebecca prepara una asombrosa
    mezcla de flores de lavanda, pétalos de rosa y menta reco-
    lectada entre las plantas del vecindario libres de insecticidas.

15. **Tapetes de trapos.** En este caso puedes recurrir a YouTube.
    Hay muchas maneras de elaborar tapetes con trapos: puedes
    trenzarlos, usar tejido tipo ganchillo con los dedos, retorcer-
    los y anudarlos. Guarda retazos de tus telas preferidas, de

prendas, ropa de cama, ¡e incluso tus medias y calcetines! Los tapetes de trapos son un proyecto sencillo que nos recuerda los tiempos de los pioneros, cuando la ropa vieja se usaba para elaborar artículos como éstos. Nosotras hemos visto que la gente usa hermosos y coloridos tapetes como accesorios para acentuar la decoración y para pisar al salir de la ducha o la tina, pero también como cojines para las sillas del desayunador en la cocina.

16. **Aderezos de ensalada.** Posiblemente ya te diste cuenta de lo que tratamos de hacer. Muchas de las cosas que no compramos son aquellas que podemos elaborar, y por eso algunas se duplican en las listas. En la página 149 encontrarás nuestra receta para preparar un aderezo sencillo que podrás guardar en el refrigerador.

17. **Mezcla para desenredar el cabello.** Ésta es una de las recetas más sencillas y sirve para controlar los rizos rebeldes. Si a tu hija o hijo le agrada tener el cabello largo, pero no cepillarlo, esto es para ti. Elige tu aceite favorito o una combinación de varios. Puedes usar aceites de aguacate, albaricoque, oliva, jojoba, almendra dulce o coco (el de coco deberás calentarlo porque a temperatura ambiente se solidifica). Coloca una cucharadita de este aceite o combinación de aceites en ½ taza de agua y guarda la mezcla en una botella bonita con atomizador. Añade una o dos gotas de un aceite esencial agradable (prueba con los de geranio, lavanda, romero, rosas, manzanilla, menta o extracto de semillas de toronja). Para el cabello más grueso añade un poco más de aceite. Asegúrate de agitar la botella antes de atomizar. Si el aceite de coco se solidifica puedes calentar la mezcla entre tus manos. Esta receta funciona

especialmente bien cuando la aplicas al cabello mojado antes de cepillar.

18. **Artículos para encender fuego.** Deja cerca de la secadora un frasco donde puedas recolectar la pelusa que saques después de cada ciclo. Cuando el frasco esté lleno, guarda la pelusa en los espacios de los cartones para huevo e incluye un fósforo parado en medio de cada espacio. Nosotras a veces añadimos polvo, agujas de pino y tiras de papel. Si tu familia usa una mezcla de fibras sintéticas y naturales como la de Rebecca, es posible que la pelusa no arda del todo bien, pero los demás desperdicios inflamables del hogar, como los fósforos usados, la viruta de los lápices de madera, y la pelusa que se acumula en los bolsillos de los sacos de los niños (hojitas, ramitas y trozos de papel) funcionan a la perfección. Cuando el frasco esté lleno, calienta cera en una cacerola que utilices sólo para trabajo artesanal, y una vez que esté derretida viértela sobre los cartones para huevo con la pelusa. Asegúrate de verter la cera junto a los cerillos para que se mantengan verticales. Deja que se solidifique. Ahora ya tienes material de un solo uso para iniciar fuego y puedes retirar una copita a la vez. Colócala en la chimenea junto al papel y la leña, y enciende el cerillo para hacer el fuego.

19. **Cama para mascota pequeña.** Usa una caja de cartón y una camiseta vieja para construir este acogedor refugio para tu gato o tu perrito. Funciona mejor si usas una camiseta grande o extragrande para hombre y una caja de entre 80 y 115 cm^2. Dobla las solapas de la caja o córtalas. Coloca la caja dentro de la camiseta y arréglala para que el hueco del cuello quede centrado sobre la apertura de la caja. Ata

la parte inferior de la camiseta sobre la base de la caja para evitar que ésta se deslice hacia fuera. Mete a la caja otra camiseta usada u otra cosa que sirva de cojín, y permite que tu mascota la descubra. Le encantará pasar por el hueco de la camiseta porque será como su puerta o su ventana. Además, tendrá toda la caja para su uso personal. Cuando la caja se desgaste rómpela para reciclarla o aprovéchala para el jardín. Lava la camiseta y fabrica otra casita.

20. **Camas para pollos.** Cuando tienes pollos y gallinas necesitas fabricarles camas. Nosotras descubrimos que podemos elaborar las nuestras con papel en tiras que solicitamos en nuestra comunidad. Mucha gente está feliz de darnos todo lo que tiene. Siempre y cuando no haya fragmentos de plástico entre ellas, las tiras de papel también sirven para la composta. También puedes usar hierba cortada.

21. **Frijoles cocidos a fuego lento.** Deshazte del hábito de comer frijoles enlatados, y cocina variedades como frijol pinto o negro a fuego lento. Puedes hacer una gran cantidad y congelar lo que sobre para próximas comidas.

   Para preparar tus propios frijoles necesitas cuatro tazas de frijoles enjuagados. Colócalos en una cacerola de cocción lenta o en una olla de fondo grueso y añade por lo menos el doble de agua. Agrega tres o cuatro dientes de ajo (ni siquiera tienes que pelarlos), un poco de cebolla picada, una pizca generosa de sal y una hoja o dos de laurel. Las cuatro tazas de frijoles secos te darán unas ocho tazas de frijoles cocidos, lo cual es suficiente para que una familia de cuatro personas los disfrute durante una semana en recetas distintas. Asegúrate de guardar el caldo porque podrás usarlo como base para una sopa de una próxima comida.

PLAYAS DE BISFENOL A

¿Por qué es mejor cocinar algo natural en lugar de comprarlo enlatado? A muchas latas de alimentos y bebidas las siguen forrando por dentro con bisfenol A (BPA, por sus siglas en inglés). Los científicos han descubierto una fuerte contaminación y niveles elevados de bisfenol A en el agua del mar y en la arena. Como el bisfenol imita al estrógeno, este químico sintético puede afectar nuestra salud de maneras peligrosas que apenas empezamos a entender. Los investigadores han tomado muestras de más de 200 sitios en 20 países, particularmente en las costas de Norteamérica y del sureste de Asia. Han detectado bisfenol A en cada una de las muestras de agua y arena.[61] Hay muy pocas regulaciones para evitar que este químico sobrecargue la vida silvestre, y para colmo, tampoco hay mucha información que les advierta a los visitantes que deben evitar las playas más contaminadas.

Las investigaciones en animales de laboratorio han demostrado los terribles efectos que tienen los productos de plástico que se filtran a sus alimentos. Los científicos están descubriendo que estos productos pueden contener químicos neurotóxicos y cancerígenos, y que interrumpen el sistema de mensajería hormonal del cuerpo. El bisfenol A se filtra a nuestros alimentos a través de los empaques de plástico. Piensa en las botellas de plástico del vinagre, la mostaza y la mayonesa, en la película de plástico que envuelve tu queso, en el tubo de la pasta dental y en la mayor parte de los alimentos enlatados que consumes. El bisfenol A viene en grandes dosis incluso en los recibos de papel térmico que te dan en la tienda, en los billetes que tocas todos los días y, quizá, también en el agua del grifo de tu cocina y en sus junturas de plástico. ¡Hay hasta en el polvo de la casa!

Gracias a algunos artículos sobre salud pública nos hemos enterado de que estamos expuestos al bisfenol A a través de la inhalación, ingestión y contacto dermatológico (dinero, recibos). Asimismo, los estudios realizados por el doctor Philippe Grandjean (Escuela T. H. Chan de Salud Pública de Harvard) en las Islas Feroe —comunidad pesquera cerca de Islandia y Noruega—, muestran que existen niveles elevados de contaminantes orgánicos persistentes (POP, por sus siglas en inglés) en la sangre y la leche de las madres en periodo de lactancia. Es uno más de los estudios que prueban que una comunidad indígena cuyo régimen alimenticio depende de la vida marina está ingiriendo aditivos químicos provenientes de plásticos.[62]

22. **Poste para que el gato rasguñe.** Seguramente tienes uno de esos típicos postes forrados con tapete para que tu gato rasguñe. Por desgracia, nosotras tenemos la teoría de que lo que queda del tapete sólo alienta a tu bolita de pelos a arañar también tus alfombras y tapices. Si le das a tu gato una verdadera rama de árbol para que se afile las uñas, dejará tus muebles en paz. Busca una rama gruesa de árbol con la curvatura perfecta y dos ramas más delgadas en forma de Y para que tu gato tenga dos buenos lugares hacia dónde saltar. Consigue una base de madera aglomerada y pégale con tornillos la parte de la rama donde hiciste el corte.

23. **Limpiador de cromo.** Para pulir el cromo de tu cocina usa una mezcla de una parte de vinagre blanco con dos partes de agua, y aplícala con un trapo de microfibra o una esponja.

24. **Arreglos de flores.** En lugar de comprar flores que con frecuencia se cultivan lejos de casa usando demasiada agua y pesticidas, y cuya transportación requiere combustible, corta algunas tú mismo y llévalas a casa para disfrutarlas. Los expertos calculan que llevar 100 millones de rosas (cantidad que se estima que se regala en Estados Unidos solamente el día de San Valentín) de las granjas de flores en países como Ecuador, Kenia, Colombia e incluso Noruega, a la florería de tu comunidad, genera 9 000 toneladas métricas de emisiones de dióxido de carbono. Esto equivale a las emisiones de carbón de todos los automóviles de una pequeña ciudad estadounidense en un año.[63] Si cerca de tu casa no hay dónde recoger flores, haz un arreglo bonito de otras cosas como ramas de árboles y arbustos florecientes. En el invierno nosotras recolectamos ramas con botones, y dentro de casa los "forzamos" a florecer prematuramente. Si colocas las ramas en un florero grande, se ven sobrias y hermosas. No hay nada mejor que un florero o una jarra llena de algo hermoso traído del exterior para recordarnos la riqueza natural que nos rodea.

25. **Solución de enjuague para el lavaplatos.** Remplaza tu agente de enjuagado con vinagre. Obtendrás los mismos resultados, si no es que mejores. Sólo evítalo si tu lavaplatos tiene piezas de hule en el lugar donde se coloca la solución porque el vinagre corroe el hule. En ese caso puedes poner una taza de vinagre dentro de otra taza pequeña en la repisa superior del lavaplatos para que salpique el vinagre durante el ciclo de lavado.

26. **Pintura para los huevos de Pascua.** Ésta es una manera ecológica de pintar huevos de Pascua. Toma dos marcadores de color secos y no tóxicos. Colócalos de cabeza en vasos llenos de agua y añade un chorrito de vinagre. Así tendrás la tintura perfecta y, como beneficio adicional, revivirás tus marcadores como por arte de magia.

27. **Exfoliante facial.** Como habrás visto en la página 31, muchos de los exfoliantes que se compran en las tiendas contienen microplásticos que son malos para ti y para el medio ambiente. Evita esas sustancias dañinas con la receta favorita de exfoliante facial de Andrea Drajewicz, una residente de Ottawa. Toma una taza de hojuelas de avena, una taza de bicarbonato de sodio, tres o cuatro cucharadas de semillas de amapola, y tres o cuatro cucharadas de cáscara de naranja seca. Mete todo a la licuadora y procesa intermitentemente hasta que la avena y la cáscara de naranja sean casi polvo. Guarda en un frasco. Para usar el exfoliante mezcla en tu mano una cucharada del polvo con un poco de agua tibia y aplícalo a tu rostro con un masaje, evitando la zona alrededor de los ojos. Enjuaga con agua tibia y al final salpica tu piel con agua fría. Si tienes piel seca, en lugar de usar agua mezcla el exfoliante con aceite de almendras dulces o con una combinación de aceites de acebo y jojoba. Si tu piel es grasosa, después de aplicar el exfoliante usa un "tonificador" de escoba de bruja.

28. **Película adherente para alimentos.** Ya sabes por qué es necesario evitar las películas adherentes de plástico. Aquí te presentamos el tutorial de Rebecca para elaborar un trapo reutilizable a prueba de agua. Comienza con una tela ligera de algodón tejido. Las sábanas viejas, las camisas y los

pantalones delgados de mezclilla funcionan a la perfección. Corta la tela en trozos con la forma y tamaño que prefieras. Si tienes tijeras con bordes dentados, úsalas para evitar que los bordes se deshilachen; si no, disfruta de los modernos bordes con flecos que se formarán con el paso del tiempo. Precalienta el horno a 65° C o al nivel más bajo de tu horno. Cubre una charola para hornear con papel encerado. Coloca uno de tus trapos sobre el papel, espolvorea cuentas de cera de abeja u hojuelas de velas de cera de abeja sobre toda la superficie de la tela, tratando de cubrirla de manera uniforme. Usa menos de lo que piensas que necesitarás, siempre es más sencillo añadir un poco más.

Coloca la charola en el horno y déjala unos ocho minutos o hasta que la cera se haya derretido y la tela esté completamente impregnada. Retira la charola del horno en cuanto se haya derretido toda la cera. Si hay zonas de la tela que quedaron descubiertas, sólo espolvorea más cera y vuelve a meter la charola al horno. Cuando la cera haya cubierto por completo la tela, retira del horno y deja enfriar. Las telas te servirán para cubrir recipientes de alimentos y guardarlos en el refrigerador. También puedes cubrir cacerolas para días de campo o envolver sándwiches, fruta cortada y otros alimentos para almuerzos empaquetados. El calor de tus manos hará que la tela encerada se vuelva más maleable. Guarda tus telas en un lugar cálido de la cocina. Si la cera se acaba, sólo repite el proceso. Al llegar al final de su vida útil, puedes arrojarlas al bote de la composta.

29. **Líquido limpiador y abrillantador para pisos.** Los pisos de madera se pueden trapear y pulir atomizando una mezcla de una cucharadita de jabón de Castilla en agua caliente y 10

gotas de tu aceite esencial preferido (limón, toronja, lavanda, árbol de té). También puedes usar ½ cubeta de agua tibia con ¼ de taza de vinagre y unas gotitas de aceite esencial.

30. **Azúcar morena.** ¿Tu azúcar morena se convierte en bloques porque no la usas con suficiente frecuencia? Ya no necesitas comprar azúcar morena: la puedes preparar fresca cada vez que te haga falta. Todo lo que necesitas es una taza de azúcar y una cucharada de melaza. Mezcla todo, ¡y así tendrás azúcar morena! Adivinaste, si quieres que el azúcar sea más oscura necesitarás dos cucharadas de melaza por cada taza de azúcar blanca. ¡Listo!

31. **Casas de hadas.** Así es, nosotras fabricamos casas de hadas en huecos secretos en el bosque o en los jardines que rodean la biblioteca pública. Y son más bonitas que cualquier casa de hadas comprada en tienda. Sólo las haditas pueden encontrarlas ocultas entre las plantas. Es un maravilloso proyecto para niños y adultos de todas las edades. En la casa de la familia de Liesl en Nuevo Hampshire, donde han vivido varias generaciones, tienen la tradición de elaborar y dejar casitas y objetos artísticos de hadas a lo largo de un sendero en el bosque. Usan piedras, piñas de pino, hojas, ramas, corteza e incluso hongos para elaborar arte mandala y villas enteras de hadas que deleitan a los transeúntes que se dirigen al lago. No se necesitan ni morteros ni uñas, puedes construirlas con los materiales naturales que encuentres porque no se supone que las casas de hadas tengan que durar mucho tiempo.

32. **Jabón de lavandería para ropa delicada.** Usa jabón de trastes para lavar tus prendas delicadas, no necesitas detergentes especiales.

33. **Mayonesa.** Necesitarás ¼ de taza de aceite de oliva ligero, un huevo grande, ½ cucharadita de polvo de mostaza y ½ cucharadita de sal. Coloca los ingredientes en una licuadora o procesador de alimentos. Mézclalo bien, y luego añade lentamente una taza más de aceite de oliva con el procesador funcionando todavía sin detenerlo. Entre más despacio viertas el aceite, mejor será la emulsión. Luego añade poco a poco el jugo de medio limón. Almacena en un frasco de vidrio con una tapa que cierre bien. Guarda la mayonesa en el refrigerador, te durará un par de semanas.

34. **Limpiador para el fregadero.** Restriega el fregadero con bicarbonato de sodio y un poco de jugo de lima. Es el mejor limpiador que hay.

35. **Dispensador de jabón.** Toma un frasco de conservas con boca ancha y hazle un agujero al centro (nosotras usamos un abrelatas tradicional para este propósito). El agujero tiene que ser suficientemente grande para que quepa la bomba reutilizable de una botella de jabón para manos. Usa sellador de silicona para fijar la bomba en el agujero y pule los bordes alrededor.

36. **Pasta dental.** Coloca una taza de bicarbonato de sodio en un tazón pequeño, añade 2½ cucharaditas de sal de mar fina y mezcla bien. Agrega ¼ de cucharadita de aceite de menta (o de los extractos o aceites de tu preferencia). Mezcla bien. Añade xilitol en polvo o stevia al gusto. Endulza según tus preferencias. Si le pusiste demasiada sal, saborizante o stevia, añade un poco más de bicarbonato y vuelve a probar hasta que quede a tu gusto. Almacena la pasta final en un frasco pequeño con tapa que cierre bien. Esta cantidad es suficiente para llenar cuatro frascos de poco más de 100 gramos cada uno.

37. **Mantequillas de nuez.** Nosotras reducimos costos al comprar las nueces a granel. Luego las molemos en una licuadora de alta capacidad y así elaboramos mantequillas de almendra, cacahuate, nuez de la India, avellana y semilla de girasol. (Sólo es posible con licuadoras o procesadores de alimentos de alta capacidad.) También es muy sencillo elaborar harina de almendra de esta forma.

38. **Puré de manzana.** Como tenemos manzanos, estamos obligadas a elaborar puré de manzana hecho en casa. Nuestra receta es sencilla y no contiene azúcar. Sólo corta las manzanas, descorazónalas, pero no las peles (guarda los corazones para preparar composta o vinagre). Coloca grandes trozos de manzana en una cacerola grande y añade agua hasta poco antes de cubrirlas. Agrega una ramita de canela. Cubre la cacerola y deja cocinar entre 25 y 35 minutos, o hasta que las manzanas estén suaves. Si tienes una olla de cocción lenta, con ella podrás preparar un puré maravilloso, sólo no necesitarás tanta agua. Sigue las mismas instrucciones que para hervirlo en cacerola y observa cómo se caramelizan las manzanas lentamente. En algunas horas se habrán suavizado lo suficiente para preparar el puré. Pasa las manzanas suavizadas por un molino de alimentos o machácalas con un tenedor. ¡Listo! ¡Ahora tienes un delicioso puré de manzana! Nosotras lo guardamos en frascos grandes y lo congelamos para usarlo en el invierno.

39. **Aceite multiusos tipo WD-40.** En resumen, cuando quieras acallar esas ruidosas bisagras, usa cualquier tipo de aceite para cocinar.

40. **Lonas.** Fabrica tus propias lonas con los sacos de plástico tejido que se usan para el alimento para pollos. Si tu ciudad

forma parte del movimiento de crianza de pollos en el jardín, seguramente tus vecinos tendrán este tipo de sacos y estarán felices de compartirlos contigo. Córtalos y usa tu máquina de coser para unirlos (¡rápido y sencillo!), tus manos (puede ser un excelente proyecto para cualquier persona que se enfrente a la costura por primera vez. Usa una aguja grande e hilo grueso) o con cinta de aislar (es muy rápido y la cinta pega muy bien). También puedes simplemente cortar un saco, con eso bastará para una lona pequeña. Estas lonas son geniales para campamentos y para los coleccionistas de materiales diversos que tengan en mente realizar un proyecto artístico. También puedes usarlas para cubrir las sillitas altas de bebés, como manteletas para los platos de tus mascotas, o para proteger cualquier cosa que desees mantener seca.

41. **Guantes sin dedos.** La próxima vez que te encuentres un suéter de lana a medio comer por la polilla o dañado por alguna otra razón, y veas que es imposible arreglarlo, conviértelo en calentadores para manos. Primero fieltra el suéter. Para esto necesitarás lavarlo en el ciclo vigoroso de la lavadora con agua caliente y un poco de jabón o detergente. También puedes lavarlo a mano, en la página 134 encontrarás el proceso de fieltrado. Cuando la lana fieltrada esté seca (para fieltrarla un poco más puedes meterla a la secadora otro ratito), corta la forma de un par de guantes sin dedos. El final de cada manga forzosamente le quedará a tus manos, pero si necesitas algo más grande corta dos rectángulos bastante anchos como para que cubran tu palma, muñeca y antebrazo. Cose cada rectángulo para formar un tubo y deja un espacio abierto en la costura para el pulgar.

42. **Trapos.** Un recordatorio, amigos: la palabra *trapo* es sinónimo de ropa, blancos y toallas viejas. No es necesario comprar trapos jamás. Guarda todos los trapos que hagas en una bolsa especial y tenlos a la mano para usarlos en todo el hogar.

43. **Calentadores para tazas de viaje.** Cuando tus calcetines o calcetas favoritas ya no puedan zurcirse o ya hayas perdido el par, ¡no los tires! Recicla tus textiles. Corta la parte del pie y usa el tubo que queda como calentador instantáneo para tazas de viaje. Sólo deslízalo sobre cualquier taza para mantener tu bebida caliente y no quemarte. El extremo cortado subirá sin problemas por la taza y se mantendrá en su lugar, no hay necesidad de hacer dobladillo, coser, ni pegar nada.

44. **Desodorante.** Mezcla dos partes de aceite de coco suavizado con dos partes de bicarbonato de sodio y dos partes de harina de maíz. Si el aceite se endurece, colócalo en un lugar cálido para suavizarlo, no necesitas derretirlo. Añade unas gotas de tu aceite esencial preferido o una mezcla de varios. Agita bien y usa una cuchara para pasar todo a un frasco de boca ancha u otro contenedor. Si quieres una barra sólida lo puedes guardar en el refrigerador, si no, déjalo en el baño y usa tus dedos para tomar un poco, derretirlo y extender una capa ligera en tus axilas o en cualquier parte de tu piel que sude. Este desodorante no tiene la misma textura, sensación ni comportamiento que los desodorantes en barra comunes, pero funciona muy bien.

45. **Corteza de chocolate.** Ésta es una de nuestras actividades predilectas, en especial en la temporada de fin de año porque nos permite elaborar un extraordinario regalo hecho en casa. Con papel encerado o con papel aluminio engrasado

con mantequilla, forra una charola para hornear con borde. Prepara las coberturas que prefieras: a nosotras nos gustan las nueces, los frutos secos, las especias como canela o cardamomo, lavanda fresca o seca, pétalos de rosa y un poco de sal de mar. Derrite el chocolate que prefieras, puede ser oscuro, semidulce o de leche. Lo puedes usar en chispas o en barra, el que te guste más (y si eliges uno fabricado por empresas que no explotan a sus trabajadores, sabrá aún mejor). Puedes derretir fácilmente el chocolate en un tazón de vidrio en el microondas, sólo calienta 30 segundos, mezcla y repite hasta que se haya derretido todo. Vierte el chocolate en la charola forrada, alísalo y espolvoréale de inmediato las coberturas que elegiste. Mete la charola al refrigerador hasta que el chocolate se solidifique, quiébralo en piezas pequeñas y almacénalas en un contenedor hermético en el refrigerador o sólo cómelo de inmediato, ¡también esta opción funciona de maravilla!

46. **Juguetes para gato.** Si no tienes calcetines de bebé, pide algunos en tu grupo local de compartición. Seguramente alguien tendrá uno que ya no tenga par. Llénalo a dos tercios con retacitos de tela u otro relleno que tengas disponible y añade un poquito de menta gatuna seca, unas tiritas de plástico arrugado tomado de una bolsa de frituras o de otra envoltura de botanas, y un cascabel de metal si te queda alguno por ahí. Amarra el extremo del calcetín con un hilo de lana o con un cordón, y deja el último tercio sin llenar como la "colita" del juguete. Dáselo a tu gato o elabora varios y dónalos al refugio local de animales.

47. **Limpiador para la cubierta de vidrio de la estufa.** Éste es uno de los trucos favoritos de Rebecca para limpiar las

estufas con cubierta de vidrio. Espolvorea la superficie con polvo de cremor tártaro y luego rocía un poquito de peróxido de hidrógeno, sólo lo suficiente para formar una pasta suave. Usa un trapo para frotar la pasta sobre la superficie durante un minuto y luego retírala con un trapo húmedo limpio. También puedes usar bicarbonato de sodio y peróxido de hidrógeno para limpiar las superficies barnizadas de las estufas eléctricas y de gas, pero evita tocar cualquier pieza de metal. ¡Quedarán relucientes!

48. **Agujetas, hilo de lana y listones de regalo.** No necesitas volver a comprar agujetas. Toma una camiseta de tejido jersey de algodón demasiado vieja para seguirse usando. En el dobladillo de la parte inferior haz un corte angular a unos cuatro centímetros hacia arriba. Alinea tus tijeras para cortar una tira de camiseta paralela al dobladillo, alrededor de toda la prenda, manteniendo la tira con un grosor de cuatro centímetros. No te preocupes si se ondulan un poco los costados o si el corte de los bordes no es perfecto. Continúa cortando alrededor de toda la camiseta hasta llegar a las mangas. Con cuidado pasa tus manos a lo largo de toda la tira, jala suavemente la tela para que el tejido se enrolle en sí mismo y oculte cualquier imperfección en los bordes o el grosor. Forma una pelota con la tira. Ahora tienes una madeja de lana de camiseta perfecta para usarse como agujetas, cordel o cuerda multiusos, listón para envolver regalos y artículos tejidos que requieran ganchillo grueso.

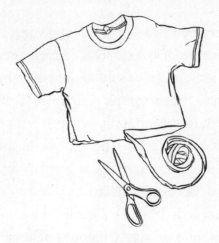

49. **Delicioso café instantáneo.** ¿Conoces esos paquetes individuales de un solo uso de café tipo expreso/latte/moka? ¿Los que nada más requieren añadir agua caliente a tu taza? Nosotras preparamos nuestro propio polvo para café expreso; chocolate en polvo sin endulzante para preparar moka o chocolate caliente, y leche en polvo. Todos estos ingredientes se consiguen a granel y los puedes almacenar en contenedores de vidrio o metal. Mézclalos al gusto y así no tendrás que gastar ni recurrir a los productos empaquetados en plástico para tener una taza de una bebida decente. Experimenta hasta encontrar la mezcla y la proporción que más te agrade, guarda tu combinación en un frasquito y tenlo a la mano en el cajón de la oficina, en el automóvil, tu bolso o entre el equipo para acampar.

50. **Forros de libros.** Cuando su hija entró a la preparatoria, Rebecca notó que ya "nadie" forraba sus libros de texto con bolsas de papel de estraza. Rebecca puso manos a la obra y le transmitió esta importante habilidad a su hija mientras de paso le contaba que ella tuvo que cargar su pesada mochila llena de libros y recorrer ocho kilómetros en caminos

lodosos todos los días. Si nunca aprendiste a forrar o si no recuerdas cómo hacerlo, pídele a tu bibliotecario local que te ayude o busca un tutorial en internet. Forrar los libros de esta manera es sencillo, rápido y económico. Además, puedes personalizar tus forros con dibujos o collages que te gusten, y es una opción mucho más amable para nuestro planeta que los forros sintéticos elásticos que encuentras en los pasillos de artículos escolares de las grandes tiendas.

TE INVITAMOS A ELABORAR Y REPARAR

Tenemos tres tareas de elaboración y reparación para ti. Ésta es tu oportunidad de jugar con todas las *r* posibles: rejuvenece, renueva, repara, reequipa, retapiza, restaura, remodela, repinta, reconfigura, recubre, rediseña y reflexiona.

Primero elabora: elige algo que quieras elaborar para ti. Escoge algo de nuestra lista o de la tuya, y hazlo. Puede ser algo consumible, como una mezcla de especias o mezcla de verduras para caldo, o puede ser algo durable como una calceta para tu taza de viaje. Puede ser algo sencillo (como convertir un cuenco grande y algunas piedritas pulidas en una tina para aves) o algo más complicado (como transformar una base de madera gratuita en una mesa ratonera). La clave es fabricar algo que quieras o necesites, y eliminar algunos artículos de tu lista de compras. Te sorprenderá la manera en que este ejercicio estimulará tu creatividad.

Ahora, repara. Aborda algo de tu lista de objetos que ya no funcionan del todo. Aquí también puedes hacer algo tan sencillo o tan complicado como desees. Coser el bolsillo interior de un saco (puedes hacerlo con costuras tipo Frankenstein y nadie se dará cuenta), arreglar la pata de una silla que se tambalea, cambiarle el cable a una lámpara descompuesta, reparar esos cajones del vestidor que ya no se deslizan, arreglar un grifo que gotea o darle el mantenimiento anual a tu sistema de ventilación. En internet hay tutoriales gratuitos para hacer todo esto, y es posible que tus amigos también sepan cómo hacerlo y puedan asesorarte.

Por último, te pedimos que elabores o repares algo para otra persona. Difunde la noticia, cuéntales a todos que así podemos hacer las cosas, que podemos ayudarnos a nosotros mismos y a los demás a reparar lo que no funciona; que muchas de las cosas en nuestra lista de compras las podemos fabricar. En el foro de discusión de buynothinggeteverything.com encontrarás a gente que también elabora y repara. Entre más divulguemos estas acciones, más comunes se volverán. Así consumiremos menos y seremos mucho más industriosos al abordar problemas de mayor magnitud en la vida.

Paso 6: Compartir, prestar y pedir prestado

> "Yo creo en el poder de la comunidad para mejorar el mundo, creo que los vecinos pueden conocerse y creo que depender menos de los bienes materiales y más de las relaciones personales para alcanzar la felicidad forma parte de una vida sana."
> —*Anastasia McAteer, Ocean Beach, California* [64]

Algunas personas tal vez piensen que compartir es lo mismo que dar, pero nosotras creemos que es un acto distinto. El diccionario Oxford de inglés incluye sinónimos de *compartir* como *separar* y *dividir*, y da la siguiente definición: "Dar una porción de (algo) a otro". En este sentido, compartir implica dar algo que se tiene en exceso. Nosotras preferimos la noción de compartir porque cuando vemos todo lo que hemos ahorrado, en especial debido a que somos cuidadosas y no tiramos casi nada a la basura, nos damos cuenta de que tenemos mucho que compartir con otros. Por esta razón, compartir es un acto en dos etapas. Primero debes formar colecciones de objetos y luego compartir lo que posees. De hecho, nosotras disfrutamos del hábito de conservar objetos deliberadamente para compartirlos después, y de guardar porciones para quienes quieren un poco. También compartimos públicamente para que los demás sigan nuestro ejemplo y para animarlos a coleccionar y guardar lo que tienen en grandes cantidades para luego compartir su riqueza.

Prestar y pedir prestado son conceptos más claros que el de compartir. Nosotras nos hemos esforzado mucho por que nuestros vecinos se nos unan y nos ayuden a formar un modelo de biblioteca. La mayoría de las "bibliotecas de cosas" que conocemos en Estados Unidos las establecen y las administran las municipalidades u organizaciones, y fueron construidas para seguir el modelo tradicional de la biblioteca pública: hay un edificio, se contrata personal, se compran artículos, se registran los artículos en un sistema de rastreo, y luego la población local puede visitar el lugar en horarios definidos para ver la existencia de artículos como escaleras, herramientas y juegos de reparación de plomería. Es innegable que estos recursos son útiles e importantes, pero nosotras queríamos introducir un nuevo modelo de préstamo. Muchos tenemos artículos que queremos conservar, pero que no usamos todos los días, cosas que nos encantaría prestar si conociéramos a la gente que los solicita y si confiáramos en ella. Antes de lanzar nuestro primer grupo de Buy Nothing hicimos un experimento e invitamos a la comunidad a participar. Le pedimos a la gente que buscara en sus casas objetos que le daría gusto prestar a amigos o a los amigos de sus amigos, y el resultado fue una lista enorme: tiendas de campaña, bolsas para dormir y todo tipo de equipo para acampar; maletas y otros artículos de viaje; servilletas de tela, manteles, platos, cuencos para ponche, copas, platos para huevos a la diabla, bases para pasteles y otros utensilios; retazos de tela, juegos de té y demás artículos para fiestas; hieleras y canastas para días de campo; desbrozadoras, podadoras, tijeras de jardinería, escaleras y cortadoras para setos; herramientas para reparaciones del auto y del hogar, y la lista continúa. Hay muchos artículos que tenemos y que nos resultan útiles cuando los necesitamos, pero que la mayor parte del año están guardados en el clóset o la cochera. ¿Qué pasaría si todos viéramos estos artículos como recursos locales, como una especie de colección privada disponible para préstamo? ¿Y qué tal si nosotros mismos fuéramos los bibliotecarios y asumiéramos un control total sobre las reglas de préstamo, las fechas y la elección de las personas a las que se les prestarán los productos? ¿Podrían todos publicar en un sitio central una lista de sus artículos y de las reglas para que los demás buscaran lo que necesitan y contactaran directamente a los dueños? No necesitaríamos tener un edificio, ni personal ni financiamiento. Compartir nos permitiría usar lo que ya poseemos, aprovechar todo, reducir la compra colectiva y seguir usando nuestras pertenencias cada vez que las necesitemos sin causar ningún impacto negativo.

¡A nosotras nos encantó la idea! La gente de la comunidad, sin embargo, estaba intrigada: ¿por qué tendría que prestar sus valiosos artículos a desconocidos? ¿Qué instaría a la gente a cuidarlos y devolverlos? ¿Y si la gente devolviera los objetos rotos o, simplemente, se los apropiara? La idea de la biblioteca de objetos administrada por todos no prosperó porque no tomamos en cuenta el valor más importante para compartir: la confianza.

Pero resulta que la confianza es exactamente lo que se cultiva en una economía de compartición local. Cada vez que alguien da o recibe un regalo, la gente que parecía "desconocida" de pronto se vincula a través de la generosidad, y entonces, se cultiva este valor. Los desconocidos se convierten en conocidos y luego en amigos, y la idea de prestarle la charola de porcelana de la tía abuela Dori a un amigo ya no resulta abrumadora en absoluto. Sí, a veces algunas cosas se dañan, pero los amigos de manera natural ofrecen reparar o remplazar lo que rompieron; la gente comprende los errores y los perdona porque la relación con tu amigo o amiga es más importante que el mango roto de una motoguadaña o que un plato despostillado.

La idea original que tuvimos de la biblioteca de cosas la vimos florecer en los grupos del proyecto Buy Nothing como parte del funcionamiento normal de las relaciones que se formaban entre la gente que se regalaba objetos. Dar algo que no necesitamos o no queremos es una tarea fácil cuando se le compara con la de prestar algo que sí deseamos conservar, sin embargo, los humanos tenemos el deseo nato de cuidar de aquellos a quienes conocemos y en quienes confiamos. La compartición es símbolo de una red sana de gente que da, y es la base del proyecto Buy Nothing.

FUNDA TU COMPARTOCRACIA

Ben Williams dio inicio a su proyecto, la Compartocracia del Futuro, cuando trabajaba en una granja de la zona de Montreal, en la que le pagaban con productos de la granja misma. De pronto el granjero se dio cuenta de que tenía suficiente alimento para comer porque ganaba en verduras, y quiso compartir su riqueza con otros en lugar de tirar lo que le sobraba en el bote de composta de la granja. Ben sabía que sus hermosas verduras podían alimentar a la gente de Montreal. De acuerdo con el reportaje de CBC, el granjero abrió una "tienda" en un parque público[65] y exhibió su colorido sueldo para que todos lo admiraran: hermosas y estilizadas zanahorias anaranjadas, verduras como espinacas y cardos, y cajas rebosantes de jitomates cherry de color rojo profundo. Al principio las personas sólo pasaban por ahí sin comprender cuáles eran las intenciones del granjero, pero en cuanto se dieron cuenta de que la comida era gratis, ¡la idea funcionó! Algunas personas lo visitaban con regularidad para llevar a casa un tesoro vegetal para toda la semana.

El experimento fue un éxito y Ben escribió una especie de manifiesto del proyecto en su página de Facebook.

"La idea de una cultura genuina de compartición es muy sencilla, pero tiene gran profundidad. Aunque parece trivial, atiende varios asuntos importantes, entre ellos la sustentabilidad; nuestra noción general de comunidad y vinculación, y las consecuencias negativas del 'crecimiento desmedido de la economía'. Es imposible cuantificar, pero si fomentamos, aunque sea un poco, una cultura genuina de la compartición, estaremos formando comunidades más amables y sustentables. Si lleváramos estos hechos a sus últimas consecuencias, podríamos modificar radicalmente la economía, la manera en que tratamos a la tierra y la forma en que nos comprometemos entre nosotros y con nuestras comunidades."

Nosotras no podríamos estar más de acuerdo con estas declaraciones. Ben logró ejercer un impacto en la vida de la gente y le demostró que compartir sin pedir nada a cambio era posible. Ahora tiene el plan de viajar por todo Canadá para quedarse y trabajar en granjas, y continuar así su experimento de compartocracia para enseñarle a la gente que impulsa un cambio radical en el sistema de compra y consumo.

La economía de compartición y los actos individuales de donación promueven la reutilización, la redistribución y los préstamos. Esto, a su vez, reduce el desperdicio. Llegó la hora de descubrir la fuerza de la compartición, de prestar y de pedir prestado, y de entender cómo puede ayudarte todo esto en tu viaje en el proyecto Buy Nothing. ¿Tienes acceso a recursos que podrías compartir? Te sorprenderá lo que descubrirás.

EL JARDÍN DE LOS GUANTES AMOROSOS DE LIESL

La primera vez que noté los guantes fue cuando mis hijos empezaban a andar en bicicleta y avanzaban sin parar, pero sus movimientos eran lentos y caprichosos. Constantemente veíamos guantes perdidos al lado del camino, así que decidimos recogerlos. En unos cuantos días ¡logramos recolectar 20 pares! En nuestra isla hay granjeros y jardineros ávidos, e incluso se organiza la mundialmente famosa excursión Bainbridge en Floración. Los 12 meses de excelente clima que tenemos en Puget Sound nos brindan cuatro temporadas para cavar en la tierra y hallar montones de guantes perdidos en los caminos.

Con el paso de los años hemos reunido cientos de pares de guantes, y cientos más de guantes solitarios que esperan encontrar compañero. Pero en lugar de permitir que se vayan al basurero los lavamos y los enviamos a Katmandú para proteger las manos de la gente que recoge chatarra, o pepenadores, como se les conoce en algunos lugares. La vida de estas personas es muy dura, y entre ellas hay muchos niños que ni siquiera llegan todavía a la adolescencia. Esos chicos, y muchos adultos, se ganan la vida revisando la basura de otros para acumular suficientes bolsas o botellas de plástico y enviarlas a la India para que sean recicladas. Con esto ganan algo de dinero, pero las condiciones de vida son de las peores en el planeta.

La mayoría de estos pepenadores no tiene guantes, y algunos usan sólo uno porque es todo lo que tienen. Para encontrar lo que buscan tienen que recoger objetos y meter las manos desnudas entre vidrios rotos y excremento humano. La mejor manera de protegerse consiste en cubrirse las manos, pero no les vendría mal contar con máscaras. En el basurero de la ciudad, a unos 80 kilómetros de Katmandú, trabajan más de 200 pepenadores. Muchos niños recogen plásticos del río Bagmati y de las calles de Katmandú. Tener un guante o dos podría salvar a un niño de las infecciones, la enfermedad y la disentería que hay en el territorio.

Así nació el proyecto de los guantes o, como mi hijo le llama, "El jardín de los guantes amorosos". Los guantes que encontramos al lado del camino, y que si no recogiéramos terminarían pudriéndose en las zanjas, se han convertido en un recurso para gente que necesita protección sanitaria básica al otro lado del planeta. No nos cuesta nada recogerlos, lavarlos y guardarlos en bolsas de tela que luego entregamos en persona cuando viajamos a Nepal. En 2015, cuando un terremoto de 7.8 grados sacudió al país, vimos que millones de personas necesitaban guantes de trabajo para levantar los escombros.

Éste es sólo un ejemplo de la compartición creativa y de lo que puede lograrse al darles un nuevo propósito a los objetos. Los guantes descartados y perdidos de un país encontraron manos ansiosas en otro.

PASO 6: COMPARTIR

Ahora que has dejado de comprar artículos de manera activa, dinos, ¿qué has hecho con todo ese tiempo que antes se te iba en ir de compras? Nosotras tratamos de aprovecharlo y de remplazar las visitas a las tiendas con acciones de elaboración, reparación y compartición. De esta manera profundizas tu experiencia Buy Nothing, pasas más tiempo sin comprar y, además, le retribuyes a la comunidad de forma significativa.

Tenemos algunos consejos para guiarte al inicio. Hay muchísimos métodos para compartir, y también variaciones de las ideas que te damos a continuación. ¿Se te ocurre alguna forma de modificarlas y de presentarlas en tu comunidad?

1. **Sé el anfitrión de una compartición de prendas.** No los llamamos intercambios porque, francamente, la mayoría de la gente tiene toneladas de ropa de la que quiere deshacerse y sólo necesita algunas prendas para darle un giro a su guardarropa. El *intercambio* implica un trueque, dar algo por algo, y nuestra idea es más bien reunir a la gente para que comparta libremente. Pídeles a los invitados que traigan las prendas que ya no quieran o necesiten y que las extiendan en una mesa. Puedes separarlas por tipos o simplemente dejar que la gente revise los montones. Es divertido hacerlo en casa de alguien, pero también puede organizarse en un parque público en un día soleado. Te impresionará la cantidad de prendas nuevas y bonitas con las que regresarás a casa. Algunos grupos asignan a una persona que se lleva todo lo que sobró y lo ofrece en listas en cadena para la gente que se perdió el evento (ve el inciso 3).

2. **Organiza un club de comidas.** Reúne a varios amigos y amigas con intereses culinarios y organiza un club de comidas. Estos clubes llevan la preparación de grandes cantidades de comida al siguiente nivel y te permiten comer platillos variados sin tener que preparar más de una receta. Así, por ejemplo, si son cinco en el club, tú puedes preparar cinco lasañas, recibir los platillos caseros que preparen los otros, ¡y comerlos con tu familia! Si la gente de tu club tiene espacio en el congelador, pueden organizarse para preparar los alimentos una vez al mes y cocinar solamente guisos que puedas congelar sin problema. Todos cocinan el mismo día (los domingos parecen ser los más populares) y luego se reúnen para intercambiar los platillos al mismo tiempo. Cada participante vuelve a casa con una pila de comidas para todo el mes siguiente, la cual puede aprovechar para cenar algo casero que sólo necesite calentarse. También funciona con alimentos frescos, sólo asigna un día para que cada persona cocine para todos. ¿Quién no quiere descansar de la cocina algunas noches a la semana?

3. **Lanza una lista en cadena.** Las listas en cadena sirven para enviar una serie de artículos a la comunidad y que la gente los pase, tome lo que desee y añada otras cosas. Nosotras, por ejemplo, a veces organizamos las listas en cadena para tallas específicas de ropa infantil, pero también pueden organizarse para pasar ropa para dama, ropa para hombre, maquillaje, provisiones para la cocina y juguetes.

4. **Forma un grupo de compartición de jardinería.** Cuando Liesl se mudó a Bainbridge Island fundó un grupo llamado Island Garden Share e invitó a la gente a ir a su casa una vez al mes y llevar plantas perennes, esquejes y raíces de

verduras de sus jardines para compartirlos con los otros miembros. Cada participante regresaba a casa con plantas y verduras nuevas que podía plantar en su jardín. Era una especie de fiesta "de traje" para jardineros y les ayudó a todos a ahorrar mucho dinero a la hora de hacer nuevos parterres de plantas perennes. ¿El beneficio adicional? Fue la mejor manera de conocer gente que compartía la pasión por el cultivo de verduras y plantas perennes.

5. **Recolecta.** Cuando sea tiempo de cosecha busca manzanos, arbustos de moras, vides, perales y cualquier fruto o verdura que crezca en terrenos públicos y que se desperdiciará si nadie lo recoge. Recolecta los que puedas y compártelos con todos.

6. **Funda una "Tienda para no comprar nada y compartir libremente en la temporada navideña".** Durante años hemos tenido una "tienda" de artículos navideños gratuitos. En realidad es una fiesta en la que la gente trae artículos que vale la pena regalar, y los niños y los adultos pueden llevarse cualquier obsequio que les gustaría dar a sus amigos o familiares. Todos vuelven a casa con los brazos llenos de regalos para las fiestas.

7. **Construye una pequeña biblioteca gratuita.** Estas pequeñas bibliotecas gratuitas han estado de moda por varios años y son un gran regalo para el mundo. Construye una cajita a prueba de agua en la que puedas guardar libros y colócala al final del acceso a tu cochera o en otro lugar seguro y accesible para tus vecinos. Los vestíbulos de los edificios son perfectos, pero tienes que pedirle permiso al administrador. La gente vendrá y tomará los libros que le agraden, pero también añadirá títulos a la colección. En

el sitio littlefreelibrary.org encontrarás todos los detalles, incluyendo el plan para construir las cajitas y un mapa de las pequeñas bibliotecas gratuitas.

8. **Funda una biblioteca de objetos.** ¡Las bibliotecas no tienen que ser sólo de libros! Hemos visto bibliotecas de herramientas, semillas, artículos para el hogar y ropa elegante. Todas comenzaron como innovadoras fuentes de recursos locales para que los vecinos pudieran compartir. Elige uno o varios artículos que te gustaría administrar, como servilletas de tela para eventos (¡con ellas se ahorra mucho papel!), cubertería de metal, copas de vino, platos, equipo para acampar, zapatos para la nieve, limpiadoras de vapor para alfombras, etcétera. Tus vecinos te lo agradecerán. Las bibliotecas de cosas son un popular recurso municipal, y las economías de compartición sirven para descentralizarlas, lo cual significa que todos podemos ser administradores de los objetos y prestarlos, en lugar de que la comunidad tenga que hacerse cargo de todas las cosas. Elige el artículo que te gustaría prestarle a la gente, hazle saber a la comunidad que lo estás administrando, y conviértete en esa persona a la que todos acudirán cuando necesiten algo.

9. **Establece una caja gratuita de la comunidad.** De la misma manera que las pequeñas bibliotecas gratuitas, a veces la gente sólo deja fuera de casa una caja a prueba de agua para que los transeúntes tomen objetos o hagan una contribución. Las cajas gratuitas se convierten en lugares de reunión y en una fuente de historias maravillosas. El tiradero o la estación de transferencia local pueden ser lugares magníficos para colocar una "tienda gratuita" a la que la gente vaya a dejar sus artículos en perfecto estado para que sean reutilizados. Estas

tiendas son una especie de última oportunidad para que los objetos sean usados antes de llegar al vertedero.

10. **Reúne una flota de "bicicletas gratuitas".** Junta las bicicletas y luego libéralas para que la gente pueda transportarse de un lugar a otro. Nosotras lo hicimos, pero antes de liberarlas les escribimos con pintura en aerosol un letrero que decía: "Llévame".

11. **Organiza una feria de reparación.** ¡Las ferias de reparación son sumamente necesarias! Reunir a ingenieros, electricistas, carpinteros, costureras y gente hábil como MacGyver para organizar una feria de este tipo puede evitar que muchos objetos terminen en el vertedero. Es posible que ya haya una cerca de ti, sólo busca en internet "Café de Reparación" o "Feria de Reparación" + [tu estado o región], y ve qué aparece.

12. **Sueña una aventura y pide prestado lo que necesites.** Si quieres tratar de hacer snowboarding, pero no tienes tabla, ¡pide una prestada! Cuando les muestras a otras personas que pedir algo no tiene nada de malo, todos empiezan a seguir tu ejemplo. Actualmente la gente puede hacer paddel board, navegar en kayak, practicar snowboarding y andar en bicicleta sin tener que comprar todo el equipo. Nosotras incluso abrimos un grupo de Facebook llamado Buy Nothing Travelers' Network, en el que los miembros del proyecto pueden conectarse con gente de todo el mundo para pedir prestados artículos cuando visiten otras ciudades o pueblos. El grupo también les permite a los viajeros dejar en un lugar los artículos que tal vez compraron pero que no pueden llevar consigo cuando regresen a casa. Esto también lo puedes hacer a nivel personal, basta con que cada vez

que viajes actives una red de amigos de amigos y encuentres entre ellos a personas que quieran compartir equipo.

13. **Funda una biblioteca de habilidades en tu economía de compartición local o en tus redes sociales.** Pregúntale a la gente qué habilidades tiene y de qué manera le gustaría aplicarlas para ayudar a otros. Haz una lista de quién puede ayudar con qué, ¡y deja que comience la compartición de habilidades!

14. **Presenta una iniciativa Buy Nothing para el regreso a clases.** Anima a tu comunidad a reunir los típicos útiles escolares que necesitan los estudiantes para regresar a la escuela. En la mayoría de los hogares hay este tipo de artículos en exceso, y también habrá empresas que estarán felices de contribuir y donar artículos de oficina como bolígrafos, lápices, separadores, carpetas, tijeras, engrapadoras, gomas, fichas y carpetas de tres aros. Si recolectas los artículos a lo largo del año, podrías organizar una noche de compartición para el regreso a clases en la que las familias recojan lo que necesiten. Comprar más es completamente innecesario porque estos artículos ya existen en abundancia en nuestras comunidades

15. **Inicia un "Mercado mensual de verdad, de verdad gratuito".** En Minneapolis hay un exitoso mercado gratuito que ha beneficiado a muchas familias. Tú podrías fundar uno en tu propia ciudad o pueblo. El Mercado de verdad, de verdad gratuito de Minneapolis se ubica en East Phillips Park y es muy popular. La gente contribuye con lo que ya no necesita y recoge lo que le hace falta. Para darse a conocer, pusieron este anuncio en el periódico local: "Todo aquí es GRATUITO: trae lo que quieras dar y toma lo que te gustaría recibir. Recibimos alimentos, comida y compañía. ¡Disfruta

de una tarde en nuestra economía de compartición! Por favor considera todo como un regalo, y si trajiste algo, pero nadie lo necesitó, llévalo contigo a casa de vuelta".

16. **Haz un intercambio de esquís/bicicletas/artículos deportivos.** En el invierno podrías organizar un intercambio anual de esquí para que las familias den y reciban esquís, bastones, cascos, tablas de snowboarding, zapatos para nieve, ropa de invierno, botas, etcétera. En el verano podrías hacer lo mismo con bicicletas, cascos, patines en línea, patinetas, equipo de campamento, mochilas, kayaks, tablas para surf de remo y otros artículos. En el otoño puedes enfocarte en los artículos para equipar a los niños que juegan soccer, lacrosse, futbol americano, hockey sobre pasto, vóleibol y todos los deportes organizados de la temporada para los que es necesario tener uniformes, zapatos especiales y otro equipo. Los niños crecen y dejan los zapatos y la ropa rapidísimo, ¡así que no hay necesidad de comprarlos nuevos cada año!

17. **Repara cosas en tu comunidad.** ¿Eres bueno para reparar algo en especial? Si tienes una habilidad específica, hazlo saber a toda la gente. Es una magnífica manera de hacer amigos en un instante. Debi Baker, miembro de Buy Nothing en California, adora reparar máquinas de coser. Compra máquinas descompuestas que a la gente ya no le interesa reparar, las arregla y las regala. También conocemos a algunos mecánicos de bicicletas a los que les gusta remodelarlas para luego liberarlas de nuevo. En Paonia, Colorado, hay un maravilloso colectivo de fanáticos del ciclismo a los que les apasiona enseñarles a otras personas a reparar y dar mantenimiento a bicicletas. Es un ejemplo para las

comunidades y debería ser reproducido en todo el mundo. Tal vez tú también tengas un superpoder para reparar algo. ¡Deberías compartirlo!

18. **Organiza un evento para compartir libros.** Invita a tus amigos, pídeles que traigan libros que ya hayan leído y anímalos a tomar uno o dos de las pilas comunitarias. Y para continuar con ese mismo espíritu, por favor comparte este libro cuando lo hayas terminado. Somos conscientes de la ironía de que el libro del proyecto Buy Nothing se venda, así que, por favor, regálalo, préstalo, pídelo prestado o incluso dónalo, y anima a quien lo reciba a compartir sus ideas en los márgenes para que se divulguen libremente por todos lados.

19. **Organiza una fiesta de juguetes.** Reúne los juguetes que tus hijos ya no usen, guárdalos en una caja o canasta, y en la siguiente fiesta de cumpleaños infantil invita a otros padres a traer los suyos. ¡Así animarás a todos a compartir juguetes nuevos!

20. **Practica la jardinería en comunidad y comparte las cosechas.** Si tienes un espacio para cultivar, transfórmalo en un jardín para el vecindario. La jardinería toma mucho tiempo y las plantas requieren atención diaria, así que compartir la tierra y el trabajo puede aumentar las cosechas y permitir que los alimentos y la alegría le lleguen a más gente. También puedes dar los alimentos que te sobren a una de las carretas Grow Free. Se trata de un hermoso movimiento que comenzó en Australia con coloridas carretas en las que la gente comparte su exceso de cosecha y toma lo que necesita. Busca la carreta Grow Free cerca de tu hogar en growfree.org.au, o inicia un proyecto propio con una carreta en tu comunidad. Esta idea original de Australia merece implantarse en todo el mundo.

¿Todavía no se te ocurren maneras de empezar a compartir en tu comunidad? Aquí hay algo que todos podemos hacer. Nosotras recolectamos algunos artículos que usamos para hacer obsequios especiales o para regalarlos a gente que los necesita con regularidad, e incluso para dárselos a gente que, de otra manera, no tendría acceso a ellos. Creemos que todos pueden hacerlo. Si todos nos diéramos a conocer como administradores de un artículo que usualmente termina en los vertederos, nuestras comunidades desperdiciarían mucho menos.

Aquí hay otro ejemplo. En nuestros contenedores de reciclaje local no se acepta papel aluminio, así que nuestra amiga Jane Martin decidió administrar este material. Colocó una cubeta afuera de su casa para que la gente pudiera dejar ahí el papel aluminio. Nosotras guardábamos nuestros trozos y se los dábamos en las reuniones a las que íbamos. Pasados algunos meses, Jane llevaba todo el papel aluminio a un depósito de metal que le pagaba por él. Ella también es orfebre, tiene un talento especial para fabricar joyería. A lo largo del año recolecta cuentas y todo tipo de joyas y bisutería de la comunidad. Tiene seis lugares en la isla donde la gente puede dejar las piezas que ya no quiere, como los aretes sin par, las joyas viejas de la abuela, series de cuentas rotas o, simplemente, esas piezas que ya usamos demasiado. Con ese material Jane y sus alumnos de orfebrería crean hermosas piezas para las mujeres que viven en el refugio doméstico local para mujeres víctimas de la violencia. Estas nuevas joyas son una oportunidad para que nuestra comunidad les haga llegar un poco de belleza a las mujeres cuyas vidas se vieron interrumpidas.

50 COSAS QUE COMPARTIMOS

Nosotras recolectamos muchos objetos que tienen propósito en el mundo. Aquí te presentamos 50 cosas que compartimos como un ejemplo de lo que todos podrían hacer. ¿Qué flujo de desperdicio estarías dispuesto a administrar? ¡Hay muchas cosas que podrían beneficiarte a ti y a tu comunidad! Quienes tienen la tendencia a acumular pueden especializarse en solamente algunos objetos y deshacerse de los demás. Elige los artículos en los que te vas a enfocar y luego libera el resto. Puedes dárselos a otras personas que los necesiten.

1. **Guantes de jardinería.** Como Liesl, puedes recolectar guantes que encuentres y compartirlos con tus amigos jardineros o destinarlos a proyectos comunitarios.

2. **Gafas oscuras.** Nosotras también coleccionamos gafas oscuras, aunque estén un poco rayadas. Liesl las lleva a los Himalaya para dárselas a algunos celadores y aldeanos que sufren de ceguera por la nieve. Las gafas son ligeras y fáciles de transportar.

3. **Velas y cera para velas.** Nosotras elaboramos muchas velas (ve la página 193) y usualmente son grandes. Recibimos la cera que le sobra a otra gente, cera de velas a medio derretir. La reciclamos y fabricamos velas nuevas. Es sencillo y es un proyecto divertido para realizar con los niños. Además, no nos cuesta nada y las velas son un excelente regalo. Cuando ya no necesitamos velas para nosotras, le entregamos nuestros restos de cera a una asociación local sin fines de lucro que les ayuda a adultos con discapacidad intelectual. La asociación tiene un negocio de productos para encender fuego de chimeneas.

4. **Calcetines sin par.** Los niños de nuestras escuelas locales recolectan calcetines para la gente sin hogar. Hemos descubierto que incluso pedir calcetines sin par a otras familias resulta útil. Los chicos empatan los calcetines ("Ahí es donde terminan, ¡en los cajones de los vecinos!") y los llevan al refugio más cercano para personas sin hogar. Los bonitos pares al azar de calcetines se comparten con amigos que adoran usarlos y tener un *look* atrevido.

5. **Sobres de correo forrados con plástico con burbujas.** Es muy buena idea juntar estos sobres porque mucha gente y muchos negocios pueden reutilizarlos en lugar de comprar sobres nuevos.

6. **Corcholatas de cerveza y tapas de botellas.** A los artistas plásticos de nuestra comunidad les interesan estos artículos, por eso los guardamos en una canasta que permanece colgada en el área de reciclaje. Cuando la canasta está llena, pasamos a dejarla al taller de alguno de nuestros amigos artistas.

7. **Corchos de vino.** También los corchos los guardamos en una canasta y se los llevamos a los artistas (busca en Pinterest las bonitas creaciones que puedes hacer tú mismo con corcho) o al programa de reciclaje de Cork Forest Conservation Alliance en nuestras vinaterías locales.

CONSERVA TU CORCHO

El corcho es un material renovable que puede reciclarse. Procesarlo no solamente lo mantiene fuera de los vertederos, también ayuda a que este material sea transformado en pisos y otros productos increíbles como zapatos. Hay organizaciones como ReCORK o Cork Forest Conservation Alliance que pueden indicarte dónde está la planta de reciclaje más cercana. En algunos supermercados, vinaterías, cafés y viñedos aceptan corchos porque tienen un acuerdo con Cork ReHarvest. Los bosques de corcho de Portugal forman parte de los proyectos agroforestales sustentables más antiguos del mundo; han estado produciendo desde el siglo XIII, y gracias a eso, obtener corcho no implica talar un árbol. Comprar vino en botellas que usan corcho en lugar de tapones de plástico ayuda a mantener estos bosques y a proteger la biodiversidad de sus hábitats. ¿Pero cómo saber qué vinos tienen corcho natural? ¡Hay una aplicación para averiguarlo! A nosotras nos encanta, se llama CORKwatch y fue diseñada por ReCORK. Busca tu vino favorito en la aplicación y ve qué averiguas. La marca Kendall-Jackson, por ejemplo, tiene una reserva de Chardonnay con corcho natural, pero para su versión más económica de esta misma variedad de uva usa plástico. Con el fin de facilitar aún más la identificación de vinos naturales, Cork Forest Conservation Alliance implementó un método que algunas empresas vitivinícolas ya están usando: si ves el símbolo de una bellota en la botella, significa que se usó corcho natural.

8. **Libros para niños.** Durante años hemos coleccionado libros para niños que luego se llevan a las seis bibliotecas infantiles Magic Yeti que la familia de Liesl fundó en Nepal.
9. **Charolas de unicel para carne y pescado.** Los artistas plásticos y los maestros adoran el unicel plano porque sirve para tallar los diseños necesarios para hacer grabados. Lava

las charolas, sécalas y guárdalas para compartirlas con escuelas, museos, campamentos de verano y grupos juveniles. Nosotras compartimos las nuestras con el museo de arte local, donde las usan con frecuencia para sus clases de grabado. Katherine Parsons, de Virginia, es miembro del equipo global Buy Nothing y también comparte sus charolas de unicel: "A mí ya no me da miedo decirle a un maestro o maestra de las escuelas de arte '¡Hola! ¿Le sirven las charolas de plástico en las que venden los alimentos del supermercado?' Los artículos que antes tirábamos al bote de reciclaje o a la basura ahora se reutilizan una y otra vez".

10. **Artículos escolares.** Empieza a almacenar artículos escolares para compartirlos con los maestros de la localidad. Pregúntales qué artículos compran y usan con regularidad para que tú los recolectes. Pueden ser lápices, bolígrafos, crayolas, lápices de colores, carpetas de aros, tijeras, marcadores mágicos, ligas, tachuelas y etiquetas. Algunos miembros de la comunidad almacenan estos artículos típicos y luego los comparten con otras familias al inicio del año escolar. En el extremo sur de Bainbridge Island hay un cobertizo donde se guardan artículos escolares que las familias comparten entre sí a finales de agosto. De esta manera nadie tiene que comprar y todos contribuyen.

11. **Flores.** Comparte las flores cortadas de tu jardín. A todos les gustan las flores frescas.

12. **Animales de peluche.** Los animales de peluche pueden tener más de una vida. Averigua en los centros para adultos mayores de tu comunidad, en pabellones del recuerdo, centros infantiles, refugios de animales, talleres de artistas plásticos y consultorios médicos. Te aseguramos que encontrarás un nuevo hogar para tus animalitos.

13. **Juegos.** Sigue las instrucciones anteriores. Christine Rolfes, nuestra senadora estatal, tiene afuera de su oficina una colección de juegos obtenidos a través del proyecto Buy Nothing, la cual se actualiza constantemente. Son para los niños que acompañan a sus padres al capitolio estatal para reunirse con ella. Christine es un excelente modelo a seguir para todos sus electores.

14. **Frascos de vidrio.** Si acumulas frascos y le avisas a la gente, lo más probable es que alguien los quiera para un proyecto.

15. **Tapas de botellas de plástico.** La gente de algunos programas especiales o los artistas plásticos podrían quererlas.

16. **Joyería y cuentas.** En nuestra ciudad tenemos algunas cajas en las que recolectamos joyería y cuentas para el proyecto de las mujeres de los refugios que fundó nuestra amiga Jane Martin. Incluso reciben piezas rotas y aretes sin par. Los encargados limpian las piezas, las separan, las reparan, las transforman, las empacan y finalmente las entregan a las mujeres de los refugios.

17. **Ganchos.** Todos usan ganchos. Pueden ser de plástico, de madera o de metal, pero siempre asegúrate de compartirlos en lugar de tirarlos a la basura. En la tintorería local reciben con mucho gusto los de metal.

18. **Bases de madera.** ¡Son muy populares! Si alguna vez te quedas con bases de madera tras recibir una entrega, no las tires, compártelas. Nosotras hemos fabricado casas de muñecas, y otras personas las han usado para hacer verjas, proyectos artísticos, proyectos de jardinería, además de muebles y cientos de artículos más.

19. **Cámaras y videocámaras.** Son excelentes para los estudiantes de cine y fotografía. A las escuelas locales siempre les da gusto recibir equipo de fotografía y cinematográfico.

20. **Semillas.** En nuestra comunidad hay algunas opciones para compartir semillas. En el invierno, cuando en los jardines realmente no florece nada excepto kale, organizamos reuniones informales y compartimos semillas. Algunos recolectamos y guardamos las que recogimos y secamos en la estación de cultivo; otros comparten paquetes de semillas que saben que nunca van a plantar. En la biblioteca pública regional hay un espacio en el que cualquiera puede llevar y recibir semillas. Las empaquetadas pueden guardarse perfectamente en los viejos cajones de madera de las tarjetas bibliográficas.

21. **Plástico con burbujas.** Nosotras guardamos cualquier trozo de plástico con burbujas para los artistas plásticos y negocios locales que, de otra manera, tendrían que comprar este material que muchos tiran. Sólo guarda el plástico que recibas y luego busca a alguien a quien le gustaría reutilizarlo. La gente que tiene que mudarse estará muy agradecida.

22. **Cajas.** La ética de la reutilización es tan fuerte en nuestra isla que hay un grupo de internet dedicado exclusivamente a compartir artículos para mudanzas como cajas, plástico con burbujas, empaques aéreos, cacahuates de unicel y papel para envolver artículos frágiles. En la isla hay un gran movimiento anual de familias que vienen y se van porque las más jóvenes quieren aprovechar las excelentes escuelas locales, y las familias de jubilados se van en cuanto sus hijos vuelan del nido. Guarda el material útil para mudanzas: ¡alguien cerca de ti lo necesita!

23. **Cerámica y vidrio roto.** Los artistas plásticos que se especializan en mosaicos van a adorar que les regales tus platos de cerámica y vasos rotos.

24. **Pintura para casa, colorantes y aceites.** Cuando terminamos de pintar, sabemos que siempre podemos darle a alguien los materiales que sobraron para que los utilice en sus propios proyectos.

25. **Macetas de plástico.** Algunas de las personas del mercado de granjeros adoran nuestras macetas de 10 centímetros. También en las guarderías reciben estas macetitas que otros no quieren.

26. **Materiales de arte.** La pintura, pinceles, brillantina, etiquetas, tinta y pegamento siempre son bien recibidos en los salones de clases, guarderías, centros para adultos mayores y museos infantiles.

27. **Periódico.** Conocemos a una mujer que con frecuencia necesita periódico para encender su chimenea en invierno. Asegúrate de averiguar si alguien necesita el periódico con este mismo propósito, para jardinería, proyectos artísticos o para entrenar mascotas.

28. **Hojas.** En los húmedos meses del invierno los gallineros del patio de atrás se vuelven un desastre, siempre necesitamos montones de hojas adicionales para cubrirlos. En el verano las hojas secas que caen funcionan como mantillo para el jardín y ayudan a reducir la cantidad de agua de riego. Antes de tirar tus hojas, averigua: algún vecino con animales o plantas podría necesitarlas.

29. **Ramas.** Nosotras nos conocimos gracias a las ramas. En una ocasión, Rebecca ofreció las suyas en un grupo Freecycle. Eran unas hermosas ramas de sauce rizadas que dejaron intrigada a Liesl, quien sintió que tenía que conocer a esa persona suficientemente temeraria para regalar ramas, y ahora ambas están aquí, escribiendo un libro juntas. Uno

nunca sabe con quién te conectarán esos objetos raros, ni qué te podrían inspirar a hacer en el futuro.

30. **Gel de sílice.** El gel de sílice es uno de esos materiales incomprendidos. Aunque en los paquetes dice: "No ingerir, desechar", las cuentitas no son venenosas. Es posible que, sin darte cuenta, ya te hayas metido algunas a la boca o que hayas frotado tu cuerpo con ellas porque se usan en algunas pastas dentales y exfoliantes. El gel de sílice es un desecante inerte que seca cualquier material que tenga cerca. Tiene muchos usos y por eso vale la pena pensarlo dos veces antes de botar los sobrecitos. Nosotras los guardamos y, cada 6 o 12 meses, los compartimos con artistas plásticos y otras personas que comprenden la versatilidad de este material. Éstos son algunos de nuestros usos preferidos para los sobres de gel de sílice: guárdalos junto a tus artículos de plata para desacelerar el proceso de manchado. Colócalos en tus estuches de cámaras y lentes para conservar el equipo seco. Guárdalos en las cajas de fotografías y diapositivas para conservarlas más tiempo. También son buenos para evitar la humedad en las chamarras y los edredones de plumas. Pon sobrecitos entre las semillas del jardín para mantenerlas secas, y arroja algunos en el tarro del detergente para que no forme rocas. ¡Sí funciona!

31. SCOBY **para kombucha.** La mezcla de SCOBY es un regalo que se reproduce permanentemente. Es necesario para elaborar la kombucha y para darle esa textura burbujeante. La mezcla SCOBY es la "madre" que ayuda a fermentar el té y el azúcar para transformarlos en kombucha. Es una sustancia viva y sigue creciendo con las nuevas porciones que preparas, así que regalar SCOBY es una forma de vida para los productores

de kombucha. La mezcla de Liesl ha servido para promover el hábito de elaborar esta bebida entre más de 10 familias.

32. **Ropa.** Hay una infinidad de maneras de compartir ropa, revisa las sugerencias que hemos dado para organizar fiestas de prendas y listas en cadena. La ropa es una de las cosas más fáciles de compartir porque ¡todos la usamos y los niños la dejan muy pronto!

33. **El jardín.** ¿Compartir tu jardín? ¡Por supuesto! Hay varias maneras de hacerlo. Puedes invitar a un amigo a que se una a ti durante una temporada de jardinería, sólo comparte tu espacio con él. Esto significa que ambos tendrán que ocuparse de lo cultivado, lo cual puede disminuir un poco la carga de trabajo. Sarah Steinberg de Oregon comparte su jardín de otra manera. Aquí lo explica: "Nosotros plantamos fruta, verduras y hierbas en el jardín del frente y animamos a nuestros vecinos a visitarnos si necesitan algo para la cena o alguna botana cuando van de paso. A mi hijo que todavía asiste al kínder le encanta mostrarles a los vecinos dónde está la fruta madura".

34. **Alimentos perecederos.** ¿Alguna vez has viajado por algunas semanas y dejado en el refrigerador productos perecederos que alguien más podría consumir? Barb Short, una mujer de Key Largo, comparte estos productos: "Cuando estaremos fuera varios días le doy a algún vecino las verduras y productos que no durarán hasta que nosotros volvamos. También comparto alimentos cuando hay ofertas en las que te dan dos por el precio de uno porque somos una pareja y, en realidad, no necesitamos 10 kilos de papas… Los vecinos siempre nos devuelven el favor de alguna manera o comparten conmigo plantas que no se dan en mi jardín".

35. **Cenas.** Prepara una cantidad doble del platillo para la cena y compártelo con alguien. Es lo que hace Natale Rochlin de Seattle: "Con frecuencia preparo el doble de lo que indica la receta y así puedo compartir con mi vecina, que es una señora que vive con su hijo. Ella también cocina a menudo para mí y mi familia. Es muy divertido comer lo que alguien más cocina, sobre todo esas noches cuando no tienes ganas de cocinar y no has preparado nada, y de pronto te llega una cena sorpresa".

Kären Ahern, de Bainbridge Island, lleva las cosas incluso más allá. No sólo comparte comida, también anima a otros a hacerlo. Es un poco como plantar las semillas de la generosidad. "Antes de salir de la ciudad, el sábado pasado, me divertí al llevarle a mi vecina poco más de dos kilos de ensalada de col que preparé la noche anterior. Le pedí que por favor la compartiera con otra vecina a la que ella no conoce bien, y que, a su vez, le pidiera a esa vecina que la compartiera con la gente que vive al otro lado de la calle, a la que tampoco conoce. Todos recibieron una porción de deliciosa ensalada de col para la cena, pero lo mejor de todo fue que las dos vecinas de uno y otro lado de la calle por fin se conocieron, ¡después de tres años de vivir aquí! Compartir comida es algo mágico, sólo se necesita una comunidad.

36. **Libros.** Liesl tiene una casa de huéspedes que renta a través de Airbnb. En la casa hay una canasta con una pequeña biblioteca gratuita para que los huéspedes tomen los libros que les gusten y dejen en ella otros que ya leyeron. Encuentra la pequeña biblioteca gratuita más cercana (ve la página 228) y deja tus libros para que otros los disfruten. También puedes adoptar el estilo libre. A Rebecca le gusta dejar libros

en lugares divertidos para que los encuentren personas desconocidas, y en el interior deja una nota que dice: "Sí, éste es un libro gratuito para ti, si deseas aceptarlo".

37. **Retazos de tela.** Siempre hay alguien que necesita retazos de tela, como la gente que fabrica edredones tipo americano con parches. A los maestros de arte y los de preescolar también les encanta trabajar con retazos de tela para fabricar collages de distintos materiales.

38. **Toallas y blancos.** En el refugio para vida silvestre de nuestra localidad reciben toallas y blancos con cualquier forma, y sin importar si tienen agujeros o manchas. También hay muchos refugios para mascotas donde reciben este tipo de artículos con mucha alegría.

39. **Bolsas de frituras.** En el Reino Unido les llaman "bolsas crujientes", pero independientemente del nombre que les des, casi todas tienen el mismo interior metálico que sirve para fabricar maravillosas bolsas de regalo. Es muy fácil elaborarlas: voltea la bolsita y lávala con jabón para trastes, así te desharás de toda la grasa. Sécala y reutiliza el interior plateado como una bolsa de tereftalato de polietileno.

40. **Cartones de leche.** En Pinterest hay montones de ideas para reutilizar prácticamente cualquier objeto existente. Innovadores constructores están usando los cartones de leche para aislar sus paredes en casas y construcciones nuevas.

41. **Juguetitos, canicas y bisutería.** En la casa, dentro de la alacena, tenemos un frasco en el que guardamos objetos pequeños que encontramos, como muñecos, coches de Matchbox, marionetas de dedos, juguetes y artículos que sabemos que a los niños les encanta que les den sus maestros como "premios" en la escuela. Cuando el frasco se llena

se lo llevamos a nuestros maestros preferidos de la primaria. Rebecca trae en su bolsa algunas canicas que suele ocultar a una altura en que sólo los adultos puedan verlas. De esa manera honra una petición que hizo su difunta amiga Emily, e ilumina el día de un desconocido.

42. **Revistas.** Si tienes un altero de revistas, compártelas. En nuestra biblioteca local hay un programa que consiste en aceptar tus revistas y ponerlas en el vestíbulo para que otras personas las compren por 25 centavos. Las ganancias sirven para que la biblioteca continúe funcionando.

43. **Artículos de baño.** Nosotras siempre guardamos los artículos de baño que adquirimos pero que por alguna razón nunca usamos, y los llevamos al refugio para mujeres más cercano.

44. **Recipientes de lácteos.** Como los maestros piden con frecuencia recipientes plásticos de yogurt o mantequilla para los proyectos de las materias del programa de ciencias (STEM, por sus siglas en inglés), puedes guardar los tuyos apilados y preguntar en tu comunidad si alguien los necesita.

45. **Bolsas de tela reutilizables.** (En la página 132 encontrarás las instrucciones para confeccionarlas.) Deja tus bolsas en el banco local de alimentos. Los clientes apreciarán tener bolsas reutilizables para sus productos.

46. **Frascos de medicina (o frascos color ámbar para cápsulas recetadas).** La gente hace todo tipo de cosas con estos frasquitos de plástico. Algunos los usan para guardar fósforos a prueba de agua de los que se llevan a los campamentos; otros los convierten en minicostureros, otros guardan en ellos sus tapones para los oídos y así los transportan en la mochila o la bolsa, y hay quienes les dan una nueva vida como recipientes para hierbas y especias. Algunas personas

los solicitarán a tu economía de compartición local, así que asegúrate de guardar los que te queden y ofrecerlos cuando tengas suficientes para algún proyecto.

47. **Bicicletas.** Las bicicletas nunca deben desecharse. Incluso cuando están rotas y es imposible repararlas, hay quienes necesitan las piezas como refacciones. Averigua en los clubes locales de ciclistas y en las tiendas de bicicletas: siempre hay un ciclista pepenador que estará muy contento de aceptar tu bicicleta para usar sus piezas o para tratar de renovarla.

48. **Cámaras de bicicletas.** ¿Alguna vez has visto las carteras, bolsos o cinturones fabricados con cámaras de bicicleta? Guarda tus cámaras y dáselas a algún artesano local que pueda reutilizarlas.

49. **Lonas.** Nosotras siempre tenemos lonas de sobra a la mano porque tienen una cantidad incontable de usos. En casa las empleamos para cubrir muchos objetos durante los nueve meses de lluvia que tiene que soportar nuestra isla. También nos gusta tenerlas disponibles para prestarlas. Se las hemos prestado a vecinos a cuyos automóviles o casas les han caído árboles, pero también las enviamos a comunidades lejanas para ayudar a que la gente se recupere después de deslizamientos de tierra, terremotos y huracanes. Evidentemente, no esperamos que nos devuelvan esas lonas que van a lugares lejanos, se trata de un préstamo permanente. Las lonas son de las primeras cosas que la gente pide cuando pierde su hogar y sus pertenencias porque de esa manera puede proveerse de un refugio o cubrir los objetos que recibe después del desastre.

50. **Lentes.** Los lentes tampoco deben tirarse a la basura nunca. Guarda los que ya no uses y llévalos al oftalmólogo

u optometrista más cercano. Ellos sabrán quién los necesita. Liesl lleva a Nepal lentes genéricos de alcance básico y medio que no requieren receta, y ahí los comparte con gente que no tiene acceso a servicios para el cuidado de la vista.

La lista anterior no es exhaustiva, pero te da una idea de la manera en que puedes evitar que estos artículos consumibles terminen en vertederos, y de cómo la gente, las asociaciones sin fines de lucro y algunas empresas los reutilizan de formas innovadoras. Juntos podemos evitar que estas personas y organizaciones tengan que comprar materiales nuevos y, al mismo tiempo, impedimos que los materiales ingresen a nuestras corrientes de agua como desperdicio sólido. Reducir y reutilizar es incluso más importante que reciclar.

> **Reducir y reutilizar es incluso más importante que reciclar.**

¿Qué más podemos hacer para compartir y ayudarle a la gente a no comprar nada? Podemos prestar y pedir prestado, compartir temporalmente nuestros objetos con familiares y amigos para que no tengan que adquirir artículos nuevos y guardarlos en sus hogares que, de por sí, ya están repletos de cosas. Piensa en todo aquello que tenemos en las cocheras, armarios y repisas, y que no usamos la mayor parte del año. Son artículos que podemos prestar en más de una ocasión, y que conforman una verdadera biblioteca durable de cosas (y de servicios en los que el regalo es uno mismo) que pueden prestarse indefinidamente para ahorrarnos dinero, espacio y recursos naturales.

50 COSAS QUE PRESTAMOS Y PEDIMOS PRESTADAS

1. **Artículos para organizar fiestas en salones de clase.** En todos los salones de la escuela primaria local abre una biblioteca de cero desperdicio con objetos reutilizables como utensilios, platos, vasos y servilletas de tela. Nosotras tenemos estos objetos para cubrir las necesidades de un salón completo y los guardamos en una cubeta de poco más de 20 litros. Si después de cada uso alguien se lleva la cubeta a casa para lavar los artículos, todo puede reutilizarse. Esto evita que los padres tengan que enviar suministros de un solo uso para las fiestas escolares y les ofrece a los niños una lección sobre la necesidad de administrar los recursos compartidos de la misma manera que lo hacen con sus cupcakes de cumpleaños.

2. **Tazas de café.** ¡Tú podrías convertirte en el promotor de la hora del café comunitario! A la comunidad de nuestra isla no le hacen falta tazas para el café. Los grupos de mujeres, el Club de Rotarios y todas las demás organizaciones tienen juegos de más de 50 piezas para que todos puedan recibir su dosis correspondiente de cafeína durante las reuniones. También puedes organizar un programa de tazas para viaje gratuitas en las cafeterías locales para que nadie tenga que volver a usar vasos desechables.

3. **Suministros para fiestas infantiles.** Siempre es bueno pasarles a otras personas que tendrán pronto una fiesta infantil de cumpleaños los sombreros de fiesta, serpentinas y recuerditos. Nosotras compartimos y reutilizamos muchos suministros de este tipo cuando nuestros niños eran pequeños, y nunca nadie lo notó.

4. **Tiendas de campaña y equipo para acampar.** Como el esposo de Liesl trabaja para North Face, su familia consigue fácilmente tiendas de campaña que luego presta con gusto a campistas que no tienen equipo propio. Estas afortunadas tiendas pasan la mayor parte del verano corriendo aventuras con distintas familias que exploran el Noroeste del Pacífico. Estufas, bolsas para dormir, almohadillas, lonas, cuerdas elásticas para puentismo, recipientes para alimentos a prueba de osos: préstales todo lo que tengas a los siguientes aventureros. Estos artículos también resultan útiles durante apagones, tormentas y otras situaciones difíciles. ¿Hay algo a lo que tengas acceso gracias a tu trabajo y que puedas compartir? ¿Libros? ¿Alimentos? ¿Madera de desecho?

5. **Zapatos y tablas de snowboard, patines, esquís y ropa y equipo para actividades especiales.** No toda la gente necesita comprarse un juego de equipo especial. Los préstamos también pueden ahorrarle a un amigo el costo de rentar equipo. Cuando a los niños de Liesl les dejaron de quedar sus botas para la nieve, las conservaron para poder prestarlas a familias que querían visitar y explorar la cordillera de las Montañas Olímpicas. El traje de neopreno de la época en que Rebecca guiaba kayaks lleva años siendo usado por amigos que van a las heladas aguas locales para pasear en bote, bucear y surfear. ¿Hay algo en tu armario que sólo esté ocupando espacio y que podrías prestarle a alguien más para que le dé buen uso? ¿Un traje para la nieve? ¿Equipo de buceo?

6. **Bolsa de lona y maletas.** Mientras no los usa, Liesl les presta bolsas de lona a estudiantes que se mudan a los dormitorios universitarios al principio del semestre escolar. Cuando uno no viaja, las maletas se quedan guardadas:

compártelas con la comunidad. Es mejor que viajen por el mundo a que sólo ocupen espacio.

7. **Máquinas de coser.** Rebecca tiene una sencilla máquina de coser portátil que presta para que la gente pueda hacer reparaciones rápidas. Esto permite que la máquina siga funcionando bien (son más felices cuando alguien las usa y la maquinaria no se atasca por el acumulamiento de polvo) y que la gente de la comunidad repare sus prendas.

CABRAS Y ABEJAS

Si se pone uno creativo, puede compartir prácticamente todo, incluso cabras. ¡Sí, cabras! Conocemos gente que les presta sus cabras a los vecinos para ayudarles a deshacerse de las zarzas y otras especies invasoras. De esta manera las cabras comen gratis y los jardineros reciben ayuda para eliminar las plantas que les causan problemas. También conocemos apicultores que colocan sus panales en jardines comunitarios locales y en huertos públicos. Las abejas se alimentan con el néctar y el polen del jardín, y eso les ayuda a producir más miel. Al mismo tiempo, los jardines y los huertos son polinizados, lo cual ayuda a mejorar las cosechas de alimentos.

8. **Equipo médico: muletas, soportes para pie, botas para caminar, sillas de ruedas, bastones, sillas para ducha, andadera para rodilla.** Todo este equipo médico está disponible gratuitamente en nuestra comunidad para pasar de una casa a otra y aligerar la carga de sucesos traumáticos.

9. **Barrena de drenaje.** En todas las economías de compartición es necesario que haya una barrena de drenaje que pase de casa en casa para sacar el cabello y toda la suciedad que se acumula en las tuberías.

10. **Estaciones públicas de juguetes.** Inspírate en las colecciones de juguetes de playa y de juegos disponibles en los puestos públicos de autoservicio en las playas de Tel Aviv. Construye un contenedor para juguetes y colócalo en el parque público local, en la playa o en otro lugar divertido. Llénalo de juguetes que te gustaría que otras personas disfrutaran. Revisa el contenedor periódicamente para asegurarte de que los objetos estén limpios y añade los nuevos que te hayan dado tus familiares y amigos.

11. **Trajes de negocios.** Esto lo vemos cada vez con más frecuencia: la gente te quiere prestar sus trajes de vestir, zapatos, corbatas y cualquier otra prenda que necesites para una entrevista de trabajo.

12. **Aspiradoras Shop Vac y Wet Vac (aspirado en seco y mojado).** Puedes prestar estas poderosas máquinas algunos días al año sin extrañarlas.

13. **Vaporizador para alfombras y pisos.** Cuando alguien ofreció prestar un vaporizador para limpiar alfombras, todos quisieron probarlo en casa, así que fue enviado a la biblioteca de objetos administrada por Debbie Fecher Gramstad, miembro desde hace mucho tiempo de nuestra economía de compartición local. Debbie lleva el registro de todos los componentes de los aparatos y tiene la lista de préstamo para usar este maravilloso artefacto.

14. **Binoculares.** ¿Vas de viaje? Pide prestados unos binoculares. Los binoculares usualmente son costosos, pero si se

cuidan bien, pueden usarlos muchas personas consecuti-
vamente.

15. **Libros.** Es probable que ya hagas esto: prestar libros que ya leíste. Da un paso más allá y organiza una fiesta mensual de libros y bebidas en el bar o la cafetería local. Pega un volante en el que invites a la gente a asistir con un par de títulos que quiera regalar; cada quién paga sus bebidas, pero los libros y la conversación son gratis para todos. Naturalmente, nada se compara con aprovechar lo que ofrece la institución de préstamo de libros por excelencia: la biblioteca pública. Cuando quieras leer libros nuevos, recuerda visitarla antes de hacer cualquier otra cosa.

16. **Artículos escolares durables.** Varios artículos escolares como calculadoras, transportadores, reglas, perforadoras y otros pueden recolectarse cada verano para distribuirse entre quien los necesite de nuevo en el otoño.

17. **Aparatos electrónicos de entretenimiento ligeramente obsoletos.** ¿Tienes un reproductor de CD, VHS o casetes? ¿Tal vez un tocadiscos, una consola de ocho canales o un fonógrafo? ¡Préstalo! De esta manera conocerás a todos los hipsters de tu vecindario y los impresionarás con tus historias sobre la vida antes de que existieran los contenidos en *streaming* digital. Cuando alguien administra una videocasetera o un tocadiscos para la comunidad, todos podemos escuchar nuestros discos de vinilo y ver las viejas películas familiares de vez en cuando.

18. **Impresoras y trituradoras de papel.** Imagina una impresora comunitaria. ¡Compartir impresora permitiría compartir el gasto y la pesada labor de hacerse cargo de los cartuchos de tinta y del papel! La trituradora es otro artículo que podrían compartir varias personas con oficina en casa.

19. **Copas.** Hace 20 años Rebecca compró 200 copas para su boda. Como sirven para beber agua, vino, whiskey y jugo, las ha estado prestando para eventos desde que se casó. Las copas continúan almacenadas en las cajas de cartón originales que a lo largo de los años la gente ha reforzado con cinta canela. Se entregan en dos grandes cubos de plástico que tienen pegadas etiquetas para recordarle a la gente en dónde debe devolverlas después de cada evento. En ciertos eventos muy grandes se han perdido algunas copas, pero no tantas como podrías imaginar. Cuando la gente recibe un préstamo de un particular suele cuidar mucho las cosas. Esta colección de copas que ha sido compartida para innumerables bodas, reuniones en iglesias, reuniones civiles y eventos familiares ha sobrevivido hasta… bueno, hasta la boda de la misma Rebecca.

20. **Platos, utensilios para servir y bases para pasteles.** ¿Con cuánta frecuencia realmente organizas eventos para grupos numerosos? Arma un juego de utensilios para servir que puedas prestar. Si en tu vecindario hay más de un juego de platos susceptibles de prestarse, incluso puedes usarlos para bodas o eventos públicos. Rebecca lleva años prestando su juego de platos blancos sencillos, y todavía los mantiene completos e intactos. Incluso hay un "banco de platos" en el que se recolectan estos artículos para regalarlos a las familias de refugiados que los necesitan al llegar a la zona de Seattle. Todo esto también es aplicable a los utensilios para servir. No dudes en prestar tus charolas grandes y bases para pasteles. Cuando te los devuelvan, ¡posiblemente vengan con nuevas recetas!

21. **Servilletas de tela.** Rebecca lleva más de 10 años coleccionando servilletas de algodón de diferentes colores y diseños. Las tiene en una maleta con llantitas que le facilita a la gente

transportarlas cuando las pide prestadas para sus eventos. Hasta la fecha, las servilletas han estado en bodas, comidas de la iglesia, ceremonias *bar* y *bat mitzvah*, funerales, fiestas escolares y todo tipo de eventos con cero desperdicio. Algunas personas de la isla incluso tienen sus servilletas favoritas y les encanta volver a encontrarlas cuando asisten a un evento para el que fueron prestadas. ¡Estamos convencidas de que la gente prefiere la textura de la tela!

22. **Vajillas.** Es muy sencillo armar una vajilla para por lo menos 24 personas y guardarla en un carrito que luego puedes prestar junto con otros platos y utensilios para comidas. Las colecciones de Liesl y Rebecca han ido a fiestas en la playa y las montañas, pero también han servido para comidas "de traje" cerca de casa.

23. **Juego de canasta para días de campo.** Éste es otro artículo fácil de prestar y compartir con los vecinos.

24. **Manteles.** La gente ha pedido prestada la colección de coloridos manteles de Rebecca para todo tipo de eventos: exposiciones de informática en el ayuntamiento de la ciudad, fiestas de cosecha en parcelas comunitarias, comidas escolares deportivas, bodas, retiros religiosos y campamentos grupales. Y cuando hay una boda inminente, Liesl complementa la colección comunitaria con los manteles que le heredó su abuela.

25. **Juegos de té.** A las hijas de Rebecca les encanta el té y les da mucho gusto prestar sus juegos de té, que tanto éxito han tenido en fiestas de cumpleaños, días de campo de osos de peluche, y en despedidas de soltera y *baby showers*.

26. **Banderines de tela para celebraciones.** (En la página 156 encontrarás el tutorial para elaborar tus propios banderines.) Nuestro banderín para fiestas es de cuando empezamos a

experimentar con una vida libre de plástico y decidimos remplazar los globos. Cuelga los banderines en vallas y en árboles cuando las celebraciones sean en exteriores, o a lo largo de muros y mesas en las fiestas en interiores.

27. **Hieleras.** Es muy sencillo prestar hieleras cuando no las estás usando, la gente puede aprovecharlas para sus excursiones de pesca, campamentos, eventos deportivos, carreras, viajes en carretera y eventos similares.

28. **Máquina para hacer helados.** Todos los niños deberían ser invitados a preparar helado en casa por lo menos una vez en su vida, y tú podrías ayudarles a lograr este sueño infantil prestando la máquina para hacer helados que sólo usas algunas veces en el verano.

29. **Podadoras y herramientas y máquinas de grandes dimensiones para jardinería.** Si vives en un lugar donde la mayoría de la gente tiene jardín, ponte de acuerdo con un vecino o dos para compartir la podadora. Puedes aplicar el mismo concepto a los sopladores de hojas, las podadoras de hierba, los sopladores de nieve, las lavadoras a presión, las palas de todos tipos, los punzones, horquetas, motocultores, desbrozadoras, rastrillos y cualquier artículo que necesites para darle mantenimiento a tu pasto, jardín o tierra de cultivo.

30. **Herramientas.** Las herramientas son un artículo esencial de las bibliotecas de objetos. Si alguien quisiera cambiar los limpiaparabrisas o un faro delantero del automóvil, o si quisiera realizar una labor más compleja y tú tuvieras las herramientas que necesita, ¿no las compartirías con él o ella?

31. **Limpiador para ductos de ventilación de secadoras.** Nuestra amiga Molly es famosa en la isla debido a su limpiador de ductos de secadoras. Molly está muy interesada en crear

conciencia sobre los aspectos de seguridad para evitar incendios, y gracias a que le insiste a la gente, casi todos limpian con regularidad los ductos de ventilación de sus secadoras.

32. **Cuenco y vasos para ponche.** El juego de cuenco y vasos para ponche es un artículo muy retro y divertido, y como no se usa con mucha frecuencia, es ideal para pedirlo prestado cuando se organiza una fiesta.

33. **Iluminación de todo tipo.** Las series de luces navideñas que tienes guardadas en una caja podrían iluminar la boda veraniega de un vecino o un baile escolar. Las luces chispeantes son divertidas todo el año y hemos notado que suelen durar más cuando se encienden con frecuencia. Si permanecen almacenadas durante meses y no se quedan bien enrolladas, el cableado puede fallar. Asimismo, las lámparas adicionales, linternas, linternas para huracán y las velas pueden prestarse para distintos eventos como una fiesta ordinaria o apagones masivos.

34. **Transportadoras y equipo para salud y aseo de mascotas.** Las transportadoras de mascotas pueden compartirse sin problemas. ¿Tienes por ahí un cono de la vergüenza que no uses? No seas tacaño, deja que Rover, el perro del vecino de al lado, lo use. También puedes hacer lo mismo con los cortadores de uñas y el equipo de embellecimiento de mascotas, si es que tienes este tipo de artículos. A los perros no les crece el pelo incontrolablemente todos los días, así que puedes prestarles tu equipo a las mascotas vecinas que necesiten una manita de gato.

35. **Corrales portátiles, moisés y otros artículos para bebés.** Las sillas para el automóvil que todavía tienen vida útil por supuesto, los corrales portátiles, las camas, sillas altas y

estaciones de juego son muy útiles cuando viajas, pero no son algo que puedas llevar contigo a todos lados. Si tienes algo de este equipo y tu bebé ya no lo necesita, conviértelo en un activo comunitario. A los abuelos que reciben a sus nietos pequeños les encantará pedirte prestados estos artículos para las visitas familiares, y las parejas que acaban de tener un niño los necesitarán para usarlos por una larga temporada. Las hijas de Rebecca durmieron en una cuna de madera portátil que llegó a ser conocida como "la cuna de la isla" debido a que mantuvo a varias generaciones de niños de la isla a salvo durante sus horas de sueño. Antes de pasársela a otra familia, los padres que tienen la cuna escriben el nombre de su bebé en la base de la misma, y de esta manera van creando una reliquia comunitaria que fortalece los vínculos entre la gente a pesar del paso del tiempo.

36. **Colchón inflable para invitados.** Éste es un excelente artículo para prestarse. Liesl siempre tiene disponible un colchón inflable que les presta a los vecinos. Si tú usas el tuyo en noviembre porque es el mes en que tu hermano te visita, puedes prestarlo el resto del año.

37. **Ropa formal y para fiestas.** ¿No soportas la idea de separarte de ese vestido formal o de coctel, pero sólo está ocupando espacio en tu armario? Invita a algunas amigas a "comprar" en tu tienda personal y préstales tu ropa preferida para sus eventos.

38. **Tiaras y joyería.** Las tiaras pueden ser útiles en más ocasiones de las que uno imaginaría. Rebecca solía fabricar tiaras para ganar algo de dinero, pero ahora se las presta a amigas que las aprovechan. ¿No tienes tiaras? Bien, quizá cuentes con otros artículos de joyería que le puedan añadir un toque de glamur a la vida: préstalos y ve la felicidad desbordarse.

39. **Telescopio.** Es posible que sólo uses tu telescopio algunas veces al año, así que permite que otros lo aprovechen cuando tú no lo necesites.

40. **Megáfonos y pancartas.** Estos artículos son útiles en muchos eventos, pero no es algo que utilicemos todos los días. Si los tienes, avísale a la comunidad y préstalos para que otros puedan levantar la voz y hacerse escuchar. Rebecca ha estado recolectando durante varios años maravillosas pancartas que quedaron abandonadas después de distintas manifestaciones y protestas. La gente se divierte mucho revisándolas y eligiendo sus favoritas, así que es posible estar preparado para luchar por la democracia de manera inmediata sin correr a comprar cartulinas y plumones.

41. **Disfraces para niños y adultos.** Actualmente hay muchos disfraces viajando por toda la isla. Nuestra amiga Kate añadió sus creaciones hechas en casa (los disfraces de plátano y de pan pita son los favoritos de la multitud). Si tú tienes un disfraz del que no puedes separarte, préstalo.

42. **Barriles de vidrio.** La mamá de Rebecca tiene un juego de barriles de vidrio grueso, o vitroleros, con útiles grifos. Si prometes devolverlos limpios, te permitirá usarlos en tu siguiente fiesta e incluso podría compartir contigo su famosa receta de ponche.

43. **Mesas y sillas plegables.** Las mesas y sillas plegables son voluminosas y difíciles de guardar, pero resultan muy útiles para distintos propósitos. Si tienes la suerte de contar con espacio de almacenaje, préstale este equipo a gente que lo necesite.

44. **Toldo plegable.** Si tienes un toldo de este tipo y lo puedes prestar, muchos apreciarán tu generosidad: organizaciones sin fines de lucro, equipos deportivos, vendedores, anfitriones

de bodas y otras personas que necesiten protegerse del sol o la lluvia durante eventos de corta duración.

45. **Vehículos.** Presta tu bicicleta para que la pareja del otro lado de la calle les dé un paseo a sus visitantes, para que el adolescente de la esquina pueda ir y regresar de la escuela o el trabajo, o sólo para que alguien más viva la magia de volar en dos ruedas. Nosotras hemos pedido automóviles prestados cuando los nuestros estaban descompuestos, y también hemos prestado los nuestros cuando funcionan sin problema. Este tipo de préstamo puede salvarle la vida a alguien en momentos de crisis.

46. **Tu experiencia.** Comparte tus talentos. ¿Puedes lidiar sin problemas con declaraciones simples de impuestos y otros formularios del gobierno? ¿Podrías ayudarle a alguien que acaba de llegar a la ciudad a conocer los recursos de la comunidad, las escuelas y los mejores lugares para comprar ciertos productos? ¿Sabes cómo criar pollos o niños, cocinar o hacer pasteles, o diseñar sitios de internet? Si sabes hacer algo de esto, y si la experiencia te hace feliz, comparte tu conocimiento.

47. **El sudor de tu frente.** Ofrece tu ayuda para limpiar coladeras, palear nieve, reparar puertas, pasear perros o cualquier otra actividad que le facilite la vida a alguien más. Con actos simples de servicio fortalecerás la cultura de la compasión entre la gente que te rodea.

48. **Tu compañía.** Ofrece tu compañía durante paseos, para conversar y beber una taza de café, o para jugar cartas o juegos de mesa. Comienza con alguien en quien confíes y a quien te gustaría conocer mejor; puede ser una persona mayor de tu comunidad o alguien que siempre coma solo a la hora del descanso. Incluso las personas introvertidas

pueden verse tentadas a establecer nuevos lazos de esta manera.

49. **Espacio.** Muchos tenemos "terceros lugares" en la comunidad, es decir, contamos con el espacio de una cafetería, de una oficina bien establecida o de centros de reunión. Esta tendencia podemos extenderla también al espacio personal. Sé creativo y piensa en la manera en que te gustaría compartir tu espacio personal. Los padres de Rebecca, por ejemplo, le prestaron un espacio en el acceso a su cochera a una familia que se tuvo que mudar a una casa rodante porque perdió su hogar. Liesl y su esposo le ofrecieron a una mujer un espacio en su bosque porque su perro murió y quería darle un último lugar de descanso, pero no podía enterrarlo cerca de su departamento.

50. **Tu presencia pública.** Hemos visto a gente que ofrece y pide en su economía de compartición local el intangible regalo de la presencia. Dicha presencia puede incluir apoyo público durante un divorcio y las audiencias para solicitar órdenes de protección; acompañamiento en reuniones de preparatoria y funerales, o acompañamiento para ir a una boda o un concierto.

TE INVITAMOS A COMPARTIR, PRESTAR Y PEDIR PRESTADO

Haz una lista de artículos que poseas y que podrías prestarles a otros. Para muchas personas éste podría ser un ejercicio difícil porque nos exige explorar la confianza que les tenemos a los demás. Tal vez temas que alguien rompa tus pertenencias o se quede con ellas. Comienza prestando algo a lo que no le tengas demasiado apego, algo que no *necesites* en casa. Puedes ofrecer ese objeto a alguien que conozcas. Cuando tengas un poco más de confianza y veas que la mayoría de la gente es cuidadosa y respeta las pertenencias que le prestas, podrás extenderte. Préstales cosas a los amigos de tus amigos, y luego a la gente de la comunidad. Éstas son las reglas básicas que nosotras le sugerimos a la gente que quiere aprender a prestar y a pedir prestado:

Prestadores: Estás a cargo de establecer las reglas para tus pertenencias. Puedes decidir cuánto tiempo cederlas, con quién te sientes cómodo para hacerle un préstamo, y cualquier otra regla de uso (como uso solamente en interiores, no utilizar en hogares con mascotas, etcétera). Si por alguna razón no te sientes cómodo con una persona en particular o de prestar algo para un uso específico, simplemente dilo. Basta con que digas: "Ya no voy a prestar esto".

Beneficiarios: Sigue todas las instrucciones y obedece las reglas de los prestadores. Trata las cosas de los otros como tratas tus adoradas pertenencias. Si rompes o pierdes algo, admítelo, discúlpate y pregunta cómo puedes compensar al dueño.

¡Ahora lánzate a compartir! Entra al foro de discusión de buynothinggeteverything.com y empieza a soñar cómo te gustaría que fuera tu compartocracia personal, el lugar donde la riqueza de todas esas colecciones de objetos que tienes en exceso (como corchos y sobres con interior acolchonado) pueden compartirse, y en el que puedes abrir una biblioteca de objetos (como platos y herramientas para el hogar) para que todos presten y pidan prestado. Haz una lista de los artículos. La gente puede simplemente escribir su nombre a un lado de las cosas que te soliciten en préstamo, junto con la fecha y su número telefónico. Hazles saber a tus vecinos que te gustaría organizar una biblioteca de objetos. ¡Ve hasta dónde te lleva el proyecto!

Paso 7: Gratitud

"Estoy agradecida con el proyecto Buy Nothing porque cambió por completo mi manera de pensar respecto a los objetos. Soy terapeuta en salud mental y a menudo trabajo con gente de escasos recursos. En lugar de recomendarles fuentes de ayuda que cuestan dinero, ahora los dirijo a algún grupo Buy Nothing, les enseño a elaborar cosas por ellos mismos y a conseguir los ingredientes sin mucho problema. También les enseño medidas de seguridad a padres jóvenes y siempre llevo conmigo artículos de seguridad que he obtenido gratuitamente en Buy Nothing. Antes no tenía idea de todo lo que desperdiciaba, pero ahora en verdad me esfuerzo por no comprar nada que pueda pedir. Si quiero algo que me parece increíble, como una batidora de Kitchen Aid, pregunto cada cierto tiempo, pasados algunos meses, y espero. ¡Porque no es necesario tenerla de inmediato! Claro que también está la ventaja de las relaciones personales que he formado y de las amistades duraderas."

—*Beth Siltman Marshall, Tacoma*

PASO 7: GRATITUD

Dar y pedir son dos partes esenciales del proyecto Buy Nothing, la tercera es expresar tu gratitud. La gratitud es un elemento abundante en esta aventura. Nosotras adoramos ver las "manifestaciones de gratitud" que publican los miembros agradecidos por los nuevos juguetes, ropa, equipo de cocina y otros artículos y servicios importantes que reciben de sus vecinos y de sus nuevos amigos. Si estas demostraciones de agradecimiento no se hicieran públicas, la acción de regalar algo no tendría impacto. Las expresiones de aprecio hacen que todos se sientan bien y unidos al movimiento.

Es importante cultivar la emoción de la gratitud. Algunos estudios demuestran que dar las gracias realmente puede hacerte más feliz. En *Healthbeat*, el boletín informativo por correo electrónico de la Escuela de Medicina de Harvard, se señala: "En investigaciones de psicología positiva, la gratitud se relaciona de manera sólida y consistente con una mayor felicidad. La gratitud le ayuda a la gente a sentir emociones más positivas, a gozar de las experiencias buenas, a mejorar su salud, a lidiar con la adversidad y a forjar relaciones sólidas".[66] A medida que se han publicado más investigaciones sobre este antidepresivo natural, hemos aprendido que una práctica constante de agradecimiento puede entrenar a nuestro cerebro para que retenga más pensamientos positivos y para que evite los negativos: el secreto para vivir más tiempo y ser más resilientes en la vida. De hecho, se sabe que hacer una lista de gratitud (describir las situaciones por las que estás agradecido) puede aumentar los niveles de serotonina, el químico cerebral que contribuye al bienestar y la felicidad. Estas vibraciones positivas tienen una miríada de beneficios para los humanos: nos ayudan a dormir mejor, reducen la inflamación, reducen las señales de depresión y nos ayudan a sentirnos más satisfechos en la vida en general.

Nosotras abogamos por la defensa de la poderosa práctica de la expresión gratitud frente a otros. Estas demostraciones públicas de agradecimiento son como una descarga de serotonina para los otros, quienes también sienten el gozo indirectamente. La gratitud también te ayuda a entender que formas parte de algo mucho más grande que tú, que tu felicidad está relacionada con los otros y con la interconexión que tenemos. En una economía de compartición, la gratitud es como una miel pegajosa y dulce que une a la gente y anima a los miembros a seguir compartiendo. Sin la gratitud, sentimos como si sólo participáramos en transacciones impersonales, como si viviéramos en un mundo en que los dadores dan y los receptores reciben, pero nadie menciona nada al respecto. La gratitud es un regalo de amabilidad y alegría que les inyecta corazón y alma a las economías de compartición, y fortalece los lazos de la comunidad.

Si no hubiera gratitud ni alguien que se tomara el tiempo de manifestarla, nunca habríamos escuchado la historia de la niña de Massachusetts que le escribió una tarjeta del Día de las Madres a su mamá para agradecerle los "juguetes sorpresa" que recibe de "los hogares de distintas personas", ni la gratitud que se le expresó a la mujer de Tucker, Georgia, que invita a otros a tomar flores de su jardín, también para la celebración del Día de las Madres. La gratitud nos ofrece una ventana a las vidas que nos rodean, como la de la mujer que expresó su agradecimiento cuando su suegro se tomó unos días de sus vacaciones de excursión en el sendero de los Apalaches para visitarla, y ella pidió prestada y recibió una licuadora porque el señor "moría por unos batidos de frutas". Éstas son las anécdotas que nos acercan y nos unen a través del sencillo y común acto de compartir más.

Una economía de compartición es un foro para que de alguna manera la gente exprese su gratitud por la forma en que su vida ha cambiado desde que decidió ya no comprar nada. Al hablar de lo bueno que te ha sucedido, te inspirarás a ti mismo y a otros a dar, a pedir y a compartir más. Dicho de otra forma, el bien se magnificará. Cuando la gente ve que los actos de dar gratuitamente, recibir y compartir tienen un impacto concreto y significativo en otras personas, de pronto siente ganas de participar. Las culturas del dar tienen el poder de reavivar la esperanza porque encienden una chispa de posibilidad, siempre y cuando no se tenga miedo de pedir lo que realmente se quiere. Compartir tu gratitud por lo que recibiste, sea tangible o intangible, puede establecer contactos humanos que en el futuro se traducirán en regalos y préstamos con la capacidad de volver realidad sueños que llevan mucho tiempo forjándose. Hazlo por ti y por las otras personas de tu comunidad.

EL MÁXIMO REGALO

La historia de Sylvia es, por mucho, nuestro ejemplo favorito de un regalo que se hizo realidad para una pareja que tenía un sueño. A pesar del dolor que sintieron cuando su sueño se vino abajo, Sylvia y su esposa continuaron dando. Sylvia compartió con sus vecinos, en una publicación de gratitud, la verdad sobre su historia (hemos modificado los nombres y algunos detalles que permitirían la identificación de los involucrados).

"Quisiera expresar en esta publicación, con palabras que nunca serán suficientes, la gratitud que sentimos mi esposa y yo. Así que, por favor, ténganme paciencia. Hace poco Lucy solicitó artículos para una recién nacida, en nombre de una amiga suya. Nosotros, como mucha gente de la comunidad, respondimos a la petición.

"Cuando Lucy vino a recoger las cosas, empezamos a hablar sobre por qué poseíamos tantos artículos para bebés a pesar de no tener hijos. Hablamos de nuestros 13 abortos espontáneos, de los niños de los hogares que pudimos adoptar, pero a los que decidimos mejor ayudar a regresar a casa, y del inmenso dolor y la alegría de todos esos sucesos. Cuando estábamos en el patio del frente, Lucy mencionó que creía que los padres de la pequeña en realidad estaban considerando la posibilidad de darla en adopción, y se ofreció a preguntarles si les gustaría conocernos. Nosotras dijimos que, por supuesto, también nos gustaría conocerlos a ellos.

"Los padres vinieron un viernes y, estando sentados en mi sofá, nos ofrecieron el regalo más grande del mundo. Nos cumplieron el deseo de toda una vida. Ayer por la mañana, a las 8:21 a.m., vimos nacer a nuestra hija, y esta noche la trajimos a casa.

"En otros grupos he visto a gente regalar casas, automóviles, una taza de azúcar. He visto a personas pedir prestada una podadora (¡como yo misma lo hago con frecuencia!). He visto nacer relaciones (lo primero que pedí fue conocer nuevos amigos cuando acababa de mudarme al vecindario). He visto lo peor que puede provocar la mentalidad de grupo. He visto lo mejor que puede lograr una comunidad unida. Con frecuencia les cuento a mis conocidos que el proyecto Buy Nothing ha cambiado mi vida de muchas maneras distintas, pero nunca imaginé que ésta sería una de ellas.

"Esta noche vestimos a nuestra hija con un trajecito que nos regaló un miembro del grupo, la envolvimos en una frazada que nos regaló otro, la recostamos en el asiento especial para el auto que han usado otras tres familias del grupo, la paseamos en una carriola que ha servido a cinco niños del grupo, la trajimos a casa y la acostamos a dormir en su moisés Buy Nothing. Todos los artículos que hay en su habitación, incluso la pequeña televisión y las prendas en sus cajones (¡y los cajones!), fueron regalos del grupo. Nuestra hija tiene una 'tía' Buy Nothing (la primera persona que respondió a mi petición de nuevos amigos) y también tiene a su 'tía' Lucy, por supuesto.

"Sobre todo, nuestra hija cuenta con el poder de la gentileza y de la comunidad que la rodea gracias a que este pequeño proyecto comenzó hace algunos años. A la gratitud que le tenemos a Lucy por ponernos en contacto, y a la gratitud que tenemos en este grupo, sólo las excede el inmenso agradecimiento que sentimos por la generosidad de su familia.

"Por favor, conozcan todos a su nueva vecinita."

El regalo en este caso no fue un bebé, sino los lazos que facilitaron la adopción y la significativa conexión que se produjo gracias a la generosidad y a las historias que se compartieron. La profunda gratitud que Sylvia y su familia sintieron ante este vínculo tuvo un impacto profundo en todas las personas que leyeron la historia, e inspiró en los miembros de su comunidad el deseo de enlazarse y de compartir sus historias personales.

UNA NOTA DE REBECCA, LA BIBLIOTECARIA

Estoy enamorada de mi biblioteca personal de cosas, la cual ocupa bastante espacio en la cochera, los armarios y mis cajones. Mis hijos han crecido acostumbrados a llevar cajas llenas de objetos a la terraza del frente para prestárselas a los vecinos, y entre mayo y septiembre, temporada de bodas y fiestas de graduación, yo me mantengo particularmente ocupada respondiendo a solicitudes de copas, servilletas, cubertería de plata y artículos para fiestas. De vez en cuando pienso en la posibilidad de pasarles a otras personas mis colecciones para que las administren, pero cada vez que me siento tentada a retirarme de mi puesto como bibliotecaria de cosas, el universo parece darse cuenta. Entonces, de forma inevitable, alguien me dice lo mucho que aprecia haber contado con mis copas para brindar en la boda de su hija o con servilletas para su retiro de la iglesia. Mis comentarios favoritos son los de los chicos cuyos padres me han pedido prestados mis banderines para sus fiestas de cumpleaños durante cinco años. La última vez que los presté el chico del cumpleaños dijo: "¡Oh, gracias! Si no colgamos tus banderines, ¡no es una verdadera fiesta!" Este genuino momento espontáneo de gratitud es algo tan sencillo como los banderines mismos, sin embargo, el hecho de que alguien se tomara un minuto para decir gracias me hizo tan feliz que al llegar a casa elaboré un par de nuevas líneas para los banderines. La gratitud más sencilla en respuesta a los artículos más modestos puede tener un impacto muy profundo.

TE INVITAMOS A EXPRESAR GRATITUD

Empieza a escribir un diario de gratitud, puedes hacerlo con el formato que prefieras. Busca un cuaderno antiguo hermoso o pide uno de regalo. También puedes anotar tus pensamientos en un documento de Word en la computadora o usar trozos de papel reutilizable. No importa cómo lo hagas, en este espacio reflexionarás sobre las muchas cosas por las que estás agradecido.

> **La gratitud más sencilla en respuesta a los artículos más modestos puede tener un impacto muy profundo.**

Para empezar, muéstrate algo de aprecio a ti mismo, date un momento para reflexionar sobre los comportamientos que has modificado desde que empezaste a leer este libro, ¡y felicítate por ello! Reconocer tus logros y apreciar el trabajo que has realizado es una maravillosa manera de cuidar de ti mismo. Además de anotar cuál era tu situación cuando comenzaste el reto, recuerda adónde te gustaría llegar. Establece algunas metas sencillas para esas cosas que quieres dejar de comprar ahora. Sé amable contigo mismo y busca palabras positivas para articular tus nuevas revelaciones, encuentra la manera en que quieres evitar las compras y comprométete a implementarla en el futuro. Deja tu diario en un lugar en el que puedas encontrarlo cada vez que quieras recordar que limitar tu consumismo, compartir más y comprar menos se siente bien. Compartir algunas de tus profundas revelaciones con la gente de tu economía de compartición también puede ser un acto catártico. Practica la gratitud por todo lo que tienes, por tu comunidad, tu casa y tus alimentos. Entre más agradecido estés por lo que posees y por la abundancia de regalos que te rodea, más sencillo te será dejar de comprar las cosas que realmente no necesitas.

Ahora tómate cinco minutos y elige dos personas a las que te gustaría agradecerles algo. De ser posible, agradece en público. Si tienes una fotografía del artículo o del servicio que esas personas compartieron contigo, muéstrala en tu grupo. Si no, sólo publica una nota o envía un correo electrónico grupal explicando por qué estás agradecido. Describe lo que hicieron esas dos personas. Si tu grupo no tiene contacto por internet, escribe tu agradecimiento en un papel y colócalo en el espacio donde se reúnen para que todos puedan verlo. Y no olvides pensar en tus amigos y tus seres queridos: incluye los muchos regalos que le dan a tu vida. A todos nos gusta ser reconocidos por la forma en que damos a la gente más cercana.

Si practicas la gratitud todos los días antes de ir a dormir, en tu diario o incluso en tu mente, tu salud se verá beneficiada de numerosas formas. Sentirás menos síntomas físicos negativos, percibirás un incremento en tus sentimientos de esperanza y energía, tendrás una perspectiva más positiva respecto a tu vida, y tu determinación y entusiasmo aumentarán en general. Varios estudios han demostrado que la gratitud es benéfica para tu bienestar general, así que ¿por qué no convertirla en una práctica cotidiana? Creemos que la gratitud, sumada a más acciones que impliquen dar y recibir, pueden ayudarnos a vivir más tiempo. El Centro de Estudios del Desarrollo de los Adultos de Harvard propuso analizar a 800 personas que se sentían bien y que habían sido felices a lo largo de su vida, de la juventud a la ancianidad. Los investigadores querían saber qué era lo que nos hacía vivir más tiempo, y más felices y sanos. ¿Qué fue lo que descubrieron? El sexto de sus hallazgos fue la "generatividad". La generatividad es la acción de entregarnos, de ser mentores, de guiar, ayudar, regalar algo, y de simplemente retribuir. Entra al foro de discusión en buynothinggeteverything.com y conviértete en mentor y guía para otras personas del proyecto Buy Nothing. Guía a otros por este camino de sana compartición y gratitud: así practicarás la generatividad, algo muy bueno para ser longevo y feliz.[67]

Es sólo el principio: no compres nada de por vida

El círculo de tu viaje Buy Nothing se ha cerrado: ¡felicitaciones por superar los siete pasos del desafío! Has logrado mucho en un periodo breve. Piensa en los nuevos amigos que has hecho, en los recursos naturales y el dinero que has ahorrado, en el espacio que lograste despejar y, por supuesto, en todo lo que no compraste. Has avanzado mucho, pero esto es sólo el principio del viaje Buy Nothing. Ahora te presentamos más formas de compartir y seguir avanzando.

COMPARTE TU EXPERIENCIA

¿Has mantenido en secreto tu participación en el desafío Buy Nothing? Pues ha llegado el momento de darla a conocer. Entre más amigos y familiares se unan a ti, más apoyo tendrás en el camino.

Claro, tal vez la gente te mire con las cejas arqueadas cuando le cuentes que no piensas comprar nada en un día, una semana o tal vez un mes, pero a la mayoría le intrigará tu decisión, algunos incluso sentirán un poco de envidia. Habla al respecto, cuéntale a tu familia, pídele que participe contigo. Diles que es importante para ti porque, ¿cuál es tu motivación principal para no comprar nada? Si lo haces por ahorrar dinero, ser abierto con tu familia respecto a tu deseo de disminuir tus gastos puede ser una excelente manera de motivar a una pareja renuente, por ejemplo, o de lograr que todos participen. Si lo haces para proteger los recursos, habla con tu familia y explícales por qué te importa. Si sólo te interesa recibir regalos increíbles, no hay problema, explícale a tu familia lo que te motiva a realizar este reto. Así te comprenderán un poco mejor y querrán unirse al experimento.

Una vez que hayas hablado con ellos, invítalos a sumarse para que vean por sí mismos qué es lo que queremos hacer. Cuando nosotras comenzamos nuestro viaje hacia no comprar nada, dependimos la una de la otra, sin embargo, lograr que nuestras familias participaran nos ayudó a mantenernos motivadas e inspiradas, e hizo que nos fuera mucho más sencillo apegarnos a nuestros nuevos hábitos.

COMIENZA UNA Y OTRA, Y OTRA VEZ

Queremos alentar a todos a seguir los siete pasos descritos en este libro como un ejercicio para siete días. Después de eso puede volver a empezarse y continuar las rondas de forma indefinida. Si te caes del tren Buy Nothing, puedes volver a empezar en el Paso 1.

Diseñamos los ejercicios como un proceso de autodescubrimiento y cambio para que te desintoxiques y dejes de comprar sin pensar, desarrolles un conocimiento profundo de ti mismo y prosperes hacia el empoderamiento y la acción. Aquí es cuando invitar a otros a acompañarte en cada paso puede facilitar el proceso y hacerlo más sostenible: existe la posibilidad de que se nieguen a "ir de compras" y te sugieran mejor ir a tomar un café o a caminar. Entre más difundas este estilo de vida entre las personas que te rodean, y entre más les ayudes a ver que no es una moda ni un jueguito breve, sino un compromiso para cambiar el comportamiento de forma colectiva, más querrán unirse. Así podremos cambiar el mundo, acercando una persona a la vez a las muchas alegrías que da no comprar nada, y a los profundos efectos que este proyecto puede tener en nosotros y en nuestro planeta.

DESAFÍATE A TI MISMO A NO COMPRAR NADA DURANTE MÁS TIEMPO

Las investigaciones nos dicen que la gente necesita 30 días para cambiar verdaderamente un hábito, así que quienes estén interesados en transformar esto en un reto Buy Nothing de 30 días tendrán que comprometerse. En cada uno de nuestros pasos hay muchas actividades e información, puedes hacer algo distinto cada día durante una semana o extenderte. La clave radica en encontrar gente que esté dispuesta a compartir contigo para que cuentes con un grupo y una economía de compartición en los que puedas apoyarte de manera inmediata. Expresa tu gratitud en el grupo con la mayor frecuencia posible, te aseguramos que es contagiosa.

En la primera economía de compartición local que tuvimos en Bainbridge Island los miembros se agradecían entre sí con regularidad y hablaban de las lecciones aprendidas. Las noticias se divulgaban en toda la comunidad y eso servía para que todos los días se sumaran nuevos miembros. Tres y medio meses después de abrir el grupo, Jill Hendren compartió esta anécdota universal de gratitud: "El viernes usualmente tenemos una noche de cine en casa porque es una manera agradable de relajarse al final de la semana.

Mis niñas, de entre siete y nueve años, la esperan con ansiedad. Esa noche las cosas fueron un poco distintas. Mientras leía las publicaciones de mi grupo Buy Nothing encontré una en la que Alison mencionaba a una niña de seis años en adopción temporal que sólo tenía la ropa que vestía y no contaba con un abrigo. Así pues, la típica noche de cine se convirtió en una búsqueda entre nuestras cosas para ver qué le podría gustar a la pequeña…

"Mis hijas eligieron con cuidado varios artículos que creyeron que le agradarían. Después de reunir todo pensamos en entregárselo a Alison, pero como todos los padres de familia saben, los planes cambian, así que hasta las 8 p.m. pude subir a las niñas y los regalos al coche, y dirigirme a hacer la entrega especial. Las niñas estaban muy emocionadas de conocer a la pequeña que pronto se convertiría en su nueva amiga. Les expliqué que tal vez ya estaría dormida, pero tuvimos suerte y no fue así. ☺

"Le entregamos sus cosas nuevas. Las niñas le dieron una chamarra abrigadora, distintos tipos de ropa, accesorios para el cabello, un cepillo de dientes nuevo, una mochila tipo backpack y algunos juguetes. La pequeña sonrió de oreja a oreja y luego subió las escaleras corriendo. Unos segundos después regresó con un animal de peluche. Era una patita Daisy. Le susurró algo a su madre adoptiva en el oído, y ésta volteó a verme y me dijo: 'Le gustaría regalarte esto'. La pequeña se acercó, me dio la patita y luego me abrazó como pocas veces me han abrazado en la vida. Unos minutos después, las niñas se fueron juntas a jugar. Mis hijas luego me contaron que la pequeña también trató de regalarles su última posesión: un oso de peluche.

"Era una niña que sólo contaba con la ropa que traía puesta y dos animales de peluche, y ya me había dado uno de ellos. Fue una gran lección sobre la generosidad que no espera nada a cambio. Gracias, Buy Nothing Bainbridge. Tengo una nueva amiga que se llama Edith y que esta noche me dio mucho más que una patita de peluche."

No comprar nada debe ser un viaje permanente de descubrimiento porque, admitámoslo, estarás comprando y no comprando hasta el día que mueras. Cada vez que eliges no comprar nada en lugar de adquirir algo nuevo das un paso más en dirección al cambio positivo. Enfócate en estos éxitos en lugar de pensar en las ocasiones en que no comprarás nada. Es un viaje que dura toda la vida.

Es más sencillo acabar con los hábitos si los remplazas con un nuevo comportamiento. Terminar con el hábito de ir a la tienda para comprar los artículos que quieres será más sencillo cuando pertenezcas a una economía de compartición bien establecida y cuando domines el arte de dar, pedir y expresar gratitud. Nos damos cuenta de que, como comprar cosas es un hábito tan arraigado en nuestra cultura cotidiana, será difícil romperlo, en especial durante las primeras semanas. Sin embargo, si no adquieres nada en un mes, y luego en otro mes, habrás remplazado la urgencia de comprar con el asombro y el ingenio de la compartición. Entre más usemos estas ideas y nuestras redes para combatir el impulso automático de comprar, más se nos facilitará el proceso y mejor nos sentiremos.

COMPRA CON CONCIENCIA

Aquí te damos algunas recomendaciones para comprar cuando tengas que hacerlo. Es posible que, para este momento, acciones como no comprar, pedir prestado, solicitar, y reparar lo que ya tienes, te hayan servido para ahorrar dinero e incluso algo de tiempo. Cuando tengas que comprar, adquiere objetos de segunda mano y hazlo en tu localidad siempre que puedas. De esa manera mantendrás objetos alejados de los vertederos y apoyarás a la comunidad y a los pequeños negocios locales. Compra los artículos de la mejor calidad que sea posible, enfócate en los que fueron diseñados para durar, en lugar de comprar varios productos de un solo uso. Es probable que los primeros cuesten más, pero cuando uno invierte en artículos durables que no se descompondrán en un mes, un año o dos, en realidad ahorra dinero y evita tirar cosas a la basura a largo plazo. Entre los productos que usamos cotidianamente hay tanta obsolescencia programada (es decir, productos que fueron diseñados para durar poco, como ciertas computadoras y teléfonos celulares), que vale la pena darse tiempo para investigar y comprar los mejores productos posibles. Recuerda que los compras con dinero que te cuesta mucho trabajo ganar, así que inclínate por los que tienen garantía, críticas favorables, o que pueden repararse fácilmente. También privilegia los productos fabricados con materiales de calidad porque duran más tiempo.

Como seguramente ya sabes, todo lo que compras y la manera en que lo haces es un acto político. ¿A quién le quieres entregar tu dinero? ¿A cuáles empresas o corporaciones respetas y valoras? Sé consciente en cada compra que hagas, investiga a fondo las empresas que van a recibir tu dinero, y pregúntate si merecen que las apoyes. ¿Tienen un historial de contaminación del medio ambiente? ¿Practican el comercio justo y tienen un plan para el fin de vida útil de los artículos que fabrican? ¿Están comprometidas con el bienestar en el mundo? Nosotras, por ejemplo, encontramos una empresa llamada Who Gives a Crap (A quién le importa), la cual tiene conciencia social y se enfoca en producir papel higiénico reciclado en envoltura libre de plástico. Además, esta empresa dona 50% de sus ganancias para la construcción de baños públicos en todo el mundo, y por eso nosotras y nuestras familias estamos felices de comprar sus productos cada mes. Recuerda que el mundo corporativo se construye con base en los consumidores, así que, como consumidor, con cada compra que hagas tendrás el poder de votar con tu cartera y de estimular a las empresas a adoptar prácticas más sanas y sustentables.

Cuando compras, ¿lo haces sólo una vez? Es decir, ¿inviertes tu dinero en algo que viene respaldado por una empresa responsable y que está tan bien fabricado que te durará todo el tiempo que lo poseas? Algunos fabricantes ofrecen este tipo de garantía. También hay productos, por ejemplo, como las sartenes de hierro fundido que usamos todos los días en nuestras cocinas y que hemos tenido durante años. En el caso de algunos productos invertimos más dinero al comprarlos porque sabíamos que si presentaban algún defecto la empresa los remplazaría y, con suerte, los reciclaría o repararía para no desperdiciar los materiales. Cuando finalmente *tengas* que comprar artículos de uso cotidiano, como los artefactos de batalla que a veces necesitamos para vivir, valdrá la pena que investigues a fondo las opciones y que inviertas en los productos mejor fabricados.

Y recuerda el gran dicho: "Primero compra en casa". No hay mejor lugar para comprar que tus propias alacenas y armarios. Para tu siguiente gran cena dirígete a tu propio refrigerador y a la alacena: son las tiendas más económicas de la ciudad. Y en lugar de salir directo al centro comercial a adquirir más ropa, ve qué puedes lograr con lo que tienes en tu armario y en los cajones: tu creatividad te sorprenderá.

Cada vez que ahorras dinero gracias a que no compras algo, duplicas tus bienes porque estás construyendo un planeta más sano y una comunidad resiliente, y porque puedes guardar algo de dinero e invertirlo en el tipo de mundo en el que quieres vivir: un mundo en el que puedas apoyar a la gente y promover las ideas en las que crees.

Una visión para el futuro

Investigaciones recientes han revelado que en los bosques los árboles sobreviven gracias a una extraordinaria red de enlace en la que cada organismo aprovecha ramificaciones subterráneas de hongos para tomar y transferir recursos a los otros integrantes del grupo.[68] Si nos viéramos como árboles en un bosque, podríamos crear una red similar de enlace en nuestras comunidades y apoyarnos en ella para satisfacer nuestras necesidades y recibir apoyo. Cuando la colectividad local es fuerte, la gente puede organizarse y lograr muchas cosas.

Ahora imagina que tu comunidad es un solo árbol en un bosque aún más extenso, un bosque de comunidades que dan y a las que les puedes pedir ayuda, una red más amplia de economías de compartición que están listas y tienen la capacidad de servir a otros. Estas redes dentro de otras redes son una poderosa herramienta para generar bienestar. Una vez que hayas aprendido a dar a nivel local, puedes conectarte internacionalmente y lograr cosas increíbles para un bien mayor. Ésta es nuestra visión para el futuro, y nuestra idea de cómo no comprar nada realmente hace de éste un mundo mejor.

LAS REDES DE COMPARTICIÓN COMO ORGANIZACIONES DE AYUDA

El 25 de abril de 2015, después de que un terremoto de 7.8 grados sacudiera a Nepal, se hizo evidente que no había llegado casi o ningún tipo de ayuda a las aldeas más allá de la ciudad de Katmandú. Las carreteras eran peligrosas, pero lo más terrible era que se habían acabado los suministros para brindar refugio temporal a más de dos millones de personas que se quedaron sin hogar. Todas las casas de campaña y las lonas se vendieron en Katmandú. Los gobiernos extranjeros y las organizaciones de ayuda quedaron detenidos en el único aeropuerto internacional del país, y las aduanas nepalíes confiscaron los suministros de ayuda que llevaban. Comida, casas de campaña, toldos, cobijas y medicamentos se quedaron en las pistas de los aeropuertos durante meses, enrollados en confusa cinta roja.

Los amigos de Liesl en Nepal se pusieron frenéticos y enviaron mensajes de texto para tratar por cualquier vía de conseguir que los materiales le llegaran a la gente que estaba sufriendo en las aldeas remotas. Miembros de sus familias seguían enterrados bajo los escombros. Las organizaciones de ayuda despacharon suministros en camiones a los pueblos por las pocas carreteras todavía transitables, pero en el camino los detuvo gente que necesitaba ayuda desesperadamente. Aún había decenas de miles de personas que habían perdido todo y que requerían de artículos básicos para sobrevivir: comida, agua potable, bolsas para dormir y refugio.

Entonces decidimos probar algo que parecía una locura: dirigirnos a la vasta red de Buy Nothing para reunir los suministros y mandarlos adonde se necesitara. Era una idea temeraria e implicaba la participación de una red internacional de voluntarios, la complicidad de algunas aerolíneas y la ayuda de las redes sociales. Empezamos en las ciudades más grandes con economías de compartición prósperas. Hicimos la primera prueba en Seattle. Shelley Schwinn, directora de operaciones del proyecto Buy Nothing, hizo publicaciones en unos 500 grupos en la zona conurbada de Seattle y contactó a unos amigos, dueños de la empresa de ropa nepalí Sherpa Adventure Gear. De esa manera pudimos rápidamente reunir, llenar y enviar 22 maletas en un contenedor de una empresa de transporte privada que luego Sherpa Adventure Gear subió a un avión como parte de sus envíos regulares a Nepal.

Amigos en Boulder, Colorado, trabajaron en la red de una comunidad de alpinistas, y así consiguieron las bolsas de lona, casas de campaña, toldos y suministros médicos. Otros grupos en San Francisco, Indiana, Ohio, Massachusetts, Nuevo Hampshire y Washington D. C. trabajaron de la misma manera. Luego publicamos en nuestras redes sociales en las ciudades más importantes el aviso de que buscábamos a alguien que fuera a Nepal y estuviera dispuesto a llevar consigo algunas maletas adicionales. Los turistas que entraban al país podían pasar por el aeropuerto con sus propias maletas llenas de tiendas de campaña, toldos, bolsas para dormir y suministros médicos; nosotros nos haríamos cargo de las aerolíneas. Solicitaríamos los permisos correspondientes a los departamentos de exceso de equipaje y pediríamos permisos de entrada para los turistas a título de equipaje de "ayuda humanitaria". United Airlines y Etihad fueron las aerolíneas que más nos ayudaron; a través de sus sistemas permitieron la transportación de cientos de bolsas de lona que etiquetaron como "exceso de carga sin compañía" y que hicieron llegar a los Himalaya junto con los médicos, enfermeros, enfermeras, alpinistas, científicos, cineastas y voluntarios que se apresuraron a participar en los trabajos de ayuda. Poco después, nuestros amigos que estaban físicamente en Katmandú —alpinistas, piragüistas y guías nepalíes— enviaron los suministros y la ayuda médica a las aldeas más remotas.

Matt Murray, piloto de United Airlines, se propuso como voluntario para volar a Nepal como pasajero durante sus días de descanso, y llevar 100 bolsas de lona con tiendas de campaña y toldos. David Carter, alpinista del Everest, se tomó unos días de su trabajo en Indiana para volar a Nepal con dos amigos suyos y hacernos el favor de llevar 100 cargadores de luz solar. Estos cargadores fueron fundamentales para ayudarle a la gente de Rasuwa a reconstruir su pueblo en Langtang, el cual quedó sepultado en una de las avalanchas provocadas por el terremoto. Estas historias individuales de generosidad nos presentan una narrativa más amplia de la manera en que las redes comunitarias y de economías compartidas pueden movilizarse para marcar la diferencia en momentos de necesidad.

Nuestro grupo de Facebook fue el centro de control. Todos permanecieron conectados para sortear cualquier obstáculo posible. De alguna manera logramos crear túneles secretos para hacer llegar las bolsas de lona a Nepal en plena luz del día. En resumen, en dos meses la red pudo recolectar, transportar y entregar 240 bolsas de lona con más de 700 casas de campaña y toldos de tamaño familiar, 100 cargadores solares, cobijas, suministros médicos y cientos de luces solares, y prácticamente no nos costó nada. Además, los artículos llegaron antes de la temporada de lluvias. Estos suministros, valuados en más de 67 000 dólares, los proveyó gente común que compartió lo que tenía en sus áticos, cocheras y bodegas. El plan funcionó y nos mostró lo que sería posible hacer si tuviéramos que enfrentar otra desgracia.

Nosotras creemos que este tipo de red internacional de persona a persona puede marcar la diferencia en cualquier situación de catástrofe, y que es un modelo alternativo viable que podría funcionar de forma paralela con las grandes organizaciones de ayuda establecidas. El proyecto Buy Nothing depende de nuestro deseo nato de ayudar, el cual se activa y empieza a funcionar a toda máquina cuando se presenta la devastación. Si una cantidad suficiente de personas acepta el desafío de los siete pasos que describimos en este libro, veremos que somos capaces de implementar una poderosa fuente local de recursos y de encender nuestra resiliencia y adaptabilidad ante cualquier dificultad que se presente, como los cortes masivos de corriente eléctrica, la pérdida de empleo, las enfermedades, los divorcios, los incendios forestales y los huracanes. Entre más conectados estemos, más fácil será compartir lo que tenemos y proveerle alivio y ayuda a la gente en crisis.

Si formas parte de un grupo de compartición en tu ciudad, ya has dado el primer paso para construir una comunidad resiliente. Esto te permitirá ayudar a los individuos locales y te preparará para auxiliar a gente en lugares más alejados que tal vez necesite tu ayuda algún día.

SALVAR LA TIERRA DANDO, PIDIENDO Y COMPARTIENDO UN OBJETO A LA VEZ

Nosotras nos sentimos inspiradas a iniciar el proyecto Buy Nothing después de ser testigos del horrible efecto del plástico en nuestro medio ambiente. Tenemos la esperanza de que entre más gente se una a esta práctica de comprar menos, compartir más y decirle no al plástico podremos reducir nuestra dependencia de este material y detener el devastador daño ambiental que provoca. Nuestro objetivo final es impedir desde un principio que los plásticos ingresen a los ecosistemas. Esto comienza con nosotros como consumidores: si nos negamos a comprar plásticos, los fabricantes se verán forzados a dejar de hacerlos.

Todos podemos unirnos al movimiento y dejar una huella perdurable y personal a través del acto cotidiano de no comprar nada. Cada vez que recurrimos a un artículo compartido o de segunda mano en vez de uno nuevo evitamos el agotamiento de los recursos naturales. Cada vez que nos negamos a comprar un artículo fabricado recientemente evitamos la contaminación que generan su embalaje y transportación a los comercios en todo el mundo. Y cada vez que damos o compartimos las pertenencias que alguna vez amamos las salvamos de ocupar más espacio en vertederos

Una visión para el futuro

que no dejan de expandirse. Con cada modesto acto de resistencia como consumidores podemos contener el cambio climático y la contaminación ambiental.

COMPARTIR EN EL MUNDO REAL

Cuando lanzamos el proyecto Buy Nothing usamos una plataforma de redes sociales para iniciar las conexiones que acercarían a la gente en el mundo real. Nuestro objetivo es inspirar y permitirnos a todos compartir con facilidad en nuestra vida cotidiana a través de las publicaciones virtuales y físicas de los regalos y peticiones que hagamos donde quiera que nos encontremos.

Actualmente estamos construyendo una plataforma independiente llamada Soop.app. Con ella planeamos ofrecerle al mundo un centro internacional en línea para las economías de compartición. Queremos abrir una plataforma que en lugar de estar comprometida con la ganancia económica le sea fiel al bienestar público, y que nos dé a todos acceso a una arquitectura digital centrada en el ser humano para promover una próspera red global de economías de la compartición personales. El diseño en el que estamos trabajando se basa en todo lo que hemos aprendido al dirigir el proyecto Buy Nothing, incluyendo las investigaciones que demuestran que hay un número limitado de gente con la que podemos mantener relaciones y vínculos sociales estables. El doctor Robin Dunbar, profesor emérito de psicología evolutiva de la Universidad de Oxford, determinó que el mágico número máximo de individuos con los que podemos establecer relaciones significativas es 150.[69]

También es posible dar al margen de las redes sociales. Da el primer paso y pídeles a tus amigos cercanos que se reúnan contigo

287

una vez a la semana o al mes para compartir. Pídeles que inviten a otros amigos, y así sucesivamente. Organiza la reunión en tu casa, en un parque público o en un centro comunitario; pueden reunirse 15 minutos, una hora o más. Elijan un artículo específico para compartir cada semana (ropa o utensilios de comida, por ejemplo), compartan comida o formen una biblioteca de préstamo de objetos.

Si las comunidades formaran economías de compartición en sus infraestructuras, los regalos podrían convertirse en parte de nuestra rutina diaria. Canberra, la capital de Australia, se declaró "ciudad de la compartición", y publicó un mapa interactivo que muestra la ubicación de todas las fuentes y actividades de compartición de la ciudad, desde los jardines comunitarios y las pequeñas bibliotecas gratuitas hasta los grupos del proyecto Buy Nothing de cada vecindario.[70] El modelo de Canberra es un excelente ejemplo que podemos adoptar todos en nuestros pueblos y ciudades.

El cambio de paradigma que implica no comprar nada ha crecido internacionalmente y se extiende con rapidez porque satisface una necesidad profunda de nuestra conciencia colectiva: la de compartir, vincularnos, conservar y fortalecer la resiliencia a través de la comunidad. Esta "economía circular" está diseñada para evitar el desperdicio y la contaminación al mismo tiempo que se mantienen materiales y artículos en uso; puede regenerar y preservar los sistemas más naturales, las comunidades, las tierras sin cultivar y el clima. Juntos podemos marcar la diferencia para el medio ambiente, la economía, nuestras cuentas bancarias, nuestra vida y el futuro bienestar de las familias y vecindarios de todos.

Esperamos que este libro se convierta en un plan para tu casa y tu comunidad local y que provoque cambios positivos más allá de nuestros hogares, pueblos, ciudades y países. Nuestro deseo final es que la mentalidad Buy Nothing tenga un impacto positivo en el mundo en general. Dado que los recursos de la tierra son finitos, no podemos producir, consumir y seguir llenando vertederos pensando que de esa forma tendremos un mejor futuro; lo que sí podemos hacer es compartir hasta alcanzarlo. Juntos cambiaremos el curso del futuro: ya comenzamos.

Apéndice

REPIENSA TU BASURA

No te rías, aquí estamos llevando hasta sus últimas consecuencias el lema "Atesora tu basura". ¿Sabías que tu basura dice mucho de ti y de tus hábitos de consumo? Cuando consumes menos, generas menos desperdicios. Hacer un inventario de tu basura te ayudará a entender mejor las maneras en que puedes reducir el desperdicio o dárselo a alguien más para que lo use de una manera creativa. Es una práctica más sana para el ambiente, que también te ahorrará semanalmente el dinero que tienes que pagar para que se lleven la basura, y que te ahorrará tiempo porque necesitarás deshacerte de ella con menos frecuencia.

Resulta muy sencillo y conveniente no pensar demasiado en lo que sucede con tu basura cuando se la llevan a otro lugar, pero *otro lugar* suele ser un vertedero o un incinerador. Nosotras hemos reducido tanto la basura de nuestras familias, que decidimos salirnos del servicio semanal de recolección de basura y desechos del jardín que a cada familia de Seattle le cuesta por lo menos 247 dólares al año.[71] A ambas nos toma aproximadamente tres o cuatro meses llenar nuestro bote de 145 litros. ¡Es en serio! Cuando está lleno lo llevamos a la estación de transferencia local. El costo total para tirar nuestra basura es de 10 dólares por bote, lo cual equivale a un ahorro anual de casi 200 dólares para cada una. Nada mal, ¿no?

El gran beneficio de inventariar tu basura es que te permite detectar las fuentes obvias de desperdicios que podrías compartir con otras personas (la basura de una mujer es el tesoro de otra), reciclar o reutilizar en algún otro sitio. En tu basura podrías incluso encontrar cosas que te ayudarían a no comprar nada.

Es comprensible que a algunas personas les resulte desagradable tocar la basura, pero ¿qué es lo que hace que parezca asquerosa cuando la tiras? No lo era cuando la tenías en tu mano antes de arrojarla al bote. Si eliminas el desperdicio orgánico de la basura, y lo usas mejor para composta como se indica en la página 296, encontrarás solamente objetos secos, tan limpios como estaban el día que los arrojaste al bote. Si tiras algo afilado, como vidrios rotos o agujas, por favor asegúrate de colocarlo en un recipiente para que nadie salga lastimado.

De acuerdo, dicho lo anterior, comencemos. Toma el bote de basura y empieza a sacar lo que haya dentro. Esto es lo que buscamos:

ARTÍCULOS RECICLABLES

Entra a internet y averigua qué es lo que debe haber en el bote de reciclado. Busca el sitio de administración de desperdicios de tu pueblo o ciudad con las palabras "[Nombre de la ciudad] + reciclaje". Imprime la lista y familiarízate con ella. Pégala en el bote de basura de ser necesario (nosotras lo hacemos porque cambia con cierta regularidad). ¿Qué tipos de plásticos pueden reciclarse?

Usualmente en los sitios encontrarás los artículos aceptables. Aunque resulta tentador tirar todo lo que sea de este material, es importante obedecer las instrucciones de la lista al pie de la letra porque los artículos que no deban incluirse podrían contaminar el lote y causar que todo sea enviado al tiradero. ¿Qué otros materiales reciclables puedes meter en el bote municipal? ¿Papel? ¿Vidrio? ¿Latas de aluminio? ¿Cartones de leche? Saca esos artículos de la basura y colócalos en el área de reciclado. ¿Qué queda?, ¿plásticos que no puedes reciclar? ¿Considerarías ya no comprar ese producto o adquirir una alternativa que venga sin el plástico no reciclable? ¿O puedes almacenar ese material y buscar a alguien a quien le sirva, como maestros de artes plásticas, gente que practique el suprarreciclaje, o envasadores? En nuestro programa local de reciclaje, por ejemplo, no aceptan recipientes de Tetra Pak (cartones para jugos y sopas fabricados con capas de cartón, plástico y aluminio), y a nosotras nos cuesta trabajo dejar de comprar ciertos productos que vienen envasados en ellos. Por eso los almacenamos y luego se los entregamos a una amiga que los usa para el reciclaje en banquetas en Seattle, un lugar que no nos queda lejos. Lo del Tetra Pak lo solucionamos así. Las charolas de carne fabricadas en unicel las reciclamos entregándolas a los programas de artes plásticas de la localidad (en la página 237 encontrarás más información).

PAPEL

En lo referente al reciclaje de papel, afortunadamente la gente acepta de todo tipo, y no sólo periódicos o papel bond. En general es necesario separar las cajas de cartón, romperlas y dejarlas en la banqueta. Asegúrate también de incluir el cartón de las cajas de cereales, a menos de que conozcas algún estudio de arte en el que les gustaría recibirlo. Hay más papel escondido por ahí, como el de los rollos de cartón del papel higiénico y el cartón de los empaques de pilas y focos. Coloca *todo* el papel y el cartón en el montón de reciclaje, incluso si eso implica quedarte un buen rato junto al bote de basura rompiendo papel y separándolo del plástico. Es una actividad bastante física, pero se siente bien porque, por una parte, te vas a ahorrar dinero, y el material no terminará en el vertedero, y porque estarás reciclando algo más.

Lo mejor, incluso, es separar y rechazar el papel desde el principio. En Estados Unidos contamos con Catalog Choice, un excelente sitio de internet y aplicación que sirve para detener todo el correo basura desde antes de que lo envíen. Otra opción es llamar directamente a las empresas que te hacen llegar su publicidad. También hay aplicaciones como PaperKarma, que son fáciles de usar y les permiten a las empresas saber que rechazas el envío de papel de desperdicio a tu casa.

BASUROLOGÍA

Resulta sorprendente, pero el papel continúa ocupando la mayor parte de los vertederos. Cuando los arqueólogos que se auto-nombran "basurólogos" empezaron a "cavar" formalmente en los tiraderos y vertederos en la década de los noventa, hicieron un descubrimiento notable. Hasta entonces se daba por sentado que los plásticos serían, por volumen, uno de los mayores culpables de la ocupación de espacio en los vertederos, pero sorprendentemente no era así. Los fabricantes habían tenido éxito y lograron producir botellas de plástico y bolsas más delgadas, por lo que estos productos no ocupaban tanto espacio como otros materiales de uso común en los hogares. El papel era el que más espacio ocupaba. Esta revelación fue esclarecedora porque, como el papel se fabricaba con material orgánico, se daba por sentado que se descompondría. Pero no era así.

El fallecido doctor William Rathje, científico principal de The Garbage Project, notó que el papel que se encontraba a casi 10 metros en el fondo del vertedero continuaba intacto porque estaba sepultado debajo de basura que no permitía el paso de la luz, agua o aire que permitiría su descomposición. Los investigadores descubrieron que el papel ocupaba casi 50% del espacio de los vertederos.[72] Actualmente ocupa cerca de 25%, pero sigue siendo el material individual más presente.[73] Estamos seguras de que es posible reducir esa cifra si lo reciclamos, incluso si eso significa arrancar y rescatar todo el papel en los empaques tipo blíster termoformados con plástico en los que vienen empaquetados los cepillos de dientes y los juguetes Hot Wheels.

POLIETILENO

El polietileno es sólo un nombre elegante para el material usado en las bolsas de plástico y en la película tipo film. La mayoría de los supermercados aceptan el polietileno limpio y seco, así que debes mantenerlo alejado del basurero. Esto incluye bolsas plásticas de verduras, de periódicos, con cierre hermético, para almacenaje de alimentos (lávalas y ve cómo fabricar tu propio escurridor en la página 130); envolturas de toallas de papel en la cocina, de pañuelos, de artículos electrónicos; forro de cajas de cereales, bolsas para pan y bolsas de la tintorería. Te sorprenderá descubrir la enorme cantidad de polietileno que hay en tu basura.

Para este momento, tu bote debe verse bastante vacío.

ALIMENTOS Y MATERIAL ORGÁNICO

El desperdicio de alimentos es, por peso, el que más contribuye anualmente a los vertederos.[74] Es por esto que las empresas de manejo de desperdicios utilizan muchísimos combustibles fósiles para llevar tus desperdicios al vertedero, donde se pudrirán y empezarán a desprender metano que entrará en la atmósfera. Y a pesar de todo esto, nosotras sabemos que es un recurso que alguien muy cerca de ti podría aprovechar. Si no tienes un bote de composta o de gusanos, y tampoco tienes pollos o perro, guarda los restos de comida en una cubeta y regálalos a tu economía local de compartición. Rebecca tuvo que renunciar a su bote de composta dentro de casa (debido a las tenaces ratas que lo visitaban), pero el conejillo de Indias de su hija se come casi todo lo que a las gallinas les disgusta. Que no te dé pena, sólo avísale a la gente que tienes restos de comida y verduras disponibles cada cierto tiempo, y que lo regalas para composta o para alimentar pollos, conejos, conejillos de Indias, etcétera. Te aseguramos que alguien aceptará la oferta porque entre más restos de alimentos les dé a sus animales, menos tendrá que comprar en las tiendas. En cuanto saques los restos de comida de la basura verás una reducción importante de los desperdicios diarios, ¡y tu bote olerá mucho mejor! Si todo esto te parece una exageración, entra en contacto con el servicio de desperdicios municipal. Actualmente muchas ciudades ofrecen recoger composta, junto con los materiales para reciclaje y los que van al vertedero. De todas formas, siempre puedes usar un bote de composta y convertir los desperdicios en "oro negro" para las plantas del hogar, las macetas en el alféizar y los jardines en azoteas.

Es probable que en tu bote de basura todavía haya muchas cosas que puedas tirar al de la composta. Te sorprendería lo que nosotras ponemos en él. Ésta es una breve lista que hemos recopilado a lo largo de los años.

Lo que metemos a la composta: pelaje de mascotas, canastas, el vino que queda en el fondo de la copa, paquetes de azúcar, papel triturado, cenizas de la chimenea, las calcomanías de papel que vienen en la verduras, envolturas de mantequilla (sí, sí se descomponen), papel encerado (pero también lo puedes guardar para iniciar un fuego), cordón de algodón, cordel para material fibroso, globos (sólo los de látex), cacahuates de embalaje fabricados con fécula de maíz, cáscaras de huevo machacadas (a los gusanos les encantan), hisopos (sólo los que tienen aplicador de papel, nada de plástico), cáscaras de nuez (se descomponen, pero también puedes usarlas para iniciar fuego), semillas de fruta (cada año tenemos brotes de durazno), lana de oveja (tenemos mucha para hacer artesanías), SCOBY de kombucha (a las gallinas les encanta, pero también la puedes lanzar a la composta), fósforos usados de madera, semillas viejas en su empaque (la próxima temporada tal vez tengamos algunos vegetales gratuitos), la viruta de lápices que producen los sacapuntas, palitos de papel para paletas, envolturas de dulces de papel encerado, cinta *masking*, papel pergamino, popurrí de flores rancio, bicarbonato de sodio viejo, masa de juego no tóxica, ligas, cáscaras y mazorcas de maíz, toallas y pañuelos de papel, bolsitas de té sin plástico, envolturas de papel, trozos de papel, hierbas y especias viejas, pescado entero (hay que enterrarlo al fondo del montón), semilla de aguacate (a los gusanos les encanta el aguacate descompuesto para colocar sus huevos, es como un cunero).

En nuestro caso, los desperdicios vegetales conforman por lo menos dos tercios del desecho total, y todo lo usamos. No olvides que en un frasco grande en el refrigerador o el congelador puedes guardar los restos de piel de cebolla y ajo para preparar la base perfecta del caldo de verduras. Nunca tendrás que volver a comprarlo en cubitos o en polvo.

¿Qué queda en tu bote de basura? No gran cosa, ¿verdad? Si nos volvemos a familiarizar con la lista de reciclables, si sacamos todos los plásticos y repensamos lo que puede arrojarse a la composta o usar para alimentar a los animales, nos quedaremos con sólo algunos artículos, y por supuesto, siempre hay un plan Buy Nothing para ellos. Pero ten un poco de paciencia, hay un método para acabar con esto. Los siguientes artículos los reciclamos en lugares especiales o se los damos a alguien que los necesite:

- **Artículos de metal, pilas y desperdicios electrónicos** (conectores, cables, discos duros rotos): Éstos pueden reciclarse en lugares especiales. En nuestra ciudad los llevamos a la estación de transferencia, ahí tienen contenedores especiales. En algunos pueblos y ciudades hay días específicos para pasar a dejar este tipo de desechos. Busca en internet la información, escribe el nombre de tu ciudad, "información sobre reciclaje" y el nombre del artículo del que quieres deshacerte.
- **Recipientes de Tetra Pak:** Los guardamos para desecharlos en Seattle. Ahí los dejamos en los contenedores de reciclaje de amigos, porque no podemos reciclarlos en casa.
- **Corchos de vino, corcholatas, sobres acolchados, plástico con burbujas y charolas de unicel para carne:** Si no puedes reutilizar estos artículos comunes en el hogar, dáselos

a alguien más. Pueden usarse para embalaje, creaciones artísticas y proyectos escolares.

La próxima vez que vayas a tirar algo sé creativo y mejor ofrécelo en tu red de compartición. ¡Nunca sabes quién podría necesitarlo! Si podemos sentirnos cómodos de tener un diálogo respecto a nuestros desechos, tirar menos cosas, enorgullecernos de darles un mejor manejo, y compartir más, reduciremos las emisiones de carbón, repensaremos el consumo e impulsaremos la reutilización creativa en todo el mundo.

Referencias

Por qué no deberíamos comprar nada

1   "What Are Microplastics?", Ocean Facts, National Oceanic and Atmospheric Administration, actualizado el 25 de junio de 2018, oceanservice.noaa.gov/facts/microplastics.html.

2   When Plastic Outnumbers Plankton: Insights into the Great Pacific Garbage Patch, U.S. Mission to ASEAN, consultado el 12 de mayo de 2017, https://asean.usmission.gov/innovasean_20150615/.

3   "Marine Debris Is Everyone's Problem", publicado por Woods Hole Sea Grant, https://www.whoi.edu/fileserver.do?id=107364&pt=2&p=88817.

4   US Environmental Protection Agency, *State of the Science White Paper: Effects of Plastics Pollution on Aquatic Life and Aquatic-Dependent Wildlife*, diciembre de 2016, https://www.epa.gov/sites/production/files/2017-02/documents/tfw-trash_free_waters_plastics-aquatic-life-report-2016-12.pdf.

5   Foro Económico Mundial, *The New Plastics Economy: Rethinking the Future of Plastics*, enero de 2016, www3.weforum.org/docs/WEF_The_New_Plastics_Economy.PDF.

6   Fabiano Barreto, "Citizen Science Summit on Plastics Pollution in the Salish Sea", Global Garbage, 30 de marzo de 2010, http://www.globalgarbage.org/blog/index.php/2010/03/30citizen-sciende-summit-on-plastics-pollution-in-the-salish-sea/.

7   North Sea Foundation, Marine Conservation Society, Seas at Risk, y Plastic Soup Foundation, *Micro Plastics in Personal Care Products*, ensayo de postura, agosto de 2012, www.mcsuk.org/downloads/pollution/positionpaper-microplastics-august2012.pdf; Plastic Soup Foundation, "Beat the Microbead", actualizado el 20 de agosto de 2019.

8   Simon Reddy, "Plastic Pollution Affects Sea Life Throughout the Ocean", Pew Charitable Trusts, 24 de septiembre de 2018, https://www.pewtrusts.org/en/research-and-analysis/articles/2018/09/24/plastic-pollution-affects-sea-life-throughout-the-ocean.

9   "Facts and Figures on Marine Pollution", Unesco, consultado el 27 de septiembre de 2019, http://www.unesco.org/new/en/natural-sciences/ioc-oceans/focus-areas/rio-20-ocean/blueprint-for-the-future-we-want/marine-pollution/facts-and-figures-on-marine-pollution/.

10 "Toxicological Threats of Plastic", EPA, consultado el 19 de junio de 2017, www.epa.gov/trash-free-waters/toxicological-threats-plastic.

11 Madeleine Smith, David C. Love, Chelsea M. Rochman y Roni A. Neff, "Microplastics in Seafood and the Implications for Human Health", *Current Environmental Health Reports* 5, núm. 3 (2018): 375-386, doi:10.10077/s40572-018-0206-z.

12 Sarah Knapton, "Plastic Weighing Equivalent of One Billion Elephants Has Been Made since 1950s and Most Is Now Landfill", *Telegraph,* 19 de julio de 2017, www.telegraph.co.uk/science/2017/07/19/plastic-weighing-equivalent-one-billion-elephants-has-made-since/.

13 Diana Ivanova, Konstantin Stadler, Kjartan Steen-Olsen, Richard Wood, Gibran Vita, Arnold Tukker y Edgar G. Hertwich, "Environmental

Impact Assessment of Household Consumption", *Journal of Industrial Ecology* 20, núm. 3 (2016): doi:10.1111/jiec.12371.

14   "CO2 Emissions (Metric Tons Per Capita)", Banco Mundial, https://data.worldbank.org/indicator/EN.ATM.CO2E.PC.

15   "Greenhouse Gas Equivalencies Calculator", EPA, actualizado en diciembre 2018, www.epa.gov/energy/greenhouse-gas-equivalencies-calculator.

16   "Summary for Policymakers of IPCC Special Report on Global Warming of 1.5°C Approved by Governments", Panel Intergubernamental sobre el Cambio Climático, 8 de octubre de 2018, www.ipcc.ch/2018/10/08/summary-for-policymakers-of-ipcc-special-report-on-global-warming-of-1-5c-approved-by-governments/.

17   Christian Jarrett, "The Psychology of Stuff and Things", *Psychologist* 26, núm. 8 (agosto de 2013): 560-564, thepsychologist.bps.org.uk/volumen-26/edition-8/psychology-stuff-and-things.

18   Alana Semuels, "We Are All Accumulating Mountains of Things", *Atlantic*, 21 de agosto de 2018, https://www.theatlantic.com/technology/archive/2018/08/online-shopping-and-accumulation-of-junk/567985/.

19   Jeanne E. Arnold, *Life at Home in the Twenty-First Century: 32 Families Open Their Doors* (Los Ángeles: Cotsen Institute of Archaeology Press, 2017).

20   *A Cluttered Life: Middle-Class Abundance*, episodio 1, "Stuff", UCTV video, 6:33, publicado el 23 de diciembre de 2013, www.uctv.tv/shows/Stuff-A-Cluttered-Life-Middle-Class-Abundance-Ep-1-24699.

21   "Object Ethnography Project", Max Liboiron, consultado en diciembre de 2018, https://maxliboiron.com/2013/08/07/object-ethnography-project/.

22   "A Conversation with Tim Kasser", *The True Cost* (blog), consultado el 7 de enero de 2016, https://truecostmovie.com/tim-kasser-interview/index.html.

Paso 1: Dar

23 Choongwon Jeong, Andrew T. Ozga, David B. Witonsky, Helena Malmström, Hanna Edlund, Courtney A. Hofman, Richard W. Hagan, Mattias Jakobsson, Cecil M. Lewis, Mark S. Aldenderfer, Anna Di Rienzo y Christina Warinner, "Long-Term Genetic Stability and a High-Altitude East Asian Origin for the Peoples of the High Valleys of the Himalayan Arc", *PNAS*, 113, núm. 27 (2016): 7485-790, doi:10.1073/pnas.1520844113.

24 Marie Kondo, *The Life-Changing Magic of Tidying Up: The Japanese Art of Decluttering and Organizing* (Berkeley: Ten Speed Press, 2014).

25 Margareta Magnusson, *The Gentle Art of Swedish Death Cleaning: How to Free Yourself and Your Family from a Lifetime of Clutter* (Nueva York: Scribner, 2018).

26 Genevieve Vaughan (ed.), *Women and the Gift Economy: A Radically Different Worldview Is Possible* (Toronto: Inanna Publications and Education, 2007).

27 Mitch Lipka, "Are Women More Generous Than Men?", *Money*, 1º de diciembre de 2015, money.com/money/4130729/women-more-generous-than-men/.

28 "Study: Poor Are More Charitable Than the Wealthy", *All Things Considered*, NPR, 8 de agosto de 2010, www.npr.org/templates/story/story.php?storyId=129068241.

29 Tanya Misseghers, "Buy Nothing Group Connects Local Residents", *Winnipeg Free Press*, 11 de marzo de 2019, www.winnipegfreepress.com/our-communities/lance/correspondent/Buy-Nothing-group-connects-local-residents-506997071.html.

Paso 2: Pedir

30 Charles Eisenstein, "The Longing for Belonging", *HuffPost*, actualizado el 19 de agosto de 2016, www.huffpost.com/entry/indigeneity-and-belonging_b_8011302.

31 Charles Eisenstein, *Sacred Economics: Money, Gift & Society in the Age of Transition* (Berkeley: North Atlantic Books, 2011).

32 Linda Babcock y Sarah Laschever, *Women Don't Ask: The High Cost of Avoiding Negotiation—and Positive Strategies for Change* (Princeton, NJ: Princeton University Press, 2013).

33 Eisenstein, *Sacred Economics*.

34 Alexandre Tanzi, "U.S. Credit Card Debt Closed 2018 at a Record $870 Billion", *Bloomberg*, 5 de marzo de 2019, www.bloomberg.com/news/articles/2019-03-05/u-s-credit-card-debt-closed-2018-at-a-record-870-billion.

35 Elisa Jaffe, "Strangers Come Together to Organize Couple's Dream Wedding", KOMONews, 19 de noviembre de 2014, https://komonews.com/news/local/strangers-come-together-to-organize-couples-dream-wedding.

36 Scott Greenstone, "Buy Nothing Project: Free Clothes, Toys, Food—Even a Wedding", *Seattle Times*, actualizado el 29 de septiembre de 2017, www.seattletimes.com/business/local-business/buy-nothing-project-free-clothes-toys-food-even-a-wedding/.

Paso 3: Reutilizar y rechazar

37 "Recycling Means Business", Institute for Local Self-Reliance, 1° de febrero de 2002, https://ilsr.org/recycling-means-business/.

38 "Textiles: Material-Specific Data", EPA, visitado el 7 de mayo de 2019, https://www.epa.gov/facts-and-figures-about-materials-waste-and-recycling/textiles-material-specific-data.

39 "FAQ's", Desafío de desperdicio de comida en Estados Unidos, Oficina del Economista en Jefe, USDA, https://www.usda.gov/oce/foodwaste/faqs.htm.

40 Rovenský *et al.*, "Eggshell Calcium in the Prevention and Treatment of Osteoporosis", *International Journal of Pharmacological Research*, 23, núm. 2-3 (2003): 83-92, https://www.ncbi.nlm.nih.gov/pubmed/15018022.

41 Vanesa Benítez, Esperanza Mollá, María A. Martín-Cabrejas, Yolanda Aguilera, Francisco J. López-Andréu, Katherine Cools, Leon A. Terry y Rosa M. Esteban, "Characterization of Industrial Onion Wastes (Allium cepa L.): Dietary Fibre and Bioactive Compounds", *Plant Foods for Human Nutrition* 66, núm. 1 (2011): 48-57, doi: 10.10007/s11130-011-0212-x.

42 Mark Bittman, "Simplest Roast Chicken Recipe", Cooking, *New York Times*, 8 de septiembre de 2011, https://cooking.nytimes.com/recipes/1015812-simplest-roast-chicken.

43 Katherine Martinko, "How to Avoid Using Paper Towels", TreeHugger, 8 de enero de 2018, www.treehugger.com/cleaning-organizing/how-avoid-using-paper-towels.html.

44 Ocean Conservancy and International Coastal Cleanup, *Building a Clean Swell: 2018 Report* (Washington, DC: Ocean Conservancy, 2018), www. oceanconservancy.org/wp-content/uploads/2018/07/Building-A-Clean-Swell.pdf.

45 "Fact Sheet: Single Use Plastics", Earth Day Network, 29 de marzo de 2018, www.earthday.org/2018/03/29/fact-sheet-single-use-plastics/.

46 P. Wesley Schultz y Steven R. Stein, "Executive Summary: Litter in

America—2009 National Litter Research Findings and Recommendations", Keep America Beautiful, 2009, https://www.kab.org/sites/default/files/News%26Info_Research_LitterinAmerica_Executive-Summary_Final.pdf.

47 "EWG's Bottled Water Scorecard, 2011: How Much Do We Drink?", Grupo de trabajo ambiental, 25 de enero de 2012, www.ewg.org/research/ewg-bottled-water-scorecard-2011/how-much-do-we-drink.

48 Katie Langin, "Millions of Americans Drink Potentially Unsafe Tap Water. How Does Your County Stack Up?", *Science*, 12 de febrero de 2018, https://www.sciencemag.org/new/2018/02/millions-americans-drink-potentially-unsafe-tap-water-how-does-your-county-stack.

49 Deborah Blum, "A Threat to Male Fertility", *Well* (blog), *New York Times*, 21 de marzo de 2014, well.blogs.nytimes.com/2014/03/21/a-threat-to-male-fertility/.

50 Tim Harford, "How Plastic Became a Victim of Its Own Success", BBC News, 25 de septiembre de 2017, www.bbc.com/news/business-41188462.

51 Lauren Levy, "The Best Reusable Straw Is Made of Silicone and Burns Into Biodegradable Ash", The Strategist, revista *New York*, 12 de julio de 2018, http://nymag.com/strategist/article/best-reusable-straws.html.

52 C. Stevenson, "Plastic Debris in the California Marine Ecosystem: A Summary of Current Research, Solution Strategies and Data Gaps", University of Southern California Sea Grant, Synthetic Report, California Ocean Science Trust (Oakland: University of Southern California Sea Grant, 2011).

53 Susan Freinkel, *Plastic: A Toxic Love Story* (Nueva York: Houghton Mifflin Harcourt, 2011).

54 Mark Anthony Browne, Phillip Crump, Stewart J. Niven, Emma Teuten, Andrew Tonkin, Tamara Galloway y Richard Thompson, "Accumulation of Microplastic on Shorelines Worldwide: Sources and Sinks", *Environmental Science & Technology* 45, núm. 21 (2011): 9175-9179, doi: 10.1021/es201811s.

55 Kara Lavender Law, "Plastics in the Marine Environment", *Annual Review of Marine Science* 9, núm. 1 (2017): 205-29, doi:101146/annurev-marine-010816-060409.

Paso 4: Reflexionar

56 Alana Semuels, "We Are All Accumulating Mountains of Things", *The Atlantic*, 21 de agosto de 2018, www.theatlantic.com/technology/archive/2018/08/online-shopping-and-accumulation-of-junk/567985/.

57 Hattie Crisell, "Do You Spend £1042 on Clothes Each Year? New Research Reveals the Average Brit's Shopping Habits", *Telegraph*, 23 de marzo de 2017, www.telegraph.co.uk/fashion/news/do-sped-1042-clothes-year-new-research-reveals-average-brits/.

Paso 5: Elaborar y reparar

58 Isabel V. Sawhill y Christopher Pulliam, "Six Facts About Wealth in the United States", *Brookings*, 25 de junio de 2019, https://www.brookings.edu/blog/up-front/2019/06/25/six-facts-about-wealth-in-the-united-states/.

59 Jeff Weiner, "What's Your Dream Job?", resultados de encuesta, SurveyMonkey, www.surveymonkey.com/mp/jeff-weiner-survey-results/.

60 Pagan Kennedy, "How to Get High on Soil", *Atlantic*, 31 de enero de 2012, www.theatlantic.com/health/archive/2012/01/

how-to-get-high-on-soil/251935/; C. A. Lowry, J. H. Hollis, A. de Vries, B. Pan, L. R. Brunet, J. R. F.; Hunt, J. F. R. Paton, E. van Kampen, D. M. Knight, A. K. Evans, G. A. W. Rook y S. L. Lightman, "Identification of an Immune-Responsive Mesolimbocortical Serotonergic System: Potential Role in Regulation of Emotional Behavior", *Neuroscience* 146, núm. 2 (2007): 756-772, doi:10.1016/j.neuroscience.2007.01.067.

61 Janet Raloff, "BPA Found Beached and at Sea", *Science News*, actualizado el 23 de septiembre de 2013, www.sciencenews.org/blog/science-public/bpa-found-beached-and-sea.

62 Britta Fängström, Anna Strid, Philippe Grandjean, Pál Weihe y Åke Bergman, "A Retrospective Study of PBDEs and PCBs in Human Milk from the Faroe Islands", *Environmental Health* 4, núm. 1 (2005): doi:10.1186/1476-069X-4-12.

63 Jennifer Grayson, "Flowers May Be Nice for Mom, but They're Terrible for Mother Earth", *Washington Post*, 7 de mayo de 2015, www.washingtonpost.com/opinions/flowers-may-be-nice-for-mom-but-theyre-terrible-for-mother-earth/2015/05/07/fb69f9f4-f4d5-11e4-b2f3-af5479e6bbdd_story.html.

Paso 6: Compartir, prestar y pedir prestado

64 Lisa Deaderick, "Building a Community, Ocean Beach-Style", *San Diego Union-Tribune*, 14 de enero de 2017, www.sandiegouniontribune.com/lifestyle/people/sd-me-one-mcateer-20170112-story.html.

65 Isaac Olson, " 'It Is Actually Free': Montreal Man Gives Away Heaps of Farm-Fresh Veggies Every Week", CBC News, 21 de octubre de 2018, www.cbc.ca/news/canada/montreal/montreal-man-offers-free-vegetables-to-create-sharing-culture-1.4868236.

Paso 7: Gratitud

66 "Giving Thanks Can Make You Happier", *Healthbeat*, Harvard Health Publishing, Harvard Medical School, www.health.harvard. edu/healthbeat/giving-thanks-can-make-you-happier.

67 George E. Vaillant, *Aging Well: Surprising Guideposts to a Happier Life from the Landmark Harvard Study of Adult Development* (Nueva York: Little, Brown, 2003).

Una visión para el futuro

68 Monika A. Gorzelak, Amanda K. Asay, Brian J. Pickles y Suzanne W. Simard, "Inter-Plant Communication through Mycorrhizal Networks Mediates Complex Adaptive Behaviour in Plant Communities", *AoB PLANTS* 7 (2015): plv050, https://doi.org/10.1093/aobpla/plv050.

69 Maria Konnikova, "The Limits of Friendship", *New Yorker*, 20 de junio de 2017, www.newyorker.com/science/maria-konnikova/ social-media-affect-math-dunbar-number-friendships.

70 Blake Foden, " 'A Beautiful Concept': Canberra's Shared Resources Mapped Out", *Canberra Times*, 21 de octubre de 2018, www.can-berratimes.com.au/story/6001541/a-beautiful-concept-canberras-shared-resources-mapped-out/.

Apéndice

71 "Factbox: What America's Largest Cities Charge for Residential Garbage Pick-Up", Reuters, 21 de septiembre de 2015, https:// www.reuters.com/article/us-usa-chicago-garbage-factbox/factbox-what-americas-largest-cities-charge-for-residential-garbage-pic-up-idUSKCN0RM00K20150922.

72 Lauren Ina, "American Journal", *Washington Post*, 6 de julio de
    1990, www.washingtonpost.com/archive/poitics/1990/07/06/
    american-journal/00098586-7ec8-4dcf-be76-d4970b8ef91c/.
73 "Paper and Paperboard: Material-Specific Data", EPA, consultado el 6
    de agosto de 2019, www.epa.gov/facts-and-figures-about-materials-
    waste-and-recycling/paper-and-paperboard-material-specific-data.
74 "FAQ's", USDA.

Agradecimientos

En primer lugar, queremos agradecer a los millones de personas en todo el mundo, incluyendo a todos en Samdzong y el Mustang Superior de Nepal, por participar en economías de compartición y realizar acciones Buy Nothing independientes para administrar los materiales con sabiduría, compartir recursos y cuidar de los otros y de nuestro planeta. Esta diversidad de acciones individuales se suma al impacto colectivo positivo y al cambio sistémico, y estamos profundamente agradecidas con todas las personas que estuvieron antes que nosotras en este camino, con aquellos que nos acompañan ahora, y con quienes se nos unirán.

De no ser por la dedicación y la pasión de nuestro equipo fundador, el proyecto Buy Nothing sólo sería un grupo más en una pequeña isla. Entre los miembros se encuentran Shelley Schwinn, nuestra Kraken preferida; Crescent Moegling, nuestra adorada maga del mapeo que también nos ayudó con la investigación y los lanzamientos del libro; John Brownlow, la persona que hace las preguntas difíciles y luego se apresura a ayudar y a producir activos profesionales perfectos que uno podría necesitar para un proyecto en cualquier momento; todas las personas de los grupos originales Buy Nothing de Bainbridge que están dispuestas a servir como conejillos de Indias para las pruebas beta de cada idea; toda la gente del Equipo Global del Proyecto Buy Nothing, incluyendo Cheryl Baker, Jennifer Rockenbaugh, Eileen Edwards, Michelle Edwards, Alexa Carey, Ann Gerrietts, Rachel Anderson, Antoinette Sankar, Daria Kelsey, Katherine Parsons, Marlene Schulz, Kristina M. Ione, Emma Jag, Kate Watkins, Laura Norris, Robynn Coulter, Kym Ianetta, Francine Levesque, Adrienne O'Reilly-Angus, Rora Melendy, Lissa Jagodnik y Lillian Lu; todos los voluntarios del Equipo Regional y los Administradores Locales —nuestros adorados "vollies", como nos enseñaron a llamarles en Australia—, y todos los miembros del grupo en todos los lugares. También agradecemos a toda la gente que contribuyó con las historias y perspectivas que compartimos en el libro.

Liesl quiere agradecerle a Gretel, su madre, por ser su modelo a lo largo de toda la vida, en temas que van del feminismo, la jardinería, y el amor por las actividades al aire libre, a la apicultura. El hecho de que Gretel liderara el primer programa semanal de composta en las orillas de banquetas al este de Michigan inspiró a Liesl a lanzarse al activismo comunitario. El optimismo de su padre le inculcó a Liesl la profunda noción de que todo era posible, incluso llegar a lugares nunca visitados por los seres humanos. A Finn y Cleo, sus hijos, les ofrece el agradecimiento más puro y humilde por su paciencia durante una infancia de exploración y experimentos, tan distinta a la de otros niños. Como la abuela y la mayoría de las madres suelen decir: "Después me lo vas a agradecer". No hay palabras que puedan expresar la profundidad del amor, asombro y gratitud que Liesl tiene por la gracia y la formidable energía de Pete Athans, su esposo, quien siempre cuida de quienes lo rodean. Liesl también quiere agradecer a sus hermanos,

Bryn, Heidi y Joc, y a sus increíblemente solidarios cónyuges e hijos por brindar la alegría, la pasión, las risas, la competitividad, las pruebas, las tribulaciones, la compasión y la aventura para toda una vida de amor familiar. A Ang Temba y Yangin Sherpa, las almas gemelas familiares de Liesl: "thujeche" por las lecciones de vida que nos han enseñado. Los extrañamos todos los días y desearíamos vivir más cerca, en la misma amorosa comunidad.

Rebecca quiere agradecer especialmente a sus padres, Anita Frankel Rockefeller y Phil Rockefeller, que con su infatigable dedicación al servicio público, al feminismo y a la justicia ambiental y social, le proveyeron un mapa de vida nítido y emocionante. Gratitud por los ejemplos de vida, las conversaciones, las anécdotas, la guía, la educación, los alimentos, las tazas de té, las excelentes ideas y la ayuda en las emergencias carreteras y las crisis existenciales, para todos aquellos que han hecho que su vida como madre soltera sea posible y significativa, incluyendo a Inge Frankel, ל״ז; Nat Frankel, ל״ז Aileen Frankel; Nancy Zises; Barry Frankel; Melissa Rockefeller; Minh, Peter y Lilou Pham; Airyka Rockefeller; Larry Weiner; Jillian Worth; Kasper Luna; Nina Runstein Minney; Liza Pascal; Ayan Rivera; Jenn Gallucci; Mino y Lexia Christante; Michele Lang; todo el aquelarre de Gazzam Lake; Naomi Spinak; Zann Jacobrown; Julie Rosenblatt; KayMcGowan y todo el equipo de IWC; Deb Buitenveld; Jenny Mayfield; Maria Knighton; M'Rissa C; todos en ITA; el Comprensivo, Fuerte y Mágico Israel; Lori Levari; Jamie Rudman Kloosterman; Jill Franklin; Melinda Gordon Blum; Sheri Lynn; y todos los JB. Su gratitud y respeto más profundos también para Ava y Mira por añadir tantas ideas, energía, paciencia y humor al trabajo compartido de reparación en el mundo.

La más inmensa gratitud a Neeti Madan, nuestra agente literaria en Sterling Lord Literistic, quien se acercó hace dos años con la corazonada de que tal vez podríamos escribir un libro. Gracias por creer en nosotras y por iluminar el camino en las profundidades de la creación editorial. También nos sentimos profundamente inspiradas por la guía que nos proveyó nuestra editora, Sara Pelz de Atria/Simon & Schuster, quien le dio forma a nuestra narrativa de una manera amable, clara y solidaria: supimos que eras la editora perfecta para nosotras en cuanto nos dijiste que pertenecías a tu grupo local de Buy Nothing. También estamos increíblemente agradecidas por las contribuciones "detrás de cámaras" de Melanie Iglesias Perez y de todo el equipo de Atria. La corrección editorial de Angelina Krahn nos mantuvo con los pies en la tierra hasta el último dato. Gracias también a Jason Chappel por su guía durante el proceso de corrección. Y a Brooke Budner le hacemos una sentida reverencia por sus hermosas ilustraciones.

El plan consigue todo sin comprar nada de Liesl Clark y Rebecca Rockefeller
se terminó de imprimir en enero de 2021
en los talleres de
Litográfica Ingramex, S.A. de C.V.
Centeno 162-1, Col. Granjas Esmeralda, C.P. 09810,
Ciudad de México.